짱워 **상해관광명소**

이 수 헌 편저

中友

머리말

상해(上海)의 대한민국임시정부 청사나 노신공원(魯迅公园, 옛 홍구공원)에서 듣게 되는 우리말은 조국을 일깨운다. 일제강점기에 우리의 주권이 머물고 분노했던 역사의 고장이기에 정서상으로 상해(上海)는 우리에게 남다르게 다가오는 도시이기도 하다.

상해(上海)는 서울특별시의 10배 넓이에 인구는 2,500만을 헤아린다. 어감상 세월에 뒤진 느낌이 들기는 하지만, "상해(上海)의 십년을 보려면 포동(浦东, 푸둥)에 가고, 상해(上海)의 지난 백년을 보려면 외탄(外滩, 와이탄)에를 가며, 상해(上海)의 지난 천년을 보려면 칠보(七宝, 치빠오)에를 가라."는 말이 있다.

푸둥(浦东)은 중국의 개혁개방 이후에 상전벽해(桑田碧海)가 된 지역이고, 와이탄(外滩)은 청(清)나라가 영국과의 아편전쟁에서 패한 후 상해(上海)의 상당지역을 서방 열강에 조차지로 내어놓은 후 외세가 건설한 시가지이며, 치빠오(七宝)는 지금으로부터 1,700여 년 전 손권(孙权)의 오(吴)나라 때부터 있어온 고진(古镇, 옛 마을)이다.

푸뚱(浦东)의 하늘을 찌르는 건물들은 기시감(既視感)이 있기는 하지만, 그 거리를 걸을 때 저절로 웅장함이 느껴지고, 와이탄(外滩)에서는 서양의 옛 거리 분위기를 만끽하게 된다. 상해(上海)의 고진(古镇)들은 대부분 사묘(寺庙, 절)와 더불어 있다. 상해(上海)의 옛 사람들은 그 생활이 사묘(寺庙)와 연관돼 있었기에 그들의 옛 모습을 더듬다보면 사묘(寺庙)가 등장하는데, 그러한 인상은 오늘날의 현대화된 상해(上海)의 모습에 비추어 생경스러운 데가 있다. 한편, 상해(上海)의 원림(园林)은 부드럽고 섬세하다. 우람하면서 거친 북방원림(北方园林)에 대비되는 강남원림(江南园林)의 분위기 또한 상해(上海) 관광의 빼놓을 수 없는 요소이다.

상해(上海)는 지하철 등 궤도교통망과 버스노선이 잘 펼쳐져있어 비록 그 볼거리가 변두리 지역에 있었어도 접근하는데 큰 어려움이 없었던 것 같다. 상해시(上海市)의 폭넓은 관광에 이 책이 다소나마 참고 되기 바라는 마음을 책머리에 얹어본다.

2015. 5. 저자 씀

Contents

01 여행지식

제1장 전체모습 ·············· 8
제2장 지리환경 ·············· 11
제3장 교통 ·············· 15
제4장 역사 ·············· 23
제5장 언어와 음식 ·············· 26
제6장 볼거리 ·············· 29

제1장 황푸구(黄浦区) ………… 32
제2장 쒸후이구(徐汇区)……… 63
제3장 챵닝구(长宁区) ………… 80
제4장 징안구(静安区)………… 88
제5장 푸투워구(普陀区)……… 96
제6장 쨔뻬이구(闸北区) ……… 100
제7장 홍코우구(虹口区) ……… 104
제8장 양푸구(杨浦区) ………… 112
제9장 민항구(闵行区) ………… 125
제10장 빠오샨구(宝山区) … 140

1. 중국고유명사의 표기규준 …………228
2. 중국역사개요 …………………………232
3. 성급행정단위(省級行政單位) …244
4. 중국철로의 객운전선(客運專線)……248
5. 샹하이 전철노선표(2014) ……………251
6. 상해륜도(上海輪渡)의 명칭과 운행구간……258
7. 불교18나한의 명칭과 형상 …………260
8. 주요 볼거리 목록……………………265

02

권역별 관광

03

부록

제11장 쟈딩구(嘉定区) ……… 145
제12장 푸뚱신구(浦东新区) … 159
제13장 진샨구(金山区) ……… 175
제14장 쏭쟝구(松江区) ……… 186
제15장 칭푸구青浦区………… 191
제16장 펑씨앤구(奉竖区)…… 216
제17장 총밍현(崇明县) ……… 220

1부 관광지식

제1장 전체모습
제2장 지리환경
제3장 교통
제4장 역사
제5장 언어와 음식
제6장 볼거리

제1장 전체모습

상하이의 지리상 위치

　상해(上海, 샹하이)는 베이징(北京)·티앤진(天津)·총칭(重庆)과 더불어 중국의 네 곳 직할시(直辖市) 중 하나이다.

　샹하이(上海)는 중국 내륙을 동서방향으로 횡단하는 챵쟝(长江, 양자강)이 황해바다로 흘러드는 하구(河口)에 자리 잡고 있다. 이 지역은 중국의 전체 해안선 상에서 중간쯤에 위치하며, 황해(黄海)바다가 태평양(太平洋)으로 나아가는 길목, 중국의 동해바다로 이어지는 해역이기도 하다.

중국의 바다

중국은 동쪽과 남쪽으로만 바다가 있다. 북에서부터 남쪽으로 짚어 발해(渤海)-황해(黃海)-동해(東海)-남해(南海)의 순이다. 이 네 자리의 바다와 접한 해안선의 길이는 모두 1만8,000km인데, 발해(渤海)의 해안선은 압록강 하구에서 발해만을 돌아 산동반도(山東半岛)까지이고, 황해(黃海)의 해안선은 산동반도로부터 샹하이(上海)가 위치한 챵쟝(长江) 하구까지이며, 동해(東海)의 해안선은 챵쟝하구(长江河口)로부터 대만해협(台湾海峡)까지이다. 남해(南海)의 해안선은 베트남과의 경계선까지이다.

중국의 바다 구획

샹하이(上海)는 이와 같은 지리위치를 배경으로 영욕의 역사 속에서도 발전을 거듭, 오늘날에는 국제경제중심(国际经济中心)·국제금융중심(国际金融中心)·국제무역중심(国际贸易中心)·국제항운중심(国际航运中心)으로 자리매김을 하고 있다.

샹하이시(上海市)는 동서간의 최대 거리 100km에 남북 간의 그것은 120km이다. 면적으로는 6,341km²(제주도의 3.4배)의 크기에 인구는 2,500만 명이고(2013년), 행정상으로는 16구(区)·1현(县)으로 구획되어 있다. 17개 구현(区县)은 그 분포지역에 따라 중심성구(中心城区)·교구(郊区)·교현(郊县)으로 뭉뚱그리기도 한다. 그 개요는 다음과 같다.

(표) 샹하이시 행정구획

지역별	구현별	면적(km²)	인구(만명)	인구밀도(인/km²)	정부소재지
중심구	황푸구(黄浦区, 황포)	20	68	33,934	옌안둥루(延安东路)
	쒸후이구(徐汇区, 서회)	55	109	19,730	차오씨뻬이루(漕溪北路)
	챵닝구(长宁区, 장녕)	38	69	18,173	위위엔루(愚园路)
	징안구(静安区, 정안)	8	25	30,849	챵더루(常德路)
	푸투워구(普陀区, 보타)	55	129	23,435	다두허루(大渡河路)

지역별	구현별	면적 (km²)	인구 (만명)	인구밀도 (인/km²)	정부소재지
	쨔뻬이구(闸北区, 갑북)	29	83	28,638	따통루(大统路)
	홍코우구(虹口区, 홍구)	23	85	37,065	페이훙루(飞虹路)
	양푸구(杨浦区, 양포)	61	131	21,529	쟝푸루(江浦路)
교구	민항구(闵行区, 민행)	372	243	6,531	후민루(沪闵路)
	빠오샨구(宝山区, 보산)	300	190	6,350	미샨루(密山路)
	쟈딩구(嘉定区, 가정)	459	147	3,206	부오러난루(博乐南路)
	푸뚱신구(浦东新区, 포동신)	1,210	504	4,169	쉬지다따오(世纪大道)
	진샨구(金山区, 금산)	586	73	1,250	진샨다따오(金山大道)
	쏭쟝구(松江区, 송강)	605	158	2,616	위옌쫑루(园中路)
	칭푸구(青浦区, 청포)	676	108	1,600	공위옌루(公园路)
	펑씨앤구(奉贤区, 봉현)	687	108	1,577	지에팡동루(解放东路)
교현	총밍현(崇明县, 숭명)	1,185	70	594	런민루(人民路)

샹하이의 정구상 위치

샹하이의 행정구획

1. 황푸구(黄浦区)
2. 쉬후이구(徐汇区)
3. 창닝구(长宁区)
4. 징안구(静安区)
5. 푸투워구(普陀区)
6. 쨔뻬이구(闸北区)
7. 홍코우구(虹口区)
8. 양푸구(杨浦区)

제2장 지리환경

1. 지역특징

상하이(上海)가 위치한 지역은 충적평원(冲积平原)인 챵쟝삼각주(长江三角洲)이다. 따라서 해발고도는 낮아 전 지역 평균이 4m전후이고, 가장 높은 곳이 상하이(上海)의 서부에 있는 천마산(天马山)으로 해발 99.8m이다.

상하이시(上海市)는 호수와 강, 그리고 바다로 둘려있다. 서쪽은 중국의 5대 담수호 중 하나인 타이후(太湖, 태호: 제주도 면적의 1.3배)로 이어지고, 북동부는 챵쟝하구(长江河口)이며, 동부와 남부는 중국의 동해바다가 감싸고 있는 것이다.

상하이(上海)의 호수로는 대표적으로 디앤샨후(淀山湖, 정산호)가 꼽힌다. 디앤샨후(淀山湖)는 상하이시(上海市)의 서쪽끝단에서 쟝쑤성(江苏省)과 접하며, 경항운하(京杭运河)와 타이후(太湖)로 연결된다. 타이후는 중국의 5대 담수호 중 하나이며, 수면

상하이 지역도

면적은 2,338㎢(제주도의 1.3배)이다.

상하이시(上海市)에는 하천도 많이 흐른다. 주요 하천으로는 황푸쟝(黄浦江, 황포강)과 그 지류인 우쏭쟝(吴松江, 오송강: 일명 苏州河, 쑤쪼우허)을 비롯하여 원짜오빵(温藻浜, 온조병)·촨양허(川杨河, 천양하)·디앤푸허(淀浦河, 정포하)·다쯔허(大治河, 대치하)·씨에탕(斜塘, 사당)·위엔씨에징(圆泄泾, 원설경)·따마오강(大茆港, 대묘항)·타이푸허(太浦河,

1부 관광지식_ 11

푸씨 풍광

태포하)·란루강(挡路港, 란로항) 등이 있으며, 그 연장거리는 2만여km로 관내면적 km²당 3~4km꼴 이다. 그 중 황푸쟝(黃浦江)은 80여km의 길이에 강폭이 300~400m이며, 우쑹쟝(吴松江)은 샹하이(上海)경내의 54km를 흘러 황푸쟝(黃浦江)과 합류한다. 두 강 모두 타이후(太湖)를 근원지로 한다.

우쑹쟝(吴松江)이 동쪽으로 흘러 북쪽으로 흐르는 황푸쟝(黃浦江)과 만나는 일대의 300여 km²(제주도의 1/6)가 중심성구(中心城区)이고, 황푸쟝(黃浦江, 황포강)의 "씨(西, 서)"쪽에 있다 하여 "푸씨(浦西, 포서)"로도 불린다. 푸씨(浦西)는 샹하이(上海)의 지리용어이며, 이와 대칭되는 용어로 "푸똥(浦东, 포동)"이 있다. 황푸쟝(黃浦江, 황포강)을 사이에 두고 푸씨(浦西)와

푸똥 풍광

마주하는 동쪽의 이곳은 현대식의 고층건물이 숲을 이루는 무역·금융의 중심구이다.

샹하이(上海)가 위치한 챵쟝삼각주(长江三角洲)는 당연한 이치로 챵쟝하구(长江河口)에 발달한 거대한 크기의 사주(沙洲, 모래톱)이다. 챵쟝하구는 북쪽 치똥시(启东市: 江苏省 无锡市)의 동쪽부리와 남쪽 난후이구(南汇区: 上海市)의 동쪽부리 사이로 그 폭이

91km에 이른다.

챵쟝하구(长江河口)로부터 난징(南京:江苏省)까지의 350km는 예전에 양즈쟝(扬子江, 양자강)으로 불리던 구간이다. 난징(南京)을 지나온 챵쟝(长江)은 쟝인시(江阴市:江苏 无锡)로부터 마치 나팔 통처럼 강폭을 넓히며 230여km를 흘러 챵쟝하구에 이르는 것이다.

챵쟝(长江)은 하구(河口)에 이르면서 들고나는 바닷물과 맞부딪쳐 뒤엉키는 가운데 강물에 실려 온 흙모래가 엉겨 붙고 쌓이면서 모래톱이 되고, 이것이 발전하여 섬이 됐는데, 그것이 총밍도(崇明岛)·챵씽도(长兴岛)·헝샤도(横沙岛) 등이고, 이들은 샹하이시(上海市)의 총밍현(崇明县)으로 구획되어 있다.

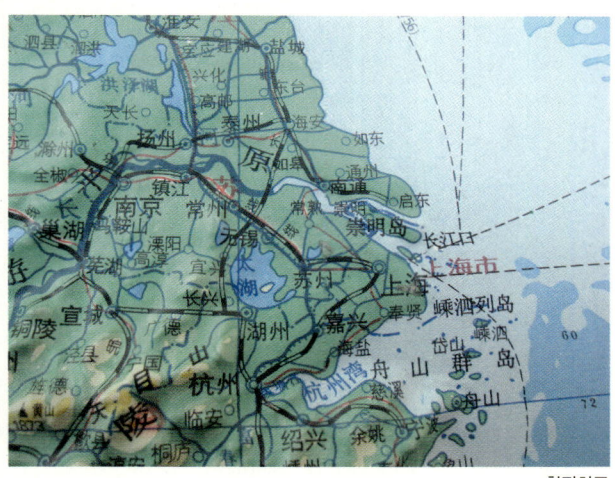

챵쟝하구

챵쟝(长江)의 명칭

챵쟝(长江, 장강)은 칭짱고원(青藏高原)에서 발원, 동쪽으로 6,300km를 흘러 중국의 동해바다에 이르기까지 칭하이(青海)·윈난(云南)·씨짱(西藏)·쓰촨(四川)·총칭(重庆)·후베이(湖北)·후난(湖南)·쟝씨(江西)·안후이(安徽)·쟝쑤(江苏)·샹하이(上海) 등 11곳의 시성구(市省区)를 경유하며, 구간에 따라 명칭이 달라지기도 한다.

개관하면 다음과 같다.

- 투워투워허(沱沱河, 타타하): 칭짱고원의 발원지로부터 370여 km구간, 칭하이성(青海省) 관내
- 통티앤허(通天河, 통천하): 투워투워허로부터 이어지는 동서방향의 칭하이성 구간, 800여 km로 헝두안산맥(横断山脉)에 근접
- 진샤쟝(金沙江, 금사강): 쓰촨성의 남북방향인 헝두안산맥 협곡을 빠져나와 쓰촨분지의 이빈(宜宾)에 이르는 구간, 2,300여 km
- 촨쟝(川江, 천강): 쓰촨분지를 동서방향

으로 가로질러 빠져나오는 이빈(宜賓)-이챵(宜昌) 구간, 1,000여 km
- 씨아쟝(峽江, 협강): 창장협곡(长江峽谷)을 지나는 구간, 펑지에(奉节)-이챵(宜昌) 구간, 200km
- 징쟝(荆江, 형강): 후베이성(湖北省)과 후난성(湖南省)에 걸치는 구간으로 200km
- 양쯔쟝(扬子江, 양자강): 난징(南京)으로

부터 챵쟝하구(长江河口)까지의 구간으로 350여 km임. 예전에 있었던 양쯔진(扬子津) 나루터에서 그 이름이 비롯됨. 일찍이 중국에 진출한 선교사들이 양쯔쟝(扬子江)을 챵쟝(长江)과 같은 의미로 사용한 배경에서 영어 언어상으로는 양쯔쟝(扬子江)과 챵쟝(长江)은 같은 의미로 굳어짐.

2. 기후

샹하이(上海)는 북아열대습윤계절풍기후대(北亚热带湿润季节风气候带)에 속한다. 강우기(降雨期)와 열기(热期)가 겹치기는 하나 적지 않은 강우량에도 불구하고 일조량은 충분하다. 해 진후부터 해뜨기 전까지에 내리는 비가 낮 동안에 내리는 비 보다 많다

는 의미일 것이다. 극단최고기온은 40.2℃, 극단최저기온은 -12.1℃를 기록하고 있다. 봄과 가을은 그 기간이 비교적 짧고, 여름과 겨울은 긴 편이다. 샹하이(上海)의 연간 강수량은 1,043mm이며, 전체의 70%정도가 5~9월에 집중된다. 샹하이(上海)의 예년평균 기온과 강우량을 월별로 보면 다음과 같다.

(표) 샹하이의 월별 기온 및 강우량 분포(℃, mm)

월 별	1	2	3	4	5	6	7	8	9	10	11	12
기 온	4.2	6.9	9.4	14.9	20.6	24.4	27.9	27.1	24.4	17.6	12.2	7.3
강수량	42	64	90	112	117	153	138	119	141	102	88	71

샹하이(上海)는 서울에 비해 남쪽으로 670km 아래에 있고, 제주로부터도 200여 km 남쪽이다. 1월 -2.6℃, 2월에 -0.3℃인 서울의 평균기온에 비해 샹하이(上海)가 6℃정도 높은 것은 그와 같은 위도(纬度) 상의 거리 차에 기인한 것일 테다. 하지만 샹하이(上海)의 겨울날씨는 뼛속까지 파고드는 냉기 때문에 북방의 겨울보다 더 견디기

어렵다고 사람들은 말한다. 서울의 1, 2월 습도가 49~43%인데 비해 샹하이(上海)의 그것은 60%수준으로 높은 데서 비롯되는 현상이다. 바다 난방을 하지 않는 현지 사람들의 생활습관이고 보면 외지 사람들의 그곳 겨울나기에는 지혜가 필요한 대목이기도 하다.

챵쟝(长江) 하류지역에서는 초여름인 6월 중순부터 7월 상순에 이르기까지 짙게 흐리고 비가 많이 온다. 이 시기에는 또한 기온도 높아짐으로써 메이(霉, 곰팡이 미)가 많이 피는데, 그래서 사람들은 이때 내리는 비를 메이위(霉雨, 미우)라 하고, 이 시기에 매실이 누렇게 익어가기에 메이위(梅雨, 매우) 또는 황메이위(黄梅雨, 황매우)라고도 한다.

샹하이(上海) 기온의 일교차는 8~15℃에 이른다. 하루의 옷갖 갖추기에도 관심을 기울이는 것이 바람직하다.

제3장 교 통

샹하이(上海)의 교통은 지하·지면·지상·수상·공중을 망라하여 입체적으로 짜여 있다. 철로(铁路)·궤도(轨道)·도로(道路)·수로(水路)·항로(航路) 등의 교통이 유기적으로 연계되고 있으며, 고가도로(高架道路)·월강터널(越江隧道)·대교(大桥) 등이 도로교통을 원활하게 해 주고 있는 것이다.

1 철로교통

샹하이(上海)에는 철로 4개 노선과 기차역 9곳이 있다. 개관하면 다음과 같다.

철로(铁路)

철로는 경호선(京沪线)과 경호(京沪)·호녕(沪宁)·호항(沪杭)의 세 객운전선(客运专线)이다. 경호선(京沪线)은 보통열차와 특급열차가 운행하는 보특철도(普特铁道)이고, 객운전선(客运专线)은 여객운송 전용의 고속철도를 말한다.

📍 경호선(京沪线)

베이징역(北京站)-샹하이역(上海站) 간을 운행하는 보특철도(普特铁道) 노선이다. 1,463km의 거리에 10시간 정도 소요되며, 베이징(北京)·허베이(河北)·티앤진(天津)·샨뚱(山东)·안후이(安徽)·쟝쑤(江苏)·샹하이(上海) 등의 7성시(省市)를 경유한다. 주요역과 이정(里程)

은 다음과 같다.

베이징(北京) 72km → 랑팡(廊坊) 75km → 티앤진(天津) 229km → 더쪼우(德州) 192km → 타이샨(泰山) 85km → 앤쪼우(兗州) 161km → 쒸쪼우(徐州) 165km → 벙부(蚌埠) 181km → 난징(南京) 65km → 쩐쟝(镇江) 112km → 우씨(无锡) 126km → 샹하이(上海)

경호객운전선 노선도

📍 경호객운전선(京沪客运专线, 京沪高铁)

경호고속철도는 베이징남역(北京南站)-샹하이훙챠오역(上海虹桥站) 간을 운행하는 고속철도 노선이다. 1,318km의 거리에 다섯 시간 정도 소요되며, 주요역과 이정은 다음과 같다.

베이징남(北京) 59km → 랑팡(廊坊) 72km → 티앤진(天津) 196km → 더쪼우(德州) 135km → 타이안(泰安) 230km → 쒸쪼우(徐州) 152km → 벙부(蚌埠) 179km → 난징(南京) 65km → 쩐쟝(镇江) 64km → 우씨(无锡) 117km → 샹하이훙챠오(上海虹桥)

📍 호녕객운전선(沪宁客运专线, 沪宁高铁)

호녕고속철도는 난징역(南京站)-샹하이역(上海站) 간을 운행하는 고속철도 노선이다. 301km의 거리에 한 시간 정도 소요되며, 주요 역으로는 쩐쟝(镇江)·챵쪼우(常州)·우씨(无锡)·쑤쪼우(苏州) 등이 있다.

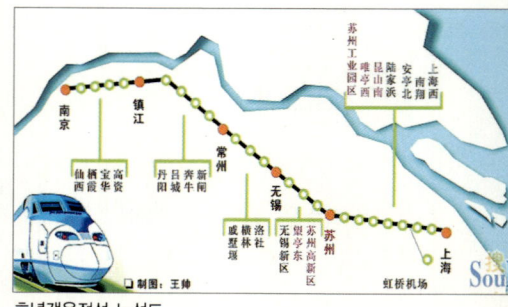

호녕객운전선 노선도

📍 호항객운전선(沪杭客运专线, 沪杭高铁)

호항고속철도는 샹하이 홍챠오역(上海虹桥)-항쪼우동역(杭州东站) 간을 운행하는 고속철도 노선이다. 호항고철(沪杭高铁)은 중국의 "4종4횡객운전선네트워크(四从四横客运专线网络)"의 기간노선인 호곤고철(沪昆高铁)의 한 구간으로 169km의 거리에 30분정도 소요되며, 주요 역으로는 쏭쟝난(淞江南)·펑징(枫泾)·쟈샨난(嘉善南)·쟈씽난(嘉兴南)·동썅(桐乡)·하이닝씨(海宁西)·위항(余杭) 등이 있다.

이상의 전국단위 철로노선 외에 샹하이시(上海市)에는 관내에서만 운행되는 철로가 있다. 포동철로(浦东铁路)와 금산철로(金山铁路)가 그것이며 개관하면 다음과 같다.

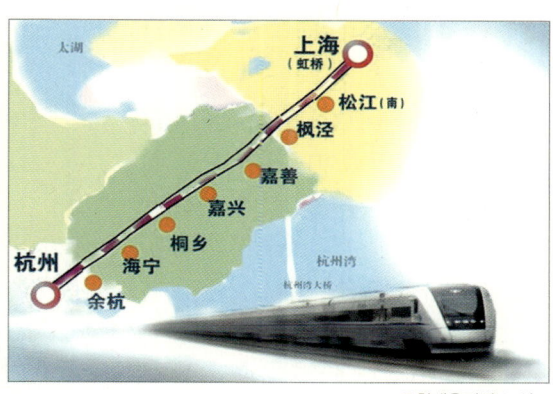

호항객운전선 노선도

(浦东区) - 봉현구(奉贤区) - 금산구(金山区)에 걸치며, 짠(站, 역)은 북쪽으로부터 짚어 쨩먀오(张庙, 장묘) - 와이까오챠오(外高桥, 외고교) - 까오뚱(高东 고동) - 차오루(曹路, 조로) - 촨샤(川沙, 천사) - 쮸챠오(祝桥, 축교) - 푸뚱(浦东, 포동) - 쓰투안(四团, 사단) - 하이완(海湾, 해만) - 차오징(漕泾, 조경) - 루안썅(阮巷, 완항) 등이다. 포동철로(浦东铁路)는 "샹하이궤도교통26호선(上海轨道交通26号线)"으로도 불린다.

📍 포동철로(浦东铁路)

포동철로(浦东铁路, 푸뚱 티에루)는 샹하이(上海) 해안지역의 산업지구 건설공사와 더불어 부설되고 있는 산업중심 용도의 철로이다. 전체길이 117km의 포동철로(浦东铁路)는 샹하이시(上海市)의 동부와 남부에 위치한 포동구

포동철로 노선도

1부 관광지식_ 17

📍 금산철로(金山铁路)

금산철로(金山铁路)는 쒸쟈후이구(徐家汇区)의 샹하이난쨘(上海南站, 상해남역)과 진샨구(金山区)의 진샨웨이(金山卫)를 잇는 57km거리의 여객 운송용 쾌속철로이다. 열차 역은 샹하이난쨘(上海南站) - 씬쨩쨘(莘庄站, 신장역) - 츈선쨘(春申站, 춘신역) - 씬챠오쨘(新桥站, 신교역) - 처둔쨘(车墩站, 차돈역) - 예씨에쨘(叶榭站, 엽사역) - 팅린쨘(亭林站, 정림역) - 진샨위엔취쨘(金山园区站, 금산원구역) - 진샨웨이쨘(金山卫站, 금산위역)으로 이어진다.

열차는 30분 전후의 간격으로 운행되며, 열차편에 따라 직통으로 가기도 하고 중간 역을 그냥 통과하기도 한다. 승차할 때 잘 가려보아야 할 사안이다.

금산철로 노선도

4종4횡객운전선네트워크(四从四横客运 专线网络)

"4종4횡객운전선네트워크"는 중국의 고철(高铁, 高速旅客列车) 철로 망을 지칭하는 것으로 동서방향 4노선과 남북방향 4노선으로 구성된다. 개관하면 표와 같다.

(표) "4종4횡"노선

구분	노선명	거리(km)	주요 경유역
동서	경호(京沪)고철	1,318	티앤진(天津)-지난(济南)-쒸쪼우(徐州)-벙부(蚌埠)-난징(南京)-샹하이(上海)
	경항(京港)고철	2,260	베이징(北京)-쉬쟈쨩(石家庄)-쩡쪼우(郑州)-우한(武汉)-창샤(长沙)-광쪼우(广州)-션쩐(深圳)-썅강(香港)

구분	노선명	거리(km)	주요경 유역
남북	경합(京哈)고철	1,700	베이징(北京)-티앤진(天津)-친황따오(秦皇岛)-션양(沈阳)-하얼빈(哈尔滨)
	항복심(杭福深)고철	1,600	항쪼우(杭州)-닝부오(宁波)-원쪼우(温州)-푸쪼우(福州)-씨아먼(厦门)-션쩐(深硬)
	서란(徐兰)고철	1,400	쒸쪼우(徐州)-샹치우(商丘)-쩡쪼우(郑州)-루워양(洛阳)-씨안(西安)-빠오지(宝鸡)-란쬬우(兰州)
	호곤(沪昆)고철	2,080	샹하이(上海)-항쪼우(杭州)-난챵(南昌)-챵샤(长沙)-꾸이양(贵阳)-쿤밍(昆明)
	청태(青太)고철	770	칭따오(青岛)-지난(济南)-쉬쟈쫭(石家庄)-타이위엔(太原)
	호한용(沪汉蓉)고철	1,600	샹하이(上海)-난징(南京)-허페이(合肥)-우한(武汉)-총칭(重庆)-청두(成都)

*세부구간은 부록 참조

기차역(火车站)

기차역 9곳은 다음과 같다.
- 상해남역(上海南站, 샹하이난짠): 서회구(徐汇区)소재, 특등역
- 상해기차역(上海火车站, 샹하이휘쳐짠): 갑북구(闸北区)소재, 특등역
- 상해홍교기차역(上海虹桥火车站, 샹하이홍챠오휘쳐짠): 쟝녕구(长宁区)소재, 특등역
- 안정북역(安亭北站, 안팅뻬이짠): 가정구(嘉定区)소재, 2등역
- 금산북역(金山北站, 진샨뻬이짠): 금산구(金山区)소재, 3등역
- 남상북역(南翔北站, 난쌍뻬이짠): 가정구(嘉定区)소재, 2등역
- 상해서역(上海西站, 샹하이씨짠): 보타구(普陀区)소재, 1등역

상해남역

상해역

홍챠오휘쳐짠

- 송강남역(松江南站, 쑹쟝난짠): 송강구(松江区)소재, 3등역
- 로조항기차역(芦潮港火车站, 루챠오강훠쳐짠): 포동신구(浦东新区) 소재, 4등역

이들 중 상해남역(上海南站)·상해역(上海站)·상해홍교기차역(上海虹桥火车站)의 셋은 특등역이고, 모두 샹하이시(上海市) 중심성구(中心城区)에 소재한다.

여기서 잠깐 중국의 기차역 등급

중국의 기차역은 여섯 등급으로 나뉜다. 그 기준은 교통량과 정치·경제·지리위치 등이다. 그 중 등급별 여객운송규모를 보면 다음과 같다.

(표) 기차역 등급별 여객운송규모(만명/일)

구분	특등	1등	2등	3등	4등	5등
운송규모	6~	1.5~	0.5~	0.2~	~0.2	대피역

2 궤도교통(轨道交通)

궤도교통은 지하철(地下铁)을 의미한다. 중국용어로는 지철(地铁, 디티에)이다.

샹하이(上海)의 디티에(地铁)는 1995년 4월에 1호선이 개통됨으로써 개시되었다. 2014년 현재로는 14개 노선이 운행되고 있으며(자기부상열차노선 제외), 총연장 567km에 정거장은 332곳이다(노선도와 역: 부록 참조).

샹하이(上海)의 디티에(地铁) 승차요금은 일반적으로 6km이내에서 3위안(元)이고, 이로부터 매 10km를 벗어날 때마다 1위안씩 부가된다. 승차권은 디티에(地铁) 역에서 발매되며, 대종을 이루는 것은 상해공공교통카드(上海公共交通卡)·단정표(单程票)·1일표(一日票)·3일표(三日票) 등이다.

교통카드는 디티에(地铁)·시내버스(公交车)·택시(出租车) 등에 통용된다.

카드 값은 20위안이고, 요금충전은 10위안에서부터 1,000위안까지이며, 불 필요시 반납하면 환불된다.

단정표(单程票)는 목적지까지 1회만을 사용할 수 있는 표이고, 1일표는 디티에(地铁) 운영시간기준으로 최초사용시각부터 24시간까지 횟수

에 제한 없이 승하차가 가능한 표로서 가격은 18위안이다. 3일표는 그 표로써 승하차할 수 있는 기간이 72시간이며, 요금은 45위안이다.

3 도로교통(公路交通)

도로교통의 대종은 공쟈오쳐(公交车, 시내버스)와 츄쭈쳐(出租车, 택시)이다. 공쟈오(公交, 공교)는 공공교통(公共交通)의 줄임말로 운행노선을 정해놓고 시간을 정해 오가는 교통시스템을 말한다. 공쟈오쳐(公交车)는 줄여서 공치(公汽)라고도 하며, 일반적으로 시내버스를 지칭한다. 샹하이(上海)에는 1,000여 노선에 1만 8,000여대의 공쟈오쳐(公交车)가 운행되고 있으며, 1일 이용객이 780만명에 이르는 것으로 알려져 있다.

샹하이(上海)에는 또한 270여개의 회사에서 4만3,000여대의 택시를 운행하고 있다. 하지만, 택시잡기가 그리 쉽지 않은 것이 샹하이(上海)의 택시 사정인 것 같다.

4 수로교통(公路交通)

샹하이(上海)는 그 바탕이 챵쟝(长江)의 물에 실려 온 토사의 충적평원이기에 기본적으로 물이 흔하다. 샹하이(上海)를 흐르는 대표적인 하천으로 챵쟝(长江)·황푸쟝(黄浦江)·우쏭쟝(吴淞江)이 있다. 그중 타이후(太湖)에서 발원하여 샹하이(上海)를 관통하는 황푸쟝(黄浦江)은 샹하이(上海)의 모친하(母亲河)로 불리며, 정서상으로 샹하이(上海) 사람들의 가슴에 깊숙이 녹아들어 있다고 한다.

황푸쟝(黄浦江)에는 상해륜도(上海轮渡, 샹하이룬두, Shanghai Ferry)가 운행되고 있다. 황푸쟝(黄浦江) 양쪽 기슭을 오가며 여객과 차량을 건네다 주는, 시영(市营)의 공공교통시스템으로 줄여서 "쉬룬두(市轮渡)"로도 부른다.

쉬룬두(市轮渡)는 1911년부터 취항했으며, 1970년대 이전에는 황푸쟝(黄浦江)을 건너는 유일한 교통수단이었다. 1980년대에 이르러서는 전세계적으로 가장 활기찬 페리노선이었다.

1990년대에 시작된 푸뚱(浦东) 개발과 더불어 황푸쟝(黄浦江)에 다리가 놓이고 터널이 뚫리면서 쉬룬두(市

상해륜도 로고

륜도터미널

륜도 선박

轮渡)를 이용하는 교통량이 격감했으며, 현재 운행되고 있는 18노선은 2륜차의 도강(渡江)에 기여하는 한편 황푸쟝(黄浦江) 수상관광의 한 수단으로 변신하고 있다. 18노선의 노선명과 운행구간은 부록에 수록하였다.

5 항공교통(航空交通)

샹하이(上海)에는 두 곳에 국제공항이 있다. 푸뚱(浦东)의 상해포동국제기장(上海浦东国际机场)과 푸씨(浦西)의 상해홍교국제기장(上海虹桥国际机场)이 그것이다. 기장(机场, 지챵)은 공항의 중국식 어휘이다.

푸뚱지챵(浦东机场)은 푸쟝(浦江)과 챵쟝(长江)이 합류하는 강변지대에 위치하며, 시 중심으로부터는 30km의 거리이다. 푸뚱지챵(浦東机場)은 베이징(北京)의 쇼우뚜지챵(首都机场), 홍콩의 썅강지챵(香港机場)과 더불어 중국의 3대 공항으로 꼽힌다.

홍챠오지챵(虹桥机场)은 샹하이(上海) 시내의 서부교외에 자리 잡고 있으며, 시 중심으로부터는 13km의 거리이다.

푸뚱지챵(浦东机场)의 IATA(International Air Transport Association, 국제항공운수협회) 공항부호는 PVG이고, 홍챠오지챵(虹桥机场)은 SHA이다. 인천공항은 익히 아는 대로 ICN이다.

홍챠오지챵

푸뚱지챵

제4장 역 사

1. 역사의 시작

샹하이(上海)는 춘추(春秋, BC770~BC476)시기에 오(吳)나라의 땅이었다. 위(魏)나라의 조조(曹操), 촉한(蜀汉)의 유비(刘备), 오(吳)나라의 손권(孙权)등이 각축하던 전국(战国, BC475~BC221)시대로 넘어오면서 샹하이(上海)는 초(楚)나라 땅이 되고, 초(楚)나라의 정치가이자 대신을 지낸 춘신군(春申君) 황씨에(黄歇, BC314~BC238)의 봉지(封地)가 된다. 이런 배경에서 샹하이(上海)를 흐르는 황포강(黄浦江, 황푸쟝)이 춘신강(春申江, 츈션쟝)으로 불리기도 하고, 샹하이(上海)를 "신(申, 션)"으로 줄여 부르기도 한다.

통일왕조인 진(秦, BC221~BC207) · 한(汉, BC206~AD220) 때에는 하이옌(海盐)-요우취앤(由拳)-로우(娄)의 여러 현(县)에 속했으며, 당(唐, AD618~907)나라 때 화팅현(华亭县)으로 독립되고, 송(宋, AD960~1279)나라 말기에 상해진(上海镇)이 설치되면서 "상해(上海, 샹하이)"라는 명칭이 등장한다. 이후, 원(元, AD1271~1368)나라 7대 임금 후비리에(忽必烈, AD1260~1291) 때에 샹하이현(上海县)이 설치되면서 오늘날 샹하이(上海)의 중심인 황푸쟝(黄浦江) 연안 일대를 행정적으로 관리하게 되는데, 역사적 시각에서는 이때를 샹하이(上海) 고유역사의 시발점으로 본다.

2. 아편전쟁과 개항

챵쟝(长江)이 바다로 흘러드는 지대의 옛날 샹하이(上海)는 "후두(沪渎, 호독)"로 불렸다. "호(沪)"는 물고기를 잡는 통발을 말하는 것이고, "독(渎)"은 강이 바다로 들어가는 곳을 일컫는다. 그 옛날의 샹하이(上海)는 강어귀에 통발이 지천인, 한적한 어촌이었던 것이다.

샹하이(上海)는 대강(大江)과 대해(大海)가 맞닿는 지대로 무역과 해운에서의 무한한 발전 잠재력을 지니고 있었으며, 서방열강들은 이를 간과하지 않았다. 특히 영국은 청(清)나라와의 아편전쟁에서 승리한 후, 남경조약을 체결하여 샹하이(上海) · 닝부오

1부 관광지식_ 23

(宁波)·씨아먼(厦门)·푸죠우(福州)·광쪼우(广州) 등의 5개 항구를 개방토록 함과 아울러 샹하이에 조계지(租界地)를 설정, 자국민을 거류토록 하였다. 이에 뒤질세라 미국과 프랑스도 샹하이(上海)에 조계지를 확보하매, 청(清)나라 조정에서는 이들 조계지를 한 데 묶어 "샹하이국제공공조계(上海国际公共租界地)"로 하였다. 11대 황제 광서(光绪, AD 1875~1908)년간의 일이고, 자국의 영토이면서도 관할권이 없는 영토가 돼버린 것이다.

여기서 잠깐

아편전쟁(鸦片战争)

영국은 18세기부터 중국에 아편을 밀수출하기 시작했고, 그 폐해가 심해지자 청(清, AD1616~1911)나라의 5대 황제 옹정(雍正, AD1722-1735)은 아편 금지령을 내린다. 이후 국운이 흥하던 6대 황제 건륭(乾隆, AD1735~1796) 때까지는 아편문제가 잠잠했으나 그 후에 조정이 부패하고, 늘어나는 인구를 제대로 부양할 수 없게 되자 백성들은 생활고로부터의 도피목적으로, 상류층은 환락용으로 아편을 해대기 시작했다.

중국의 아편 수요가 폭발적으로 급증하자 영국은 산업혁명 후의 무역적자 해소 방편의 하나로 중국에 대한 아편수출에 열을 올렸고, 그 양이 300만 톤에까지 이르렀다. 아편으로 인한 폐해가 막심하자 청(清)나라의 9대 황제 도광(道光, AD 1820~1850)은 임칙서(林则徐, AD1785~1850)를 특사로 삼아 대처토록 했고, 임칙서(林则徐)는 광쪼우(广州)에 내려가 아편을 몰수, 불태워버리는 한편 외국인들을 추방한다.

이에 대한 항의로 영국정부는 양자강(扬子江) 하구를 봉쇄하고, 천진(天津) 가까이까지 함대를 파견하지만, 청(清)나라가 강경하게 나오자 영국정부는 무력으로 중국을 공격, 샹하이(上海)를 점령하고 난징(南京)으로 진격한다. 이에 청(清)나라는 영국에 항복하고, 굴욕적인 남경조약을 체결하는데, 그 조약에 홍콩을 영국에 넘겨주고, 광뚱(广东)·씨아먼(厦门)·푸쪼우(福州)·닝부오(樥波)·샹하이(上海) 등 5개 항구를 개방하며, 영국의 영사를 주재시킨다는 내용이 들어있다.

뒤이어 미국과 프랑스도 청(清)나라에 대해 영국과 같은 수준의 조약체결을 요구했고, 이를 거부할 수 없는 청(清)나라 조정은 굴욕적인 불평등조약을 체결했으며, 이로써 중국대륙은 서구 열강에 잠식되기 시작한다.

3. 북양정부(北洋政府)와 샹하이(上海)

1911년의 신해혁명(辛亥革命)을 통해 청(清)나라를 무너뜨린 쑨원(孙文, AD1866~1925)은 중화민국(中华民国)

을 세우고 임시총통이 된다. 그러나 청(清)나라 말의 군벌이었던 원세개(袁世凱 AD1859~1916)가 정권을 가로채 군벌통치를 하는데, 그 세력이 역사상 북양(北洋)으로 불리는 우쑹쟝(吳淞江, 上海市) 하구 북쪽 출신들이기에 그들이 집권했던 1912년부터 1928년까지를 북양정부(北洋政府)라고 한다. 이 기간에는 중앙정부의 손길이 전국에 미치지 못했기에 사회는 표류했고, 무질서하기 짝이 없었는데, 역설적으로 샹하이(上海)의 조계지(租界地)는 북양정부의 손길이 배척됨으로써 경제가 발전하며 고도의 번영을 구가하였다. 중국 속의 또 다른 중국이 탄생한 것이다.

4. 샹하이(上海)의 중앙 직할

군벌세력에게 쫓겨난 쑨원(孫文)은 광뚱(广东)으로 내려가 국민당(国民党)과 공산당(共产党) 간의 제1차 국공합작을 이루고, 쑨원(孫文) 사후의 뒤를 이은 국민당의 쟝지에쉬(蔣介石)는 북벌을 추진, 베이징(北京)의 북양정권을 무너뜨린다. 그리고 난징(南京)을 수도로 삼아 국민정부를 세우고 (1928. 4. 1.), 국민정부는 샹하이(上海)를 특별시로 하여 중앙에서 관리토록 한다.

5. 샹하이(上海)의 조계지 역사 마감

태평양전쟁이 발발하던 1941년의 샹하이(上海)는 이미 일본의 손아귀에 들어가 있었다. 일본은 왕웨이정부(汪伪政府)를 앞세워 조계지(租界地) 회수를 선언하는데, 이로써 형식상으로는 샹하이(上海)의 조계지(租界地)에 대한 법률적 근거가 사라지고, 중국정부의 관리 하에 들게 된다. 나아가 조계지를 실질적으로 차지하고 있던 일본도 1945년에 패망함으로써 샹하이의 100년에 걸친 조계지(租界地) 역사는 마감된다.

여기서 잠깐

왕웨이정부 (汪伪政府)

일본의 중국침략이 확대되면서 쟝지에쉬(蔣介石)가 세운 난징(南京)의 국민정부는 총칭(重庆)으로 쫓겨 가고, 일본은 왕징웨이(汪精卫)를 앞세워 난징(南京)에 자신들의 괴뢰정권을 세우는데, 이것이 왕웨이정부(汪伪政府)인 것이다.

제5장 언어와 음식

1. 언어

샹하이(上海)에는 "상해화(上海话)"로 불리는 방언이 있다. 상해화(上海话)는 샹하이(上海) 토박이들이 구사하는 사투리로 쏭쟝(淞江) 강변의 사람들이 쓰던 언어를 기초로 하고 있다. 이 지역은 그 옛날 오(吳)나라의 영토였기에 언어학상으로는 오어(吳语)로 분류된다.

여기서 잠깐 — 쏭쟝(淞江)

쏭쟝(淞江)은 우쏭쟝(吳淞江)을 습관적으로 줄여 부르는 이름이다. "우쏭쟝(吳淞江)"의 "쏭(淞)"을 "쏭(松)"으로도 쓰는데, 이는 명(明, AD1368~1644)나라 이전에는 "우쏭쟝(吳松江)"으로 표기됐던 데서 비롯된 것으로 여겨진다.

우쏭쟝(吳淞江)은 쟝쑤성(江苏省) 우쟝구(吳江区)에서 발원, 동쪽으로 흘러 황푸쟝(黃浦江)에 합류하는, 125km길이의 강이다. 그 중 샹하이시(上海市)를 경유하는 구간은 54km이며, 이 구간을 일러 "쑤쪼우허(苏州河)"라고도 한다. 쑤쪼우허(苏州河)의 강폭은 40~50m이며, 850여 km²넓이의 유역은 경색이 아름답다는 평이다.

지리상의 용어로 챵쟝(长江)이 바다로 합류하기 전의 수역을 "우쏭코우(吳淞口)" 또는 "후두(沪读)"로 지칭하는데, 이로써 우쏭쟝(吳淞江)은 본래 챵쟝(长江)이 바다로 흘러들기 전의 강 이름이고, 샹하이(上海)의 간칭(简称)인 "후(沪)"가 거기서 비롯됐음을 미루어 짐작할 수 있다. "후(沪)"는 우리 글 상으로 "물 이름 호"이고, "두(读)"는 "물길 독"이다.

2. 음식

샹하이(上海) 사람들은 아침 식사로 보통 따빙(大饼)·요우탸오(油条)·츠판(瓷饭)·도우푸쟝(豆腐浆) 등을 먹는다. 사찰(寺刹)의 대문에 들어설 때 사대금강(四大金刚, 四天王像)을 보듯이 하루 일과를 시작함에 있어 필수적 식단이라는 의미로 샹하이(上海) 사람들은 그 네 가지 식단을 "4대금강(四大金刚)"이라고도 말한다. 따빙(大饼, 대병)은 밀가루를 반죽하여 크고 둥글게 구운 떡이고, 요우탸오(油条, 유조)는 발효시킨 밀가루 반죽을

따빙

요우탸오

츠판

도우푸쟝

30cm정도 크기의 길쭉한 모양으로 만들어 기름에 튀긴 것이며, 츠판(瓷饭, 자반)은 찹쌀과 멥쌀을 섞어 밥을 지은 후 이것을 소재로 하여 만든 여러 모양의 주먹밥이다. 도우푸쟝(豆腐浆)은 콩국이며, 요유탸오(油条)와 죽이 맞는다.

샹하이(上海) 사람들은 자기 고장의 요리를 "번빵차이(本帮菜, 본방채)"라고 한다. 그들은 번빵차이(本帮菜)의 특색을 "농유적장(浓油赤酱)"으로 표현한다. 개괄컨대, 기름을 많이 사용하여 맛이 진하고, 설탕을 많이 넣어 달달하며, 색채가 풍부하다는 것이다.

샹하이(上海) 번빵차이(本帮菜)의 통상적인 요리 방법으로는 홍샤오(红烧, 홍소)와 웨이(煨, 외)가 쓰인다고 한다. 홍샤오(红烧)는 육류나 생선에 기름과 설탕을 넣어 살짝 볶은 다음 간장을 치고 익힘으로써 검붉은 빛이 돌게 하는 것이고, 웨이(煨)는 식재료에 설탕을 많이 넣고 뭉근한 불에 오래 삶는 것이다. 번빵차이(本帮菜)의 요리 명칭에 "챠오차이(炒菜)"가 들어 있는 것은 야채나 고기를 기름에 볶은 것을, 그리고 "훈차이(荤菜)"가 들어 있는 것은 생선과 육류요리를 각각 나타낸다.

샹하이(上海)에서 흔히 접할 수 있는 번빵차이(本帮菜)로는 다음과 같은 것들이 있다.

(표) 샹하이 번빵차이

명 칭		개 요
썅요우샨후 (响油鳝糊, 향휴선호)		토막 낸 두렁허리를 부재료와 더불어 센 불에 튀겨내는 요리로 진한 양념 맛과 어울리는 두렁허리 살의 산뜻한 맛이 일품이라는 평임. 식욕증진과 보신에 좋은 것으로 알려짐.
요우빠오허하 (油爆河虾, 유폭하하)		황주(黄酒)·백장유(白酱油)·백당(白糖)·식초(醋)·생강즙(姜汁) 등의 부재료를 솥에 함께 넣고 가열하여 끈적끈적해졌을 때 반쯤 튀겨진 민물새우를 넣어 완전히 익힌 요리임.
요우쟝마오씨에 (油酱毛蟹, 유장모해)		양파·생강·식용유·약주·설탕 등을 함께 넣어 솥에서 끓이다가 반쯤 튀긴 민물 게를 넣어 완전히 익힌 요리로 졸여진 국물과 향기가 일품이라는 평임.
궈샤오허만 (锅烧河鳗, 과소하만)		뱀장어를 기름에 반쯤 익을 때까지 튀기다가 기름을 뺀 후 부재료들과 더불어 약한 불에 푹 익힌 요리임.
홍샤오취앤즈 (红烧圈子, 홍소권자)		잘 씻어 적당한 크기로 자른 돼지의 직장(直肠)을 기름과 설탕을 넣어 살짝 볶은 다음 간장을 치고 푹 익힘으로써 붉은 색이 돌게 한 요리임.
홍샤오후이위 (红烧回鱼, 홍소회어)		챵쟝(长江)에서 잡히는 회어(回鱼)를 홍샤오(红烧) 방법으로 조리한 요리임
황먼리즈지 (黄焖栗子鸡, 황민률 자계)		잘 다음어진 닭을 적당한 크기로 토막을 낸 다음 밤톨과 더불어 뭉근한 불에 푹 익힌 요리임.

제6장 볼거리

샹하이(上海)에는 역사건축(历史建筑)·현대건축(现代建筑)·자연경관(自然景观)·인문경관(人文景观)·인문고적(人文古迹) 등 다방면으로 볼거리가 많다. 2010년 현재로 A급 이상의 경구(景区)가 61곳인데, 그중 5A급이 3곳, 4A급이 28곳, 3A급이 30곳이다. 부문별로 볼거리들을 간추려보면 다음과 같다.

(표) 샹하이의 주요 볼거리

부문별	볼거리
역사건축	중공1,2대회지(中共12大会地)·백락문(百乐门)·상해미술관(上海美术馆)·서가회천주당(徐家汇天主堂)·서가회원(徐家汇源)·마륵별서(马勒别墅)·상해자연박물관(上海自然博物馆)·1933노장방(1933老场坊)·상해공예미술박물관(上海美术博物馆)·손중산고거(孙中山古居)·송경령고거(宋庆龄古居)·로신기념관(鲁迅纪念馆)·상해시립도서관(上海市立图书馆)·강만체육관(江湾体育馆)·용화사(龙华寺)
현대건축	동방명주전시탑(东方明珠电视塔)·금무대하(金茂大厦)·환구금융중심(环球金融中心)·상해중심대하(上海中心大厦)·중화예술궁(中华艺术宫)·상해국제금융중심(上海国际金融中心)·상해과기관(伤害科技馆)·국가회전중심(国家会展中心)
자연경관	여산국가삼림공원(余山国家森林公园)·동탄세계지질공원(东滩世界地质公园)·정산호(淀山湖)·상해야생동물원(上海野生动物园)·상해식물원(上海植物园)·상해세기공원(上海世纪公园)·적수호(滴水湖)·육가취중심녹지(陆家嘴中心绿地)·외탄풍경구(外滩风景区)·외탄관광터널(外滩观光隧道)·상해해양수족관(上海海洋水族馆)
인문고적	정안사(静安寺)·옥불사(玉佛寺)·대관원(大观园)·예원(豫园)·송강방탑(淞江方塔)·복단대학박물관(复旦大学博物馆)·주은래고거(周恩来古居)·상해로가(上海老街)·남경보행가(南京步行街)·인민광장(人民广场)·전자방(田子坊)·신천지(新天地)·정대광장(正大广场)·항융광장(恒隆广场)

제1장 황푸구(黄浦区)
제2장 쒸후이구(徐汇区)
제3장 챵닝구(长宁区)
제4장 징안구(静安区)
제5장 푸투워구(普陀区)
제6장 쨔뻬이구(闸北区)
제7장 홍코우구(虹口区)
제8장 양푸구(杨浦区)
제9장 민항구(闵行区)
제10장 빠오샨구(宝山区)
제11장 쟈딩구(嘉定区)
제12장 푸뚱신구(浦东新区)
제13장 진샨구(金山区)
제14장 쏭쟝구(松江区)
제15장 칭푸구(青浦区)
제16장 펑씨앤구(奉贤区)
제17장 총밍현(崇明县)

2부 권역별 명소

제1장 황푸구 黄浦区

1. 전체모습

황푸구(黄浦区, 황포구)는 황푸쟝(黄浦江, 황포강)과 쑤쪼우허(苏州河, 소주하)가 합류하는 지대의 서남단에 21㎢(여의도면적의 7.2배)의 넓이로 자리 잡고 있다. 동쪽과 남쪽은 황푸쟝(黄浦江)에 접하고, 강 건너는 푸똥

황푸구의 위치

(浦东, 포동)이다. 서쪽으로는 징안구(静安区)와, 그리고 북쪽으로는 쑤쪼우허(苏州河)와 접하며, 수쪼우허(苏州河) 건너로는 홍코우(虹口)와 짜뻬이(闸北)의 두 구(区)와 마주본다.

황푸구(黄浦区)는 샹하이(上海)의 심장이자 경제·행정·문화의 중심지이다. 인구는 91만 명이고, 행정상으로는 10개 지에따오(街道)로 나뉘어 있다. 우측과 같다.

①난징동루지에따오(南京东路街道, 남경동로) ②와이탄지에따오(外滩街道, 외탄), ③반쏭위엔루지에따오(半淞园路街道, 반송원로), ④샤오동먼지에따오(小东门街道, 소동문), ⑤위위엔지에따오(豫园街道, 예원), ⑥라오씨먼지에따오(老西门街道, 노소문), ⑦루이진루지에따오(瑞金路街道, 서금로), ⑧화이하이쫑루지에따오(淮海中路街道, 회해중로), ⑨다푸챠오지에따오(打浦桥街道, 타포교), ⑩우리챠오지에따오(五里桥街道, 오리교)

여기서 잠깐

지에따오(街道)

지에따오(街道, 가도)는 중국 행정구획상의 향급(乡级) 행정단위이다. 중국의 행정구획은 4단계로 층화되어 있다. 맨 위가 성급(省级)으로 직할시(直辖市)·성(省级)·자치구(自治区)·특별행정구(特别行政区) 등이 있고, 그 아래로 지급(地级)의 지급시(地级市)·지구(地区)·자치주(自治州)·맹(盟) 등이 있으며, 그 아래로는 현급(县级)의 시할구(市辖区)·현급시(县级市)·현(县)·기(旗) 등이 있다. 향급(乡级)은 마지막의 기초행정단위로 구공소(区公所)·진(镇)·향(乡)·소목(苏木)·가도(街道) 등이 있다.

2. 교통

황푸구(黄浦区)는 샹하이시(上海市)의 원점(原点)이다. 그러한 위상에 걸맞게 각 방면에서의 진출입이 활발하며, 그러한 교통수요를 충족할 수 있도록 교통기반이 잘 갖춰져 있다. 옌안(延安)·난뻬이(南北)·네이환(内环)의 세 고가도로가 황푸구(黄浦区)에서 교차하며, 1호선·2호선·4호선·8호선·9호선·10호선·13호선 등 6개 노선의 디티에(地铁)가 황푸구

2부 권역별 명소_ 33

(黄浦区)를 경유한다.

이들 노선의 황푸구(黄浦区) 경유 역은 다음과 같다.

(표) 황푸구의 노선별 전철역

노선별	전 철 역
1호선 (남→북)	샤안씨난루(陕西南路) → 황피난루(黄陂南路) → 런민광챵(人民广场) → 씬쨔루(新闸路)
2호선 (동→서)	난징동루(南京东路) → 런민광챵(人民广场)
4호선 (서→동)	루반루(鲁班路) → 씨짱난루(西藏南路) → 난푸다챠오(南浦大桥)
8호선 (남→북)	씨짱난루(西藏南路) → 루쟈빵루(陆家浜路) → 라오씨먼(老西门) → 따쉬지에(大世界) → 런민광챵(人民广场)
9호선 (동→서)	샤오난먼(小南门) → 루쟈빵루(陆家浜路) → 마땅루(马当路) → 따푸챠오(打浦桥)
10호선 (남→북)	샤안씨난루(陕西南路) → 씬티앤디(新天地) → 라오씨먼(老西门) → 위위엔(豫园) → 난징동루(南京东路)

3. 볼거리

황푸구(黄浦区)의 주요 볼거리를 개관하면 다음과 같다.

(표) 황푸구의 주요 볼거리

볼거리	개 요
외탄 外滩	와이탄(外滩)은 쑤쪼우허(苏州河)가 황푸쟝(黄浦江)과 만나는 하구로부터 그 남쪽의 진링동루(金陵东路)까지의 강변 4km구간임. 샹하이(上海)의 근대화가 이곳에서 시작됐기에 샹하이(上海)의 상징적 존재인 것으로 회자됨. *인접전철역 : 2호선 난징동루쨘(南京东路 站)
예원 豫园	예원(豫园, 위위엔)은 강남(江南, 长江中下流以南)에서 으뜸으로 치는 고전원림(古典园林)임. *인접전철역 : 10호선 위위엔쨘(豫园 站)

볼거리		개 요
인민광장 人民广场		인민광장(人民广场, 런민광창)은 시가지 한 가운데에 가꿔진 녹지공원으로 샹하이시(上海市)의 녹폐(绿肺)로 불림. 샹하이시(上海市) 시청이 이곳에 있음. *인접전철역:2호선 런민광챵쨘(人民广场站)
상해미술관 上海美术馆		1956년에 개관됨. 미술정품을 소장, 전시하고 있음. *인접전철역:2호선 런민광챵쨘(人民广场站)
상해박물관 上海博物馆		11만8천여평의 건물에 청동기·도자기·서화 등 고대 예술품 12만 점을 소장, 전시하고 있음. *인접전철역:2호선 런민광챵쨘(人民广场站)
상해대극원 上海大剧院		1998년에 개관된 예술작품의 전시 및 공연장임. *인접전철역:2호선 런민광챵쨘(人民广场站)
남경로보행가 南京路步行街		난징루(南京路)에 있는, 1km남짓 길이의 관광 상가 거리임. "중화제일가(中华第一街)"로도 불리는 거리에는 65개의 점포와 더불어 노천 바와 조각상들이 거리의 풍치를 돋움. *인접전철역:2호선 난징동루쨘(南京东路站)

샹하이와이탄(上海外滩)

명칭유래와 의의

와이탄의 옛모습

아편전쟁(鸦片战争)이 남경조약(南京条约)으로 마무리되고, 그 조약의 내용에 따라 샹하이(上海)에 영국의 조계지(租界地)가 들어서면서 서방사람들의 수가 늘어났다. 그들은 황푸장(黄浦江) 강변을 따라 "황푸쟝루(黄浦江路, 황포강로)"를 개설하고, 그 이름을 "더번드(TheBand)"라 했다. "더번드"는 제방길이나 강변도로를 의미하고, 이곳 사람들은 이를 "와이탄(外滩)"으로 번역해 불렀다. 그것은 시내 바깥쪽 모래톱에 깔린 길이라는 의미일 터이고, 역사적 관점에서는 샹하이(上海) 근대화의 시발이며, 오늘날의 발전된 샹하이(上海)의 상징적 존재로 자리매김 된 배경이기도 하다.

와이탄(外滩)에는 지난날의 대규모 외국인 거류지 "10리양쟝(十里洋场)"의 모습이 남아있고, 더불어 황푸쟝(黄浦江) 건너 푸동(浦东, 포동)의 동팡밍쮸(东方明珠, 동방명주)·진마오따샤(金茂大厦, 금무대하)·샹하이쫑씬따샤(上海中心大厦, 상해중심대하)·샹하이환치유진룽쫑씬(上海环球金融中心, 상해환구금융중심) 등 현대화된 샹하이의 표지성 건물들을 한눈에 볼 수 있어 와이탄(外滩)은 샹하이 관광에서 빼놓을 수 없는 명소로 되어있다.

경점

와이탄(滩)의 주요 볼거리를 개관하면 다음과 같다.

황포공원(黄浦公园)

황포공원(黄浦公园, 황푸공위엔)은 황푸쟝(黄浦江)과 그 지류인 쑤쪼우허(苏州河)가 합류하는 지대에 6,200평의 넓이로 자리 잡고 있다. 황포공원(黄浦公园)은 샹하이(上海) 개항이래의 역사가 농

와이탄의 현재모습

10리양장 야경

강 건너 푸둥 경관

축돼있는 공공원림(公共园林)이며, 중국의 혁명전통과 청소년애국주의의 교육기지이다.
　황포공원(黄浦公园)의 경점으로는 인민영웅기념탑(人民英雄纪念塔)·와이탄역사기념관(外滩历史纪念馆)·강제(江堤)·포강조(浦江潮)·광장(广场)·부조(浮雕) 등이 있다.

　인민영웅기념탑은 황푸장(黄浦江)과 쑤쪼우허(苏州河) 두 강의 강둑이 만나는 2,100여 평의 원형

인민영웅기념탑

탑좌벽조각의 일부

와이탄역사박물관

공간에 60m의 높이로 서있다. 세 자루의 창이 그 끝을 마주한 모양으로 하늘을 향해 우뚝 서 있는 3과창상(三块枪状)의 탑은 아편전쟁(鸦片战争)·54운동(五四运动)·해방전쟁(解放战争)에서 희생된 인민영웅을 기리기 위한 것이라 하며, 길이 120m에 높이 3.8m인 탑좌벽(塔座壁)에는 아편전쟁으로부터 해방전쟁이 끝날 때까지의 상징적 장면과 대표적인 활동인물 97명의 활동상이 새겨져 있다.

와이탄역사기념관은 300여 평 규모의 건물로 개항당시의 면모 등 280여 장의 역사사진과 30여 점의 진귀한 실물들이 전시돼있다. 강제(江堤, 강둑)는 218m로 쑤쪼우허(苏州河) 부분이 81m, 황푸쟝(黄浦江) 부분이

137m이다. 높이와 두께가 10m씩 인 강둑의 밖은 강물이고, 안쪽으로는 화원이 가꾸어져 있다. 포강조(浦江潮, 푸장차오)는 깃발을 휘두르는 용사상(勇士像)으로 높이 8m, 폭 11m, 무게 25톤 의 크기이다. 구사회의 속박으로부터 싸워 벗어남을 형상화한 것이라고 한다.

포강조

외백도교(外白渡桥)

외백도교(外白渡桥, 와이빠이두차오)는 황푸장(黄浦江)의 지류인 쑤쪼우허(苏州河)가 황푸장과 합류하는 하구의 철교(铁桥)이다. 외백도교는 역사적으로 샹하이(上海)의 금융 중심인 황푸(黄浦)와 무역운수의 중심인 홍코우(虹口)를 단숨에 잇는 통로였다. 현재의 외백도교(外白渡桥)는 1856년 이래 이 자리에 놓인 네 번째 다리로 황푸구(黄浦区)와 홍코우구(虹口区)를 잇는 간선도로의 요체이다.

다리이름 외백도교(外白渡桥)에는 다음과 같은 의미가 담겨있다. 강(江)의 경우 상류를 안쪽(里)으로 보고 하류를 바깥쪽(外)으로 본다. "백(白)"은 공짜를, "도(渡)"는 건너는 것을, "교(桥)"는 다리를 각각 의미한다. 종합하면 강 하류에 놓인, 돈을 안 내고 건너는 다리라는 의미가 되는 것이다. 예전

외백도교

에는 다리를 건널 때 통행료를 냈던 것이다.

　1937년, 샹하이(上海)가 일본에 침탈되고 나서 외백도교(外白渡桥)에는 일본군의 초소가 세워지고, 중국인이 다리를 건널 때는 자세를 공손히 해야 할 뿐만 아니라 초병에게 허리를 굽혀 절을 해야 했다. 자칫 소홀히 하면 구둣발에 차이거나 개에게 물리는 화를 당하였다. 또한 외백도교와 인접한 황푸공원(黃浦公園)에는 개와 중국인의 출입을 금한다는 의미의 "화인여구불득입내(华人与狗不得入内)"의 푯말이 내걸리기도 했다. 샹하이(上海) 사람들은 지난날의 그러한 굴욕의 역사를 외백도교(外白渡)보면서 떠올리게 된다고 한다.

16포(十六铺)

"포(铺)"는 사전 상으로 점포(店铺)나 옛날의 역참(驿站)을 의미한다. 황푸쟝(黃浦江) 강변에 지명으로 "포(铺)"가 등장한 것은 청(请)나라의 9대 황제 함풍(咸丰, AD1850~1861)년간이다. 그 유래는 이렇다.

16포 표지석

　송(宋)나라의 3대 임금 인종(仁宗, AD1022~1063) 때부터 황푸쟝(黃浦江) 강변에 집들이 들어서고, 그곳에 어민(漁民)·염민(盐民)·농민(农民)들이 들락거리며 물물교환을 하더니 이것이 발전하여 저자거리가 되고, 황푸쟝(黃浦江) 강변에 그러한 저자거리가 여러 군데에 생겨났다.

　AD1850년에 난징(南京)에서 홍수전(洪秀全)이 농민반란정권 태평천국(太平天國)을 세우고, 그의 태평군(太平軍)이 샹하이(上海)를 침공하매, 조정에서는 이를 방어하기 위해 황푸쟝(黃浦江) 강변의 27개 저자거리 하나하나를 "푸(铺, 포)"라 하고 일련번호를 매겨 관리함과 아울러 자체방어훈련을 하도록 하였다.

　태평군(太平軍)이 진압된 후, 27개의 푸(铺)는 16개로 정리되면서, 각각의 푸(铺)는 들고 나는 배들의 부두로 발전, 샹하이(上海) 상업의 중심이 된다. 아편전쟁 후에 샹하이(上海)에 조계지가 설정되고, 외국인의 수가 늘어나면서 그 상업중심은 북쪽으로 옮겨가고, 푸(铺)의 상권은 급격히 쇠퇴하며, 현재는 그중 16푸(十六铺)의 흔적만이 남아 지난날의 자취를 보여주고 있다.

16포와 강건너 마천루 풍광

조소군(雕塑群)과 기념비

와이탄(外灘)에는 "포강지광(浦江之光)"·"범(帆)"·"풍(风)" 등의 조소(雕塑)들이 있어 그 풍광을 더 아름답게 하고, 더불어 홍석기념비(红石纪念碑)·상승군기념비(常胜军纪念碑)·구전기념비(欧战纪念碑)·허더동상(赫德铜像) 등이 있어 상하이(上海) 한 시대의 역사단면을 보여주고 있다.

홍석기념비는 영국교민들이 아편전쟁의 승리를 기념하고자 조계지(租界地) 안의 영국 관공서(官公署) 정원에 세워놓은 십자가형 기념비이며, 원래의 이름은 "영령서지십자기념비(英领署地十字架纪念碑)"였다. 어떠한 연유로 중국 사람들이 홍색기념비로 바꿔 부르는지는 알 수 없고, 조계지가 중국에 반환되는 시기에 훼손돼 땅에 묻혀있던 것이 1960년대에 발견되어 상하이(上海) 주재 영국공사관 앞에 옮겨 세워졌다.

홍석기념비

포강지광

진의광장(陈毅广场)

진의광장은 난징루(南京路)의 끝자락에 자리 잡고 있다. 이곳에 신중국(新中国)의 초대 샹하이(上海) 시장인 진의(陈毅, 쳔이)의 조각상이 세워지고, 쳔이광창(陈毅广场, 진의광장)으로 명명되었다. 조각상의 복장은 그가 산업현장을 방문할 때, 늘 입었던 것이라고 한다.

진의광장 풍광

조각상이 향한 남면에는 주변이 잘 가꾸어져 있고, 조명이 다채로운 음악분수가 있어 샹하이(上海) 사람들이 즐겨 찾는 휴식처로 되어 있다.

여기서 잠깐

신중국(新中国)

중국 공산당이 장지에쉬(蔣介石)의 중화민국(中华民国) 정부를 타이완(台湾)으로 축출하고 나서 마오쩌뚱(毛泽东)은 1949년 10월 1일에 천안문 성루에 올라 전 세계를 향해 "중화인민공화국 중앙인민정부"의 성립을 선포하는데, 이렇게 세워진 중화인민공화국을 신중국이라 한다.

폭포종(瀑布钟)

폭포종과 시계탑

폭포종은 와이탄(外滩)의 녹색장랑(绿色长廊)에 설치돼있는 분수대(喷水台)로 높이 3.5m, 길이 2.7m의 크기이다. 샹하이(上海) 세관건물의 우뚝 솟은 시계탑과 마주보고 있다. 분수대는 13계단으로 나뉘고, 계단에는 모두 1천개가 넘는 물줄기들이 컴퓨터 제어를 통해 뿜어져 올라오는데, 이들 물줄기들이 순차적으로 아래 계단으로 떨어지면서 수렴을 드리우고, 전체적으로는 종(钟)의 모양이 구현된다. 해가 지고, 이 종에 조명이 비쳐지면 오색찬란한 물종이 들어가고, 종의 표면에는 세계 여러 도시의 현재시간이 아라비아 숫자로 표시된다.

세관의 종탑속 종들

세관의 종은 고전적인 색채에 그 구동이 기계적인데 비해 폭포종(瀑布钟)은 현대적이고, 전자시스템으로 구동되기에 옛것과 새로운 것이 서로 어우러지면서 시간을 지키는 수시(守时)와 시간을 아껴 쓰는 석시(惜时)의 감(感)을 불러일으킨다는 평들을 한다.

정인장(情人墙)

정인장(情人墙, 칭런챵)은 화초로 단장된 담벼락이다. 황푸장(黄浦江)과 난징루(南京路) 사이에는 높이가 제법 높고, 폭이 넓은 방조제가 설치돼 있는데, 쑤쪼우허(苏州河) 하구에서부터 그 남쪽 난징루(南京路)의 끝자락 진의광장(陈毅广场)까지이며, 길이로는 1,700m이다. 이 방조제의 난징루(南京路) 쪽 담벼락이 정인장(情人墙)인 것이다. 그 생성배경은 다음과 같다.

정인장 풍광

예전, 샹하이(上海)의 보통사람들은 그 주거공간이 협소하였다. 좁은 가옥에 2~3대가 함께 살다보니 연애할 나이의 처녀·총각들은 자신들만의 공간을 찾아 밖으로 나돌았다. 샹하이(上海) 사람들은 해만 지면 문을 닫았기에 어스름이 내려깔릴 무렵부터는 남의 시선을 피할 수 있으나 조용한 곳에는 불량배들이 설쳤고, 이를 단속하는 사람들도 방해가 되기는 마찬가지였다. 사정이 그러하다보니 안전한 공간을 찾는 연인들은 난징루(南京路) 대로변을 어슬렁거리며 사랑을 속삭이게 됐는데, 그래서 생겨난 말이 당마루(荡马路, 탕마로)이다. "탕(荡)"은 어슬렁거림을, 그리고 "마로(马路)"는 한길을 의미한다.

오랜 세월에 걸쳐 당마루(荡马路)를 경험한 사람들은 옛 추억을 더듬어 이곳을 찾기도 하고, 그러한 명성에 끌려 새내기 연인들이 몰리기도 하여 난징루(南京路)의 담벼락에 접한 공간은 향수에 젖는 사람과 사랑을 속삭이는 연인들로 늘 붐볐다. 하지만, 방조제벽은 시멘트로 쌓은 것이어서 이곳에 모이는 사람들의 정서와는 많이

 동떨어져 있었다.

상하이시(上海市)는 2010년에 개최된 세계박람회를 준비하면서, 이곳에 넘쳐나는 감성적 분위기를 구현하기로 하고, 1,700m의 방조제 안쪽 벽을 화초로 장식함과 아울러 야간에는 채색조명을 하여 그 경치가 들어나게 하였다. 그리고 그 이름을 칭런창(情人墻, 정인장)이라 하였다.

외탄관광수도(外灘观光隧道)

외탄(外灘)의 관광수도(观光隧道, 관광쑤이따오)는 푸뚱(浦东)의 동팡밍쮸(东方明珠)와 푸씨(浦西)의 난징동루(南京东路) 와이탄(外灘) 사이를 잇는, 황푸쟝(黄浦江)의 강 밑 터널이다. 지름이 6.7m인 원형의 이 터널은 그 길이가 647m이며, 전자동의 무인 차량은 2.5~5분 만에 강을 건넌다. 차량은 깔끔하고, 네 벽의 투명도가 높아 밖을 잘 내다볼 수 있다. 2000년 10월에 개통됐으며, 시간당 5,000명 이상을 실어 나를 수 있다고 한다.

관광터널입구(푸뚱)

관광차

관광터널 풍광

관광터널 풍광

예원(豫园)

예원(豫园, 위위엔)은 명(明)나라의 12대 황제 가정(嘉靖, AD1521~1566) 년간에 판원루이(潘允瑞, 반윤서)가 꾸린 개인 화원이다. 판원루이(潘允瑞)는 당시의 형부상서(刑部尚書) 판언(潘恩)의 아들로 부친의 말년 거처 마련을 위해 예원(豫园)

예원 정문 풍광

을 꾸리기 시작했는데, 그 공정이 느렸던 탓에 결국은 자신의 노후 거처가 되고 말았다. 예원(豫园)의 "예(豫)"는 "안태(安泰)"와 "평안(平安)"의 의미를 지니고 있다.

전체면적 1만4,000여 평의 예원(豫园)에는 정자(亭子)와 누각(楼阁)등이 즐비하고, 곳곳에 쌓아올린 가산(假山)이 풍치를 돋운다. 예원(豫园) 사이사이의 연못에는 주변경관이 그림처럼 떠있고, 연못에 놓인 유랑(游廊) 복도를 걷노라면 스스로가 예원의 일부분이 된 것 같다고들 말한다.

예원안내도(서부·동부 경구)

예원(豫园)은 크게 서부경구(西部景区)·동부경구(东部景区)·중부경구(中部景区)·내원경구(内院景区)의 네 부분으로 나뉘며, 예원(豫园) 주변의 상가인 예원상성(豫园商城) 또한 별개 꼭지의 관광대상이다.

서부경구(西部景区)

서부경구에는 삼수당(三穗堂)·앙산당(仰山堂)·권우루(卷雨楼)·가산(假山)·망강정(望江亭)·원대철사(元代铁狮)·췌수당(萃秀堂)·역방(亦舫)·어락사(鱼乐榭)·복랑(复廊)·양의헌(两宜轩)·점춘당(点春堂)·화후당(和煦堂) 등의 경점이 있다.

삼수당(三穗堂)

삼수당은 예원의 정문을 들어서면서 있다. 청(请)나라의 6대 황제인 건륭(乾隆, AD1735~1796)년간에 세워진 것이다. 당초의 이름은 수명을 즐긴다는 의미의 "락수당(乐寿堂)"이었고, 다시 지으면서 "삼수당(三穗堂)"으로 개명됐다. 그 이름이 품고 있는 의미는 '벼(禾)의 모(苗) 한 대가 셋(三)으로 가지가 벌어 이삭(穗)이 오르면 그것이야말로 풍년의 확실한 징조'라고 한다.

삼수당 내경

삼수당의 5칸 대청 한가운데에 "성시산림(城市山林)"·"영대경시(灵台经始)"의 편액이 걸려있다. 영대경시(灵台经始)의 "영대(灵台)"는 천문기상을 관찰하는 누대를, 그리고 "경시(经始)"는 사업의 착수를 각각 의미한다. 세상을 살아온 경륜으로 세상 돌아가는 흐름을 짚어 보겠다는 의미가 담겨져 있지 않을까하는 생각이 든다.

앙산당(仰山堂)과 권우루(卷雨楼)

앙산당과 권우루는 삼수당(三穗堂) 뒤편에 있다. 2층 건물로 아래가 앙산당(仰山堂)이고, 위가 권우루(卷雨楼)이다. 청(请)나라의 10대 황제 동치(同治, AD1861~1875)년간에 지어진 것이다.

앙산당과 권우루

앙산당(仰山堂)에서는 연못 건너로 대가산(大假山)을 바라볼 수 있고, 당(堂) 안에는 그 가산(假山)을 중국의 5악 중 하나인 쑹산(嵩山, 송산)에 비유하여 여기에 송산준령이 있다는 의미의 "차지유송산준령(此地有嵩山峻岭)"이라 쓴 편액을 걸어놓고 있다.

권우루(卷雨楼)는 그 이름을 당나라 때의 시구(詩句) "주렴모권서산우(珠帘暮卷西山雨)"에서 따온 것이라고 한다. 해질 무렵 연못에 내리는 비는 마치 서산에 내리는 비를 주렴으로 감싸 옮겨온 것처럼 느껴진다는 의미일테다.

비오는 날 누각에 오르면 물안개가 자욱하게 피어오르는 속에 가산이 아른거리는 것이 마치 깊은 산 속에 들어 있는 느낌이라고 한다. 예원의 절경중 하나로 꼽힌다.

대가산(大假山)과 망강정(望江亭)

대가산과 망강정·읍수정

대가산은 높이 13m의, 수천톤의 황석(黃石)으로 조성한 인공산(人工山)이다. 산봉우리와 계곡들이 오밀조밀하게 조성돼 있고, 산 아래로는 연못의 물을 두르고 있어 산수경치가 절묘하다는 평이다. 산비탈에는 읍수정(挹秀亭)이 있어 읍원(挹园)의 풍광을 한눈에 담을 수 있고, 산꼭대기에는 망강정(望江亭)이 있어 대가산 너머의 황푸장(黃浦江)과 쑤쪼우허(苏州河)를 함께 조망할 수 있다.

원대철사(元代铁狮)

원대철사

앙산당(仰山堂) 동쪽의 유랑(游廊) 입구에 생동감 넘치는 자태의 철로 된 사자 한 쌍이 있다. 그 좌대에는 "장덕부안양현동산진장인 조장□□□(章德府 安阳县 铜山镇匠人 赵璋□□□)", "대원국지원29년세차경인10월28일(大元国至元廿九年岁次庚寅十月廿八日)"이라는 글귀가 새겨져 있다. 이 글귀로 보아 이 철사자는 후비리에(忽必烈, 흘필렬)가 원(元)나라의 7대 임금 세조(世祖, AD1260~1294)로 등극하고 나서 29년차 되던 해에 조(赵)씨 성을 가진 장인이 주조했고, 본래의 위치는 허난성(河南省) 안양현(安阳县) 관아의 대문 양 옆으로 추정되고 있다. 그러던 것이 일본의 침략 때 일본으로 반출됐다가 일본이 패망하면서 되돌아와 이곳에 앉혀진 것이라고 한다.

췌수당(萃秀堂)

췌수당

대가산(大假山) 동북쪽 담벼락 가까이에 있다. 청(请)나라의 6대 황제 건륭(乾隆)년간인 1760년에 짓기 시작하여 10년 만에 완공된 건물이라고 한다. 7대 황제 가경(嘉庆, 1796~1820)년간에 서원묘(西园庙)의 병두업공소(饼豆业公所)로 활용된 적이 있으나 건축구조의 정교함과 처음대로의 그윽함이 그대로 유지되고 있다는 평이다.

역방(亦舫)

역방

역방은 췌수당(萃秀堂)의 동편 담장 밖으로 있다. 선청(船厅)이라고도 한다. 선청(船厅)은 강남(江南, 长江中下流 以南) 원림에서 흔히 볼 수 있는 물가의 배 모양 건축물이다. 돌로 선체를 앉히고, 그 위에 건물을 짓는 것이 일반적인데, 이곳의 역방(亦舫)은 땅 위에 지여져 있다. 흔치않은 예라고 한다.

48 _중국상하이관광명소

어락사(鱼乐榭)·복랑(复廊)·양의헌(两宜轩)

어락사

복랑

양이헌

어락사(鱼乐榭)는 물가에 지어진 정자이다. 300년이 넘는 등나무 그늘 아래서 유유히 노니는 물고기를 감상하는 사람들도 즐거운 표정이다.

복랑(复廊)은 어락사(鱼乐榭) 동쪽으로 길게 놓인 복도이다. 동쪽 끝단의 통로를 벽으로 갈래지어 두 길로 한데서 그 이름이 비롯됐다. 중간에 정자가 있고, "회심불원(会心不远)"이라고 쓴 편액이 걸려있다. 나무에 가린 듯 그늘에 앉아 생각에 잠겨있으니 조수금어(鸟兽禽鱼)들도 느끼는 바가 있는지 다가와 함께한다는 내용의《세설신어(世说新鱼)》글귀에서 따온 것이라고 한다.

양의헌(两宜轩)은 복랑(复廊) 남쪽으로 있다. 면산대수(面山对水)하여 산을 감상하기에도, 물을 감상하기에도 좋다하여 붙여진 이름이라고 한다.

점춘당(点春堂)

점춘당 내경

점춘당은 청(请)나라의 8대 황제 도광(道光, AD1820~1850)초년에 푸지앤(福建)의 한 화당업(花糖业, 엿 제조업) 상인이 지은 5칸 건물이다. 마룻대에는 그림을 그리고, 대들보에는 조각을 하는 등 내부가 화려하게 치장돼 있다. 마룻대는 '용마루 밑에서 서까래가 걸리게 한 도리'를 말한다. 그 명칭은 소동파(苏东坡)의 글귀 "취점춘연(翠点春妍)"에서 취한 것이라고 한다. 취점춘연(翠点春妍)은 청록색이 감도니 봄이 아름답다는 의미일 테다.

점춘당(点春堂)은 청(请)나라의 9대 황제 함풍(咸丰, AD1850~1861)년간에 소도회(小刀会)의 지휘부이기도 했다. 소도회(小刀会)는 청(请)나라 조정에 반기를 든 비밀결사다. 당시 그들이 쓰던 무기와 그들이 주조해 썼던 일월전(日月钱) 화폐 등 문물들이 진열돼 있다.

점춘당(点春堂) 맞은편에는 타창대(打唱台)로 불리는 희대(戏台)가 있고, 그 동남쪽으로 소가산(小假山)이 있다. 점춘당의 북쪽으로는 위 아래층 각 5칸의 장보루(藏宝楼)가 있고, 동쪽으로는 정의헌(静宜轩)과 청리정(听鹂亭)이 있다. 여기서 "정(静)"은 고요함을, "의(宜)"는 알맞음을, "청(听)"은 들음을, "리(鹂)"는 꾀꼬리를 각각 의미한다. 또한 "헌(轩)"은 창문이 있는 복도 또는 작은 집을 일컬으며, 예전에는 종종 작은 규모의 찻집이나 음식점 이름에 붙여 썼다.

화후당(和煦堂)

화후당 내경

화후당은 타창대(打唱台) 남쪽에 면산배수(面山背水)로 자리 잡고 있다. 하량동온(夏凉冬温)하여 화후(和煦, 허쒸)라는 이름이 비롯됐다고 한다. "후(煦)"는 '따뜻하게 할 후'이다. 화후당(和煦堂) 뒤의 연못가에는 가산(假山)이 있고, 가산 위에는 "학포(学圃)"라는 이름의 네모난 작은 건물이 올라앉아 있다.

화후당(和煦堂)의 동쪽으로는 수석(水石)에 감싸인 포운암(抱云岩)이 있고 포운암 위에는 2층의 작은 누각이 있다. 아래가 연상각(延爽阁)이고, 위가 쾌루(快楼)이다. 쾌루에 오르면 서쪽의 대가산(大假山)과 예원(豫园)의 전경이 한 눈에 들어온다.

동부경구(西部景区)

동부경구에는 옥령롱(玉玲珑)·옥화당(玉华堂)·적옥수랑(积玉水廊)·적옥봉(积玉峰)·회경루(会景楼)·구사헌(九狮轩)·직정(织亭)·완운가산(浣云假山)·장서루(藏书楼) 등의 경점이 있다.

화후당 내경

옥령롱(玉玲珑)과 옥화당(玉华堂)

옥령롱은 옥화당(玉华堂) 앞에 놓인 세 개의 석봉(石峰) 중 한가운데 것이다. 옥령롱(玉玲珑)은 창쟝(长江) 중하류 이남의 3대 원림기석(园林奇石) 중 하나로 꼽힌다. 쑤쪼우(苏州, 江苏省) 유원(留园, 江苏省 苏州)의 서운봉(瑞云峰), 항쪼우(杭州, 浙江省) 화포(花圃)의 추운봉(皱云峰) 등과 더불어서 이다.

그 높이가 1장(丈, 3.33m)인 옥령롱(玉玲珑)은 몸 전체가 투명할 정도로 맑고 깨끗하다. 또한 온 몸에 구멍이 많아 위에서 물을 부으면 아래쪽의 구멍으로 물이 흘러나오고, 아래에서 향을 사르면 그 연기가 돌 속의 구멍을 통해 위로 피어오른다.

옥화당(玉华堂)은 당주인 반윤서(潘允瑞)의 서재였다. 청(请)나라의 8대 황제 도광(道光, AD1820~1850)년간에 지어진 당초의 옥화당은 일본의 침략으로 소실되고, 지금의 것은 1959년에 새로 지은 것이다.

서운봉

추운봉

옥령롱

옥화당

적옥수랑(积玉水廊)과 적옥봉(积玉峰)

적옥수랑은 회경루(会景楼)-청도각(听涛阁)-함벽루(涵碧楼)로 이어지는, 연못에 놓인 수상복도이

청도각

적옥수랑

복랑과 적옥봉

다. 동쪽으로는 담장이고, 서쪽으로는 옥화당(玉华堂)이다. 적옥봉(积玉峰)은 적옥수랑과 더불어 있는 돌산 봉우리이다.

회경루(会景楼)와 구사헌(九狮轩)

회경루

구사헌

회경루는 예원(豫园)의 한가운데에 자리 잡고 있다. 그 이름에 함의된 바와 같이 이곳에 오르면 예원(豫园)의 경물(景物)을 모두 볼 수 있다. 회경루(会景楼)의 서북쪽으로 구사헌(九狮轩)이 있다. 1959년의 예원(豫园) 확충공사 때 주변의 민가를 철거하고 연못을 꾸미면서 그 둔덕에 앉힌 것이다. 구사헌(九狮轩) 앞의 월대에 서서 연못에 핀 연꽃과 물속에 노니는 물고기를 감상하는 정취가 별다르다는 평이다.

중부경구(中部景区)

중부경구에는 대월루(得月楼)·기조당(绮藻堂)·완운가산(浣云假山)·장서루(藏书楼) 등이 있다.

대월루(得月楼)

대월루는 옥화당(玉华堂)과 옥령롱(玉玲珑)의 서쪽에 자리 잡고 있다. 청(请)나라의 6대 황제 건륭(乾隆)년간인 1760년에 세워진 대월루(得月楼)는 물가의 누대(楼台)에서 먼저 달뜨기를 기다린다는 의미의 "근수누대선대월(近水楼台先待月)"에서 그 이름을 따온 것이라고 한다. 대월루의 앞면에는

"호월천리(皓月千里)"의 네 글자 편액이 걸려있다. 밝은 달이 온 누리를 비춘다는 의미일 테다. 대월루의 2층 루방에서 굽어보는 월광 속의 호심정(湖心亭)과 구곡교(九曲桥)는 별천지라는 평이다.

호심정과 구곡교

기조당(绮藻堂)

기조당은 대월루의 아래에 있다. 연못의 물이 비단결 같고, 수초의 색채가 다채롭게 어우러져 있다는 의미의 "수파여기(水波如绮), 조채분피(藻彩纷披)"에서 그 이름을 따온 것이라고 한다. 기조당의 들보 아래로는 나무에 새겨진 "백수도(百寿图)"가 있다. 서로 다른 글자체의 "목숨 수(寿)" 100글자가 새겨져 있는 것이다.

백수도

직정(织亭)

직정은 기조당(绮藻堂)과 하화루(荷花楼)의 중간에 있다. 직정(织亭)은 호심정(湖心亭)과 구곡교(九曲桥)를 마주하고, 오로봉(五老峰)을 뒤로 하고 있다. 청(请)나라의 11대 황제 광서(光绪)년간인 1894년에 포업공소(布业公所)가 고대의 방직가(纺织家)인 황도파(黄道婆)를 기념하기 위해 세운 것이다.

직정

완운가산

완운가산(浣云假山)

완운가산(浣云假山)은 대월루(待月楼)의 북쪽으로 있다. 1986년에 태호석(太湖石)을 쌓아 꾸민 것으로 내부에 샘이 솟아 흘러 그 청아한 물소리가 대월루에까지 들린다.

장서루(藏书楼)

장서루는 대월루 맞은편에 있다. 광서(光绪, AD 1875~1908)년간에 세워진 대월루에는 샹하이(上海)의 이름난 화가와 서예가들의 작품이 진열돼 있다.

장서루

내원경구(內园景区)

내원(內园)에는 정관대청(静观大厅)·관도루(观涛楼)·환운루(还云楼)·연청루(延请楼)·용취정(耸翠亭)·가이관(可以观)·선청(船厅)·구룡지(九龙池)·고희대(古戏台) 등이 있다.

정관대청(静观大厅)

정관대청은 내원(內园)의 전면 다섯 칸짜리 홀이다. 대청 안에는 "정관(静观)"과 "영소치(灵沼峙)"의 두 편액이 걸려있다. 대청의 이름 "정관(静观)"은 "정관만물개자득(静观万物皆自得), 동관유수정관산(动观流水静观山)"에서 따온 것이라고 한다. 이들 글귀는 "만물을 조용히 들여다보고 있

정관대청

노라면, 그들 모두가 스스로의 세계에 안주해 있음을 느끼게 되고, 흐르는 물을 들여다보고 있노라면, 멈춰서있는 산을 느끼게 된다."는 의미를 담고 있다.

대청의 맞은편에는 갖가지 모양의 가산(假山) 봉우리들이 겹겹이 솟아있는데, 어찌 보면 3관(三官: 天官, 地官, 水官)이 만수무강을 빌어주는 것 같기도 하고, 흰 사슴이 달을 바라보고 있는 것 같기도 하며, 박쥐가 춤을 추며 나는 것 같기도 하다는 평이다. 또한 정관대청을 자세히 살펴보면, 100여 가지의 동물 형상을 찾아낼 수 있다고 하며, 석봉 사이의 나무들은 그 나이가 여러 백 년이라고 한다.

관도루(观涛楼)·용취정(耸翠亭)·선청(船厅)

관도루는 정관대청의 서남쪽으로 있다. 10여 장(丈) 높이의 목조 3층 건물로 소령대(小灵台)로도 불린다. 예전에 이곳에 오르면 "호성팔경(沪城八景)"의 하나인 "황포추도(黄浦秋涛)"를 감상할 수 있었다고 한다. "호성(沪城)"은 상하이(上海)를 지칭한다.

관도루(观涛楼) 동쪽의 가산(假山) 위에 쌍층(双层)의 용취정(耸翠亭)이 있고, 그 위쪽으로는 배 모양의 선청(船厅)이 있다. 선청의 주변으로는 작은 벽돌로 포장이 되어 있어 배가 물위에 떠있는 형상을 연출하고 있다.

선청

관도루

용취정

환운루(还云楼)·고희대(古戏台)

환운루는 정관대청의 남쪽에서 정관대청과 마주보고 있다. 또한 환운루(还云楼)의 남쪽에서는 고희대(古戏台)가 환운루와 마주보고 있다.

환운루

고희대

구룡지(九龙池)

구룡지는 정관대청의 동남쪽으로 있다.

용의 전신모양으로 물자리를 잡은 연못에 태호석으로 꾸민 용머리 넷이 나란히 서 있는데, 그 넷과 그것들의 물그림자 넷, 그리고 전체 물자리 용을 합치면 용이 모두 아홉 마리가 된다. 연못 이름이 구룡지인 배경이다.

구룡지

용장(龙墙)

예원의 용

예원의 용

2부 권역별 명소_ 57

예원의 용   예원의 용

용장(龙墙, 롱창)은 용(龙)으로 단장된 흰색 담장이다. 롱창(龙墙)은 예원(豫园)의 특색건축이자 지표성 건축으로 꼽힌다. 구불구불 이어지는 흰색담장 위에 복룡(伏龙)·찬룡(穿龙)·희주쌍룡(戏珠双龙)·수룡(睡龙) 등의 다섯 마리 거룡(巨龙)들이 형태도 가지각색으로 자리 잡고 있으면서 예원의 정기를 머금고 있다. 예원(豫园)을 보았으되 롱창(龙墙)의 거룡(巨龙)들을 못 봤다면 예원(豫园)을 헛본 것이라는 말도 있다.

예원상성(豫园商城)

예원상성은 어림잡아 3만평은 좋이 되는 넓이의 상가거리이다. 예원(豫园)의 정문 앞 좌우로 전개돼 있다.

지하철을 이용하여 예원상성(豫园商城)을 가는 경우 10호선의 예원역(豫园站)에서 내려 1번 출구로 나가 진행 방향의 왼쪽으로 5~10분정도 가다보면 예원상성이 가까이 있음을 알리는 패루(牌楼)를 만나게 된다. 그 안쪽 저편으로 보이는 네거리의 옛 건물 무리들이 상성(商城)이고, 그 안에 예원(豫园)도 자리 잡고 있는 것이다.

예원상성(豫园商城)에는 보석상·음식점·약국·공예점·백화점·식품점·여행사·부동산소개업소·금융점

예원상성 안내도

예원역 1번출구

예원상성패루

포·무역상 등 다양한 업종들이 포진돼 있는, 중국의 일류급 종합상가라고 한다. 창희루(畅熙楼)는 대중음식점이고, 구곡교(九曲桥) 호수 가에 있는 록파랑(绿波浪)은 외국의 국가 지도급 인사들이 식사를 하고 가는 고급음식점으로 알려져 있다.

예원노로 풍광

예원상성 통문

구곡교와 호심정

남경로보행가
(南京路步行街)

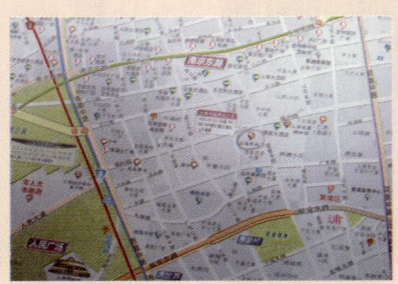
남경로보행가

상하이(上海)의 남경로보행가(南京路步行街)는 동서방향으로 놓인, 남경동로(南京東路)의 보행전용 거리이다. 보행가(步行街)의 동쪽은 북남방향의 하남중로(河南中路)에 닿고, 그 바깥쪽은 와이탄(外灘)과 황푸쟝(黃浦江)이다. 보행가의 서쪽은 북남방향의 서장중로(西藏中路)에 닿고, 이내 남경서로(南京西路)로 이어지며, 그곳에 인민공원(人民公園)이 있다.

남경동로(南京東路)와 남경서로(南京西路)는 본래의 남경로(南京路)가 동서로 나뉜 것이다. 남경로(南京路)는 아편전쟁 후, 외세가 들어와서 제일 먼저 건설한 지역으로 경제면에서나 문화면에서 다른 지역보다 선진적이었고, 오늘날에도 상하이(上海)의 중심 위상을 그대로 지니고 있다.

남경동로(南京東路)와 남경서로(南京西路)는 다 같이 그 모체가 남경로(南京路)이지만, 대중적인 인기가 있는 거리는 1.6km거리의 남경동로(南京東路)이다. 징안쓰(静安寺)절을 포함한 3.9km거리의 남경서로(南京西路)는 최고급 상업지구로 알려져 있다.

난징루부씽지에(南京路步行街)거리는 동서방향의 1km거리에 노폭이 18~28m이며, 그 주변의 상권을 포함한 면적은 9천여 평이다. 보행가(步行街)의 동쪽과 서쪽의 양쪽 끝단에는 거리의 시작과 끝을 알리는 돌병풍이 서 있고, 위쪽에 중국의 전(前) 주석(主席) 쟝쩌민(江澤民)이 썼다는 "난징루부씽지에(南京路步行街)"의 여섯 글자 새겨져 있다. 보행가(步行街)의 동서양쪽 끝단에 세워진 돌병풍은 4.2m폭의 "금대(金帶)"로 이어져 있다. 금대(金帶)는 거리 바닥에 붉은 대리석 돌 판을 깔아 이룬 띠(帶)로서 거리의 중심선에서 약간 북쪽으로 치우쳐있다. 이렇게 함으로써 햇빛 받음이 늘어나고, 의자·매점·안내소·광고판·조각물·가로등·쓰레기통·화단·전화박스 등의 공공시설물이 집중적으로 배치됨으로써 번잡한 거리분위기에 정태적(静态的) 분위기를 가미하는 효과를 거둔다고 한다. 거리풍광과 먹을거리를 즐기며 쇼핑도 하는 보행가(步行街)의 사람들이 참으로 여유로워 보인다.

보행가 표지석

보행가 풍광

대한민국임시정부구지
(大韩民国临时政府旧址)

"구지(旧址)"는 옛터를 의미한다. 1919년의 기미독립만세운동 후, 이승만·박은식·이상룡·홍진·김구·이동녕 등 나라 지도자들은 중국으로 건너가 임시정부를 수립하고, 1945년의 일본패망 때까지 26년간 아홉 곳을 전전하며 나라독립을 위해 고군분투하는데, 그 첫 번째 임시정부청사가 샹하이의 로만구(卢湾区, 지금의 黄浦区)에 있었던 것이다.

샹하이(上海)의 대한민국임시정부구지(大韩民国临时政府旧址)는 1926년 7월부터 1932년 4월까지 6년간 정부청사로 쓰던 건물이다. 임시정부가 이곳을 떠난 지 60년만인 1993년에 한·중앙국정부기관의 협조로 복원됐고, 다시 2001년 12월에 전면 보수하여 오늘에 이르고 있다. 1919년부터 1945년 11월의 귀국 때까지 중국내에서의 임시정부가 옮겨 다녔던 자취를 개관하면 다음과 같다.

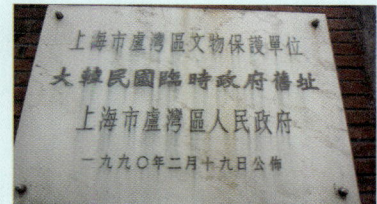

임시정부구지 표지석

(표) 중국에서의 한국임시정부청사 이전지

기 간	도 시	지 구
'19. 04. ~ '32. 05.	샹하이(上海)	샹하이(上海)
'32. 05. ~ '32. 10.	항쪼우(杭州)	쩌쟝(浙江)
'32. 10. ~ '32. 11.	쩐쟝(镇江)	쟝쑤(江苏)
'32. 11. ~ '37. 11.	난징(南京)	쟝쑤(江苏)
'37. 12. ~ '38. 07.	챵샤(长沙)	후난(湖南)
'38. 07. ~ '38. 11.	광쪼우(广州)	광뚱(广东)
'38. 11. ~ '39. 05.	리유쪼우(柳州)	광씨(广西)
'39. 05. ~ '40. 09.	치쟝(綦江)	총칭(重庆)
'40. 09. ~ '45. 11.	총칭(重庆)	총칭(重庆)

김구 선생 집무실

경건한 자세의 참관객

샹하이(上海)를 여행하는 우리나라 국민이라면 여건이 허락하는 한 대한민국임시정부구지(大韩民国临时政府旧址)와 윤봉길 의사의 애국심이 깃들어있는 홍구공원(虹口公园)을 참관하고 가는 것으로, 그곳 여행관계자들은 이야기 한다. 샹하이(上海)에 있는 한국 사람의 애국교육장인 셈이다. 교통편으로는 전철 10호선 씬티앤디쨘(新天地站, 신천지역)이 가까이에 있다. 6번 출구로 나간다.

경건한 자세의 참관객

2부 권역별 명소_ 61

신천지
(新天地)

상하이신천지(上海新天地)는 역사적으로 서양문화와 중국문화가 한데 어우러진 관광거리이다. 화이하이중로(淮海中路) 남쪽에 9천여 평의 넓이로 자리를 잡고 있는 신천지(新天地)에는 연면적 1만8천여 평의 건물이 들어서 있는데, 이들 대부분이 옛 석고문(石庫門) 양식의 건물이다. 신천지(新天地)는 옛 석고문(石庫門) 거리를 먹을거리·살거리·즐길거리 등을 관광객의 취향에 맞게, 그리고 예술적으로 꾸민 보행가(步行街)인 것이다. 지하철 10호선의 라오씨먼(老西门)과 씬티엔디(新天地)역이 근방에 있다.

석고문

석고문(石庫門)

석고문(石庫門, 쉬쿠먼)은 서양건축과 한족(汉族) 건축이 융합된 건축양식이다. 홍수전(洪秀全)이 농민의병을 이끌고 청나라 조정과 자본주의 외국세력에 항거, 난징(南京)에서 태평천국(太平天国, AD1851~1864)을 세운 후, 샹하이(上海)로 쳐들어온다. 이 때, 쟝쑤(江苏)·쩌쟝(浙江)의 부상(富商)·지주(地主)·고위관리(高位官吏) 등은 외국인 조계(租界)로 피신하는데, 그럼으로써 늘어난 주택수요를 충당하기 위하여 짓는 건물들은 외벽을 벽돌로 쌓고, 문틀은 돌(石, 쉬)로 테(箍, 구)를 둘렀으며, 검은 색을 칠했다. 그리고 그 안에 짓는 건물은 한족 전통의 3합원(三合院) 또는 4합원(四合院)의 2층 건물로 했으며, 지붕에는 라오후창(老虎窗)을 달았다. 이러한 건축형식을 사람들은 "돌(石)로 테(箍)를 두른 문(门)의 집"이라는 의미로 "쉬구먼(石箍门)"이라 불렀는데, 닝부오(宁波) 사람들은 테라는 의미의 "구(箍)"를 곳간이라는 의미의 "쿠(库)"와 같이 발음하다 보니 "쉬쿠먼(石庫门)"이라 했고, 그렇게 굳어져 오늘에 이르고 있는 것이다.

신천지 풍광

신천지 거리풍광

제 **2** 장

쒀후이구
徐 汇 区

쒀후이구 위치

1. 전체모습

쒀후이구(徐汇区, 서회구)는 상하이(上海)의 중심성구(中心城区) 서남부에 55㎢(여의도의 19배)의 넓이로 자리 잡고 있다. 그 명칭이 "천천히 서(徐)"와 "물 돌아나갈 회(汇)"의 두 글자로 이루어 진 것이 거기서 비롯됐음일까, 쒀후이구(徐汇区)의 동쪽 면은 전체가 황푸쟝(黃浦江)에 접해있다. 동서간 거리 7km, 남북 간 거리 13km인 쒸후이구(徐汇区)의 인구는 92만 명이고, 행정상으로는 12가도(街道, 지에따오)・1진(镇, 쩐)으로 구획되어 있다. 다음과 같다.

> ①후난루지에따오(湖南路街道, 호남로), ②티앤핑루지에따오(天平路街道, 천평로), ③펑린루지에따오(枫林路街道, 풍림로), ④쒸쟈후이지에따오(徐家汇街道, 서가회), ⑤씨에투루지에따오(斜土路街道, 사토로), ⑥챵차오지에따오(长桥街道, 장교), ⑦차오허징지에따오(漕河泾街道, 조하경), ⑧캉지앤씬춘지에따오(康健新村街道, 강건신촌), ⑨홍메이루지에따오(虹梅路街道, 홍매로), ⑩티앤린지에따오(田林街道, 전림), ⑪링윈루지에따오(凌云路街道, 릉운로), ⑫롱화지에따오(龙华街道, 용화), ⑬화징쩐(华泾镇, 화경)

2. 교통

지역지리에 어두운 외지인에게 있어 잘 깔린 전철노선은 자신의 현재위치확인과 행선방향을 가늠하는데 매우 유용하다. 쒸후이구(徐汇区)에는 지하철 1호・3호・4호・7호・9호・10호・11호・12호의 여덟 노선이 지난다. 노선별 쒸후이구(徐汇区)의 경유 역은 다음과 같다.

(표) 쒸후이구의 노선별 전철역

노선별	전 철 역
1호선 (북→남)	헝샨루(衡山路) → 쒸쟈후이(徐家) → 샹하이티위관(上海体育馆) → 차오빠오루(漕宝路) → 샹하이난짠(上海南站) → 진쟝러위엔(锦江乐园)
3호선 (북→남)	이샨루(宜山路) → 차오씨루(漕溪路) → 롱차오루(龙漕路) → 쉬롱루(石龙路) → 샹하이난짠(上海南站)
4호선 (동→서)	따무챠오루(大木桥路) → 루반루(鲁班路) → 동안루(东安路) → 샹하이티위관(上海体育馆) → 이샨루(宜山路)
7호선 (북→남)	롱화쭝루(龙华中路) → 동안루(东安路) → 쨔오쟈빵루(肇嘉浜路) → 챵슈루(常熟路)
9호선 (동→서)	쟈샨루(嘉善路) → 쨔오쟈빵루(肇嘉浜路) → 쒸쟈후이(徐家汇) → 이샨루(宜山路) → 꾸이린루(桂林路) → 차오허징카이파구(漕河泾开发区)
10호선 (동→서)	샹하이투슈관(上海图书馆) → 쟈오퉁따쉐(交通大学)

노선별	전 철 역
11호선 (북→남)	쟈오퉁따쉐(交通大学) → 쒸쟈후이(徐家汇) → 샹하이요우용관(上海游泳馆) → 롱화(龙华) → 윈진루(云锦路) → 롱야오루(龙耀路)
12호선 (북→남)	쟈샨루(嘉善路) → 따무챠오루(大木桥路) → 롱화쭝루(龙华中路) → 롱화(龙华) → 롱차오루(龙漕路) → 차오빠오루(漕宝路) → 꾸이린공위옌(桂林公园)

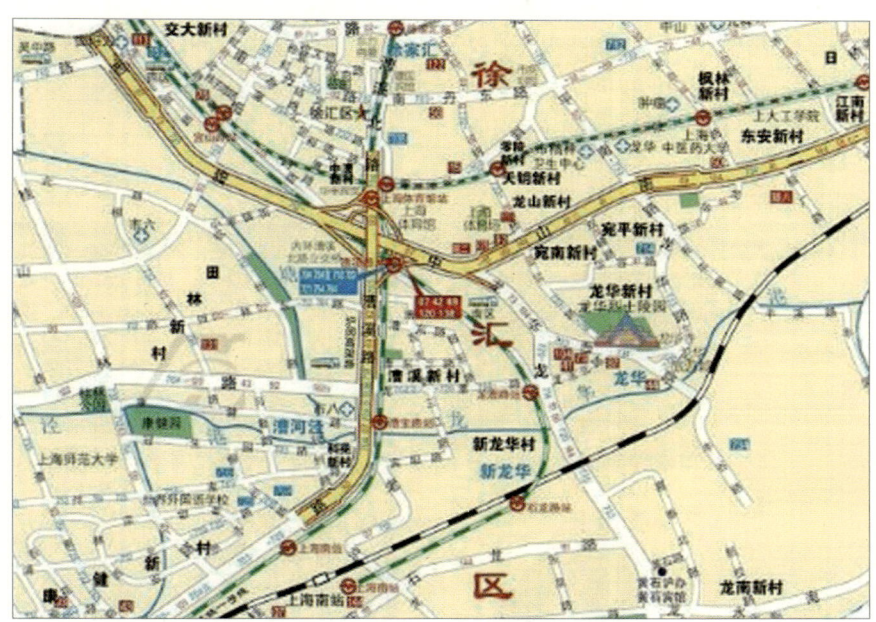

쒸후이구 약도

쒸후이구 약도

환승로

3. 볼거리

문화적 배경

쒸후이(徐汇)는 샹하이(上海) 문화의 발원지이기도 하다.

오(吴)나라 손권(孙权, AD182~252)

때에 세워진 사찰 롱화쓰(龙华寺, 용화사)는 샹하이(上海)를 비롯한 강남(江南) 건축문화 형성의 꼬투리가 되며, 원(元, AD1206~1368)·명(明, AD1368~1644) 간의 왕조 교체기에 황따푸오(黄道婆, 황도파)가 전파한 방직기술은 샹하이(上海) 면방직공업의 주춧돌이 된다. 또한 명(明)나라의 과학자 쒸광치(徐光启, 서광계)는 서방의 과학문명을 도입하기 시작함으로써 쒸후이(徐汇)가 중국 근대과학기술 발전의 전초기지가 된다.

주요 경점

쒸후이구(徐汇区)의 주요 볼거리를 간추리면 다음과 같다.

(표) 쒸후이구의 주요 볼거리

볼거리	개요
헝샨루 衡山路	헝샨루(衡山路, 형산로)는 쒸쟈후이(徐家汇)와 그로부터 북쪽의 화이하이루(淮海路, 黄浦区) 못미처까지의 2.3km 길거리임. 거리 양편의 하늘을 뒤덮은 오동나무 가로수와 유럽풍의 건물들이 어우러져 있는 관광(观光)·휴한(休闲)·오락(娱乐)의 거리(街)임. *인접 전철역: 1호선 헝샨루짠(衡山路 站)
우캉루 武康路	우캉루(武康路, 무강로)는 샹하이(上海)의 근대100년 역사가 간직돼있는 명인가(名人街) 거리와 더불어 51개의 역사적 의미를 갖는 건축물들이 있음. "중국역사문화명가(中国历史文明街)"로 지정돼 있음. *인접 전철역: 10호선 샹하이투슈관짠(上海图书馆站)
천주당 天主堂	 쒸쟈후이(徐家汇)의 천주당은 천주교 상해 교구의 주교 본당으로 정식명칭은 "성의납작당(圣衣纳爵堂)"임. 청(请)나라의 11대 황제 광서(光绪, AD1875~1908)년간인 1896년에 중세기 프랑스의 건축양식으로 지어졌음. 본당 양쪽으로 50m높이의 뾰족지붕 종루(钟楼)가 솟아있음. 평일에는 오전(9:00~11:00)과 오후(13:00~16:00) 두 차례에 걸쳐, 그리고 일요일에는 1회(14:00~16:00)만 개방됨. *인접 전철역: 1호선 쒸쟈후이짠(徐家汇站)

볼거리		개요
롱화쓰 龙华寺		송(宋, AD960~1279)나라 때 창건된, 챵쟝(长江) 중하류 이남지역에서 가장 오래된 사찰임. 가람7당제(伽蓝七堂制)의 효시임. *인접 전철역: 11호선 롱화짠(龙华站)
쒸광치묘 徐光启墓		명(明)나라 ˙3대 임금 묵종(穆宗, AD1566~1572) 때 예쿠상서(礼部尚书, 예부의 장관)를 지낸 쒸광치(徐光启, 서광계)의 묘임. 정치가이면서 과학·천문학·농학에 밝았음. 4,000여 평의 묘역에 당사자 및 손자 4명의 내외 등 모두 10개의 무덤이 있음. 쒸(徐, 서)씨 가문의 자손들이 모여들어 사는 곳이라 하여 쒸쟈후이(徐家汇, 서가회)라는 지명이 생겨났다 함. *인접 전철역: 1호선 쒸쟈후이짠(徐家汇 站)
황따오푸오묘 黄道婆墓		송(宋)말 원(元)초의 면방직(棉纺织) 기술 혁신가 황따오푸오(黄道婆, AD1245~1330)의 묘소로 300여 평의 크기임. 12살에 민며느리로 들어가 하이난(海南)에서 수십 년을 지내는 동안 황따오푸오(黄道婆)는 이족(彝族)의 면방직 기술을 배워 익히며, 노년에 고향인 화징(华泾)에 돌아와 이제까지의 방직기술을 혁신, 보급함으로써 샹하이(上海)가 중국의 면방직공업의 중심지가 되는 주춧돌을 놓음. *화징쩐(华経镇)에 소재함.
상해식물원 上海植物园		24만6,000평의 부지에 식물진화구(植物进化区)·분경구(盆景区)·초약원(草药园)·전람온실(展览温室)·난실(兰室)·녹화시범구(绿化示范区) 등 모두 15개의 구원실(区园室)로 꾸려져 있음. *인접 전철역: 1호선 샹하이난짠짠(上海南站站)

볼거리	개요
상해체육관 上海责育馆	 원래의 명칭은 "상해만인체육관(上海万人体育馆)"으로 1975년에 개관됨. 원형 건물로 높이 33m에 직경이 110m임. 1999년에 개축, 쌍층(双层) 380평 규모의 무대를 부설함. "상해대무대(上海大舞台)"로도 불리며, 대형의 체육경기와 집회 및 전람회 등을 개최함. 1만2,000명을 수용한다 함. *인접 전철역: 1호선 샹하이티위관짠(上海体育馆站)
티앤즈팡 田子坊	 타푸챠오(打浦桥) 지구의 예술거리임. 미술품과 공예품 및 관광상품을 파는 상점들이 들어서 있고, 수시로 예술작품들의 전시회도 열림. *인접 전철역: 9호선 타푸챠오짠(打浦桥站)

쒸쟈후이(徐家汇)

개황

쒸쟈후이(徐家汇)는 쒸후이구(徐汇区)의 중심구역이다. 또한 쒸쟈후이는 샹하이(上海)의 4대 부도심(副都心) 중 하나이자 샹하이의 10대 상업중심 중 하나로 꼽히는 지역이다. 전체면적이 4㎢남짓인 쒸쟈후이(徐家汇)에는 전자기기 상점이 밀집해 있는 가운데 중상류급 이상의 보석상·의류점·음식점 등이 즐비하다.

역사

쒸쟈후이(徐家汇)는 명(明)나라 때의 예부상서(礼部尚书)와 문연각(文渊阁)의 대학사를 지낸 과학자 쒸광치(徐光启)가 낙향, 농장을 차리고 농업기술을 체계화하며 만년을 지내던 고장이다. 그는 이곳의 이름을 "쒸(徐) 가문(家门)의 곳간(库)"이라는 의미에서 쒸쟈쿠(徐家库)라 하였는데, 그의 후손

여기서 잠깐

샹하이 10대 상업지역

①난징동루(南京東路), ②난징씨루(南京西路), ③화이하이쭝루(淮海中路), ④쓰촨뻬이루(四川北路), ⑤쒸쟈후이(徐家汇), ⑥우쟈오창(五角場), ⑦위위엔(豫园), ⑧부예청(不夜城), ⑨푸뚱샹청(浦东商城), ⑩쭝산공위엔(中山公园)

쒸쟈후이 풍광

들이 이곳에 살며 번창, 집성촌이 되면서 "쿠(庫)"를 "후이(汇)"로 바꿔 불렀다. "후이(汇)"는 물이 한 곳으로 모인다는 의미를 지니며, 쒸쟈후이(徐家汇)에서는 지리적으로 짜오쟈빵(肇嘉浜)과 파화징(法华泾)의 두 물이 만난다.

교통과 환경

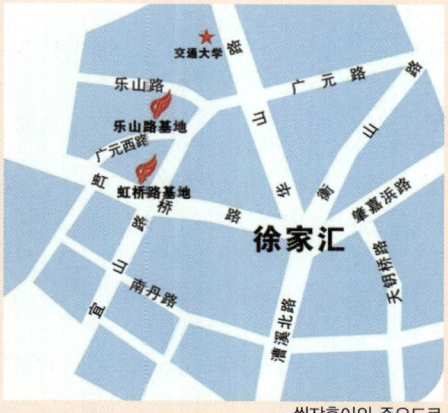

쒸쟈후이의 주요도로

쒸쟈후이(徐家汇)에는 지하철 1호·9호·11호의 세 노선이 지난다. 역 이름은 "쒸쟈후이짠(徐家汇站)"이다. 쒸쟈후이의 주요 도로로는 ①짜오쟈빵루(肇嘉浜路), ②화산루(华山路), ③헝산루(衡山路), ④홍챠오루(虹桥路), ⑤챠오씨뻬이루

2부 권역별 명소_ 69

쒸쟈후이공원

(漕溪北路) 등이 있고, 간선도로는 쨔오쟈빵루(肇嘉浜路)이다.

쒸쟈후이(徐家汇)에는 두 곳에 공원이 있다. 쒸쟈후이공원(徐家汇公园)과 광치공원(光启公园)이다. 쒸쟈후이공원은 공원개설 공사를 개시한 2000년 당시만 하더라도 허름한 옛 가옥들이 무질서하게 들어서 있었다. 하지만, 이들 가옥을 철거하지 않고 고급의 상가거리로 개조하여 오늘날에는 많은 사람들이 기꺼이 찾아드는 관광거리로 탈바꿈시켰다.

특색건물

쒸쟈후이(徐家汇)에는 서광계묘(徐光启墓)·천주교당(天主教堂)·상해교통대학(上海交通大学)·미라성(美罗城) 등 유명한 건물들이 여러 곳에 있다. 쨔오쟈빵루(肇嘉浜路)에 있는 미라성(美罗城, 메이루워청)은 9층 2만여 평 건물로서 1~6층이 상가이고, 9층까지는 주거용이다. 메이루워청(美罗城)은 메이루워따샤(美罗大厦)의 3만 3,000평 건물 중에 포함되며, 그 생김새가 독특하여 쒸쟈후이(徐家汇)의 지표성 건물로 되어 있다.

메이루워 따샤

용화사(龙华寺)

개황

용화사(龙华寺, 롱화쓰)는 송(宋, AD960~1279) 나라 때 창건된 사찰이다. 주변이 용화열사능원(龙华烈士陵园)으로 조성되면서 오늘날의 롱화쓰(龙华寺)와 고탑(古塔)은 그 능원의 일부로 되어 있다. 롱화쓰(龙华寺)는 오늘날 사찰건물배치의 기본이 돼있는 "가람7당제(伽蓝七堂制)"의 효시이다. 산문(山门)인 대패루(大牌楼)로 부터 이어지는 중축선(中轴线)을 따라 제1진(第一进)의 미륵전(弥勒殿,山门殿), 제2진의 천왕전(天王殿), 제3진의 대웅보전(大雄宝殿), 제4진의 삼성전(三圣殿), 제5진의 방장실(方仗室), 제6진의 장경루(藏经楼)가 앉혀져 있는 것이다. 또한 중축선 좌우로는 종루(钟楼)와 고루(鼓楼), 그리고 염향루(染香楼)와 모란원(牡丹园)이 배치돼 있다.

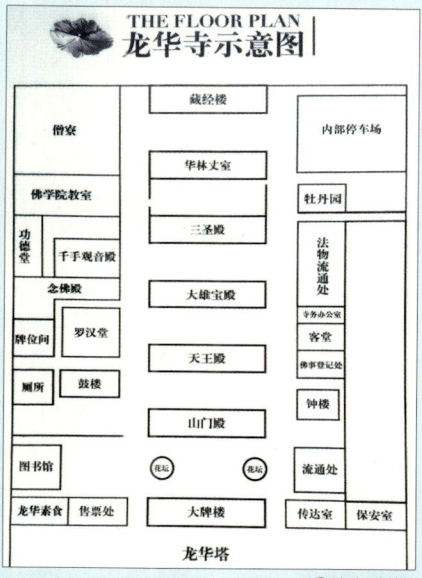

용화사 평면도

전설

롱화쓰(龙华寺)에는 절의 창건과 관련하여 다음과 같은 이야기가 전해온다.

3국(三国, AD220~280) 때, 서역 강거국(康居国)의 대신에게 "회(汇)"라는 이름의 아들이 있었다. 부귀영화를 한낱 초개같이 여겨오던 그가 출가하여 승려가 되니 사람들은 그를 "강승회(康僧会)"라 불렀다.

강승회(康僧会)는 부처의 뜻에 따라 중국으로 건너와 불법을 전하며 떠돌던 중에 지금의 롱화쓰(龙华寺) 절터에 이르러 지세가 비범함을 알아차리고, 이곳에 초막을 짓고 도를 닦기 시작하였다. 바로 그 무렵에 동해의 용왕이 이곳에다가 용궁을 지으려 왔는데, 강승회(康僧会)의 초막을 보고 이를 태워 없애려 하였다.

용왕이 불을 뿜어내리는 순간, 초막의 지붕위로 상서로운 빛과 더불어 오색구름이 피어오르자 용왕은 불 내뿜기를 멈추고 다가가서 보는데, 한 승려가 단아하게 앉아 불경을 염하는 소리가 예사롭지 않았다. 그 승려의 독경소리에 귀를 기우리고 있던 용왕은 초막을 태워 없애려던 생각을 접고, 그 승려에게 절을 지어주기로 하였다.

용왕의 의중을 들은 강승회(康僧会)는 그 뜻을 받아들이기로 하고, 마침 이곳을 지나던 오국(吳国)의 군주 손권(孙权)에게 절 짓기 도움을 요청, 그의 도움으로 절과 탑을 완성하였다.

주요건물

산문(山门)

산문은 6주5문(六柱五门)이 형식이다. 한가운데의 정문 중방(中枋) 위에 예서체(隶书体)의 "용화(龙华)" 편액이 걸려있고, 그 두 글자 사이에 "흠사신당용화강사지보인(钦赐神堂龙华讲寺之宝印)"이라 찍혀 있다. 이렇게 찍은 도장은 옥(玉)으로 만든 것으로 황제가 하사하였다 하여 "금인(金印)"으로 부르며, 장경루(藏经楼)에 보관돼 있다. 또한 정문의 좌우양옆 곁문 중방 위에는 "강남고찰(江南古刹)", "인간도솔(人间兜率)"의 편액이 각각 걸려있다. 불조(佛祖)는 미륵(弥勒)을 후계자로 삼아 도솔천(兜率天)에서 수행토록 하는데, 그 미륵의 인간수행도장이 바로 롱화쓰(龙华寺) 절이라는 의미에서 "인간도솔(人间兜率)"이라는 말이 생겨난 것이다.

용화사 산문

탑영원(塔影苑)

탑영원은 롱화쓰(龙华寺) 절의 서남쪽 귀퉁이 쪽으로 있는 정원이다. 롱화쓰(龙华寺)의 탑이 넘어가는 햇빛을 받아 만든 자신의 그림자를 정원에 내려뜨린 모습이 인상적이라 하여 그렇게 불린다.

미륵전(弥勒殿)

미륵전

미륵전은 산문을 들어서서 맨 먼저 맞닥뜨리는 전각이다. 전각의 문 좌우 양쪽으로 "3왕사(三王狮)"로 불리는 사자 두 마리가 수미좌(弥座座) 위에 놓여있다. 연꽃이 조각돼 있는 수미좌 좌대에는 "백화지왕(百花之王)"인 모란(牡丹)과 "백조지왕(百鸟之王)"인 봉황(凤凰)이 각각 새겨져 있고, 여기에 보태어 "백수지왕(百兽之王)"인 사자까지 모였다 하여 미륵전 앞의 사자를 "3왕사(三王狮)"로 부르는 것이다. 3왕사(三王狮) 중의 수사자는 한 발을 들어 공(球)에 올려놓고 있는데, 그 구(球, 环宇)는 세계를 의미하는 것이고, 암사자는 새끼 사자를 지그시 밟고 있는데, 그 새끼는 후손의 대(代) 이음을 상징하는 것이다. 삼왕사(三王狮) 뒤, 미륵전의 벽에는 사자 아홉 마리가 새겨져 있다. 이들 "구사(九狮)"와 세상을 제도한다는 의미의 "구세(救世)"는 발음이 똑같이 "지유쉬(jiushi)"로 같다는 데서 상징적으로 그렇게 새겨놓은 것이라고 한다.

미륵전을 들어서면 웃통을 벗어 제치고 만면에 웃음을 띤 포대화상(布袋和尚)이 반긴다. 포대화상은 미륵의 화신이다. 포대화상 뒤로는 서방극락세계의 교주인 아미타불(阿弥陀佛)이 있다. 미륵전의 뒤편 처마에는 "계증대웅(继证大雄)"의 네 글자 편액이 걸려있다. "대웅(大雄)"은 불조(佛祖)를 높여 부르는 용어이고, "계증(继证)"은 계승함을 밝힌다는 의미이다. 전체적으로는 부처의 뒤를 이을 미륵

종루

고루

2부 권역별 명소_ 73

의 전당이라는 의미일 터이다.
　미륵전을 나오면 오른쪽으로 종루(钟楼)가 있고, 당중(堂中)에는 지장왕(地藏王)·도명(道名)·민공(闵公)의 3성(三圣)이 존치돼 있다. 종루의 맞은편에 고루(鼓楼)가 있고, 그 당중에는 사찰을 보호하는 가람신(伽蓝神) 관우(关羽)와 더불어 관평(关平)과 주창(周仓)이 있다.

천왕전(天王殿)

미륵전 뒤의 천왕전에는 천관미륵(天冠弥勒)이 봉공돼 있다. 미륵 옆으로는 4m높이의 4대천왕이, 그리고 그 뒤편으로는 웨이투워(韦陀)가 있다.

천왕전

대웅보전(大雄宝殿)

대웅보전

대웅보전에는 한가운데에 비로자나불(毗卢遮那佛)이 자리잡고, 그 왼쪽에 문수보살(文殊菩萨)이, 그 오른쪽에 보현보살(普贤菩萨)이 각각 앉아있다. 또한 그 양쪽으로는 20천신(天神)과 18나한(罗汉)이 있으며, 그 뒤로는 53동자(童子)가 관음(关音)을 향해 절을 하고 있다.
　법당 안의 이러한 배치는 2,500년 전 영취궁(灵鹫宫)에서의 설법 때 장면을 재현한 것이라고 한다.
　이 장면에서 문수보살은 조법(助法)을, 20천신은 호법(护法)을, 18나한은 전법(传法)을, 관음은 지법(持法)을, 동자(童子)는 구법(救法)을 각각 표현하고 있다는 것이다.

대웅보전 불상

삼성전(三圣殿)

삼성전에는 아미타불(阿弥陀佛)·관세음보살(观世音菩萨)·대세지보살(大势至菩萨)의 세 부처가 봉공돼 있다.

삼성전

관세음보살상

관음당(观音堂)

삼성전의 서쪽으로 있다. 당(堂) 안에서는 석가모니불이 보리수 아래에 앉아 불법을 설하고, 그 옆쪽으로는 500나한이 그득하다.

장경루(藏经楼)

장경루

롱화쓰(龙华寺)의 삼보(三宝)가 이곳에 소장돼 있다.

금을 입힌 비로자나불(毗卢遮那佛), 명(明)나라의 14대 황제 만력(万历, AD1572~1620)이 하사한 금인(金印), 청(请)나라의 6대 황제 건륭(乾隆, AD1735~1796)의 《용장(龙藏)》이 그것이다. 《용장(龙藏)》은 건륭판(乾隆版) 대장경(大藏经)으로 1,662부 7,168권의 분량이다.

용화3보-금불

용화3보-금인

용화3보-용장

고탑(古塔)

고탑은 롱화쓰(龙华寺) 전면 동편에 있다. 7층8면의 40m높이인 고탑에 다음과 같은 이야기가 전해온다.

용화사 고탑

당(唐, AD618~907)나라가 망하고 송(宋, AD960~1279)나라가 세워지기 전까지의 50여 년 간에 후량(后梁)-후당(后唐)-후진(后晋)-후한(后汉)-후주(后周)의 다섯 왕조가 거쳐 가며, 이 시기에 10개의 힘 있는 제후국(诸侯国)들이 세력을 다투는데, 역사에서는 이 시기를 5대10국(五代十国)이라고 한다.

그들 10국 중에 항쪼우(杭州)에 도읍을 정하고, 오늘날의 쩌쟝성(浙江省)·샹하이(上海) 전 지역과 쟝쑤성(江苏省)일부를 차지하고 있던 오월(吴越)의 왕 치앤훙슈(钱弘叔, AD929~988)가 배로 이 지역의 강을 지나다가 세찬 비를 만나 야영을 하게 된다.

한 밤중에 막사 밖을 무심코 내다보던 치앤훙슈(钱弘叔)의 눈에 어둠 저쪽에서 하늘을 밝히는 오색의 찬란한 빛이 들어왔고, 치앤훙슈는 신하들로 하여금 그 연유를 살펴보도록 한 바, 그것은 당(唐)나라 말까지 그곳에 있다가 황소(黄巢)의 난 때 불타버린 절터의 조화라는 것이었다.

불교도인 치앤훙슈(钱弘叔)는 짚이는 바가 있어 절과 탑을 새로 세우도록 하고 (977년), 금상관음(金像观音)·선재동자(善才童子)·용녀(龙女) 등의 각 하나씩과 더불어 108함(函)의 금자장경(金字藏经)을 하사한다.

교통

지하철 2개 노선이 지난다. 3호선의 롱차오루짠(龙漕路站)과 11호선의 롱화짠(龙华站)에서 가깝다.

묘회

묘회(庙会)는 한족(汉族)의 민간종교행사이자 세시풍속놀이로 "묘시(庙市)" 또는 "절장(节场)"으로도 불린다. 춘절(春节)이나 원소절(元宵节)과 같이 이름 있는 날이나 사찰의 기념일 등에 사찰 안팎에 터를 잡아 신(神)에게 제사를 지내고, 오락 활동을 하며, 장마당을 펼친다.

묘회 알림설치물

묘회풍광

티앤즈팡(田子坊)

티앤즈팡(田子坊)은 서울의 인사동 골목과 같은 곳이다. 따푸치오(打浦桥)지역 태강로(泰康路) 도로 안쪽으로 그 터를 깊숙이 펼쳐 잡고 있는 티앤즈팡(田子坊)은 1990년대 중반까지만 해도 비가 오면 진흙 밭이 되던 골목길이었다. 1998년에 쒸후이구(徐汇区)정부가 관광거리로의 개발계획을 세워 골목길을 정비하고, 이름이 나있는 화가들이 이곳에 들어와 둥지를 틀면서 오늘날과 같은 예술의 거리로 거듭난 것이다.

"티앤즈팡(田子坊)"이라는 거리이름은 한 화가가 자신의 화실이름을 그렇게 붙인 데서 비롯됐다고 한다. 그 "티앤즈팡(田子坊)"은 고대의 저명한 화가 티앤즈팡(田子方)의 이름발음에서 차용한 것으로 "방(方)"자를 "방(坊)"자로 바꿔 쓴 것이다.

관광용품 상가거리의 일반적인 풍광에 보태어 티앤즈팡(田子坊) 골목 안에는 예술의 색채가 짙게 배어있다. 5,000㎡(1,500여 평)크기의 5층 건물에는 전국에서도 내로라하는 예술인들이 입주해 있고, 그 위상은 가히 국제예술박람회장의 축소판 같다는 평이다.

티앤즈팡(田子坊)은 지하철 9호선 다푸챠오짠(打浦桥)의 1번 출구로 나간다.

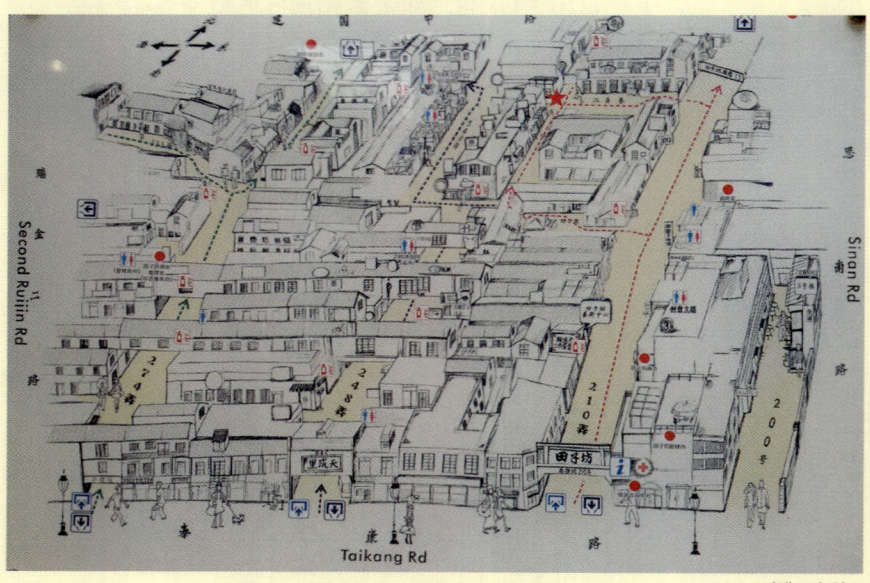

티앤즈팡 약도

1번 출구는 타이캉루(泰康路, 태강로)로 이어지고, 타이캉루(泰康路) 건너편으로 티앤즈팡(田子坊)의 골목입구들이 있다. 210롱(弄)의 티앤즈팡(田子坊, 전자방), 248롱(弄)의 티앤청리(天成里, 천성리), 274롱(弄)의 핑위엔팡(平原坊, 평원방)들이다. 각 골목 안에는 예술 하는 사람들의 작업실 및 화랑, 의상디자인 및 신상품제작 점포들이 있다. 낮은 가격에서부터 높은 가격에 이르기까지의 다양한 종류, 각양각색의 물건들이 관광객의 눈길을 끌고, 판매되고 있다.

210롱 입구   248롱 입구

274롱 입구   티앤즈팡 풍광

티앤즈팡 풍광   티앤즈팡 풍광

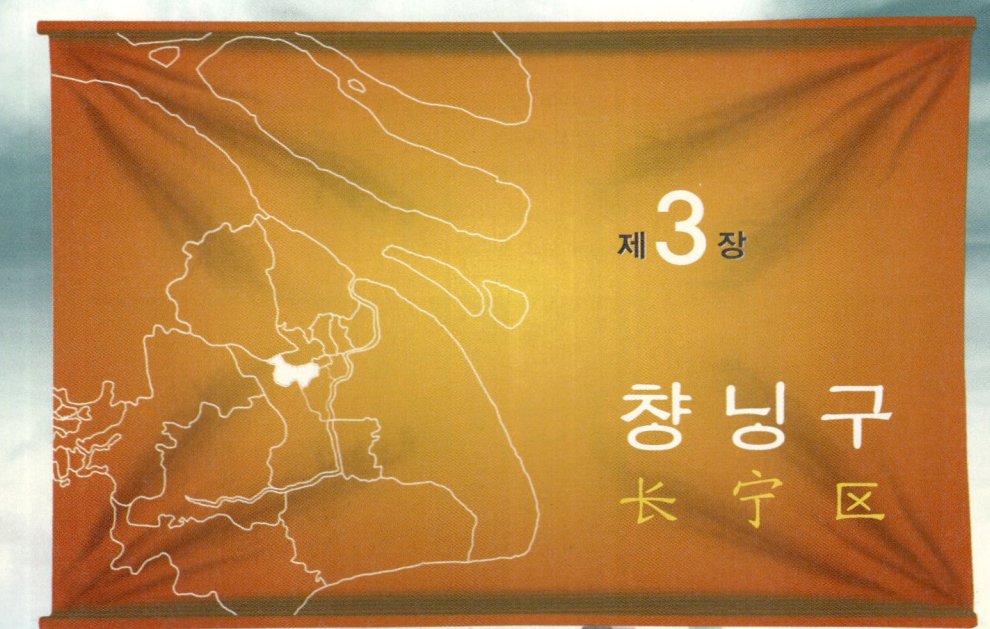

제3장 챵닝구 长宁区

▲ 챵닝구 위치

1. 전체모습

챵닝구(长宁区)는 샹하이(上海)의 중심성구(中心城区) 서부에 38㎢(울릉도의 1/2)의 넓이로 자리 잡고 있다. 69만 명의 인구가 상주하고 있으며, 행정상으로는 9가도(街道)·1진(镇)으로 나뉘어 있다. 다음과 같다.

2. 지리와 교통

챵닝구(长宁区)는 북으로 쑤쪼우허(苏州河)에 접하면서 푸투워구(普陀区)를 거너다 보고, 동쪽으로는 징안구(静安区)와, 서쪽과 서남쪽으로는 민항구(闵行区)와, 동남쪽으로는 쒸후이구(徐汇区)와 각각 접한다.

관내의 주요 도로로는 씬화루(新华路)·쟝쑤루(江苏路)·옌안루(延安路)·챵닝루(长宁路)·홍챠오루(虹桥路) 등이 있고, 옌안루고가(延安高架)·내환선고가(內环高架)·중환선고가(中环高架)·외환선고가(外环高架) 등의 고가 도로가 지나간다. 지하철은 2호선·3호선·4호선·10호선 등 4개 노선이 지나며 경유 역은 다음과 같다.

> ①화양루지에따오(华阳路街道, 화양로), ②씬화루지에따오(新华路街道, 신화로), ③쟝쑤루지에따오(江苏路街道, 강소로), ④티앤샨루지에따오(天山路街道, 천산로), ⑤쪼우쟈챠오지에따오(周家桥街道, 주가교), ⑥홍챠오지에따오(虹桥街道, 홍교), ⑦씨앤샤씬춘지에따오(仙霞新村街道, 선하신촌), ⑧청쟈챠오지에따오(程家桥街道, 정가교), ⑨뻬이씬징지에따오(北新泾街道, 북신경), ⑩신징쩐(新泾镇, 신경)

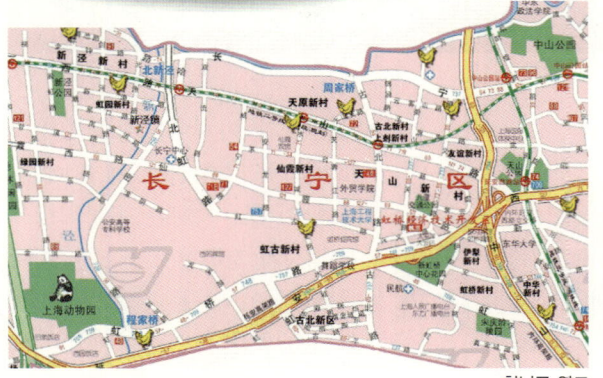

챵닝구 약도

(표) 챵닝구의 노선별 전철역

노선별	전 철 역
2호선 (서→동)	쏭홍루(淞虹路) → 뻬이씬징(北新泾) → 웨이닝루(威宁路) → 로우샨관루(娄山关路) → 쫑샨공위엔(中山公园)
3·4호선 (북→남)	쫑샨공위엔(中山公园) → 옌안씨루(延安西路) → 홍챠오루(虹桥路)
10호선 (북→남)	쟈오통따쉐(交通大学) → 홍챠오루(虹桥路) → 쏭위엔루(宋园路) → 이리루(伊犁路) → 슈이청루(水城路) → 롱씨루(龙溪路) → 샹하이똥우위엔(上海动物园) → 홍챠오이하오항짠로우(虹桥1号航站楼)

챵닝구(长宁区)에는 샹하이(上海)의 두 곳 국제공항 중 하나인 홍챠오귀지지챵(虹桥国际机场, 홍교국제공항)이 있다. 홍챠오지챵(虹桥国际机

챵닝구 도로 풍광

홍챠오공항

场)에는 두 곳의 항쨘(航站, 터미널)이 있다. "1호항쨘(1号航站)"과 "2호항쨘(2号航站)"이다.

1호항쨘(1号航站)

1호항쨘 건물에는 중국동방항공(中国东方航空, MU)을 비롯한 여러 항공회사들과 더불어 우리나라의 대한항공(KE)과 아시아나항공(OZ)이 들어있다. 1호항쨘(1号航站)에 내리면 시내로 향하는 공항버스 7개 노선과 지하철 2개 노선 및 시내버스들이 있다. 지하철은 2호선과 10호선이고, 공항버스의 노선별 행선지는 다음과 같다.

• 노선 1
홍챠오지챵(虹桥机场) - 푸뚱지챵(浦东机场), 직행 20분 간격

• 노선 2
홍챠오지챵(虹桥机场) - 웨이하이루(威海路)·샤안씨루(陕西路), 20분 간격

- **노선 3 (941번 버스)**
  홍챠오지챵(虹桥机场) - 샹하이기차역(上海火车站), 10분 간격

  홍챠오공항(虹桥机场)-공항광장(机桥广场)-상해동물원(上海动物园)-청쟈챠오(程家桥)-홍쒸루(虹许路)-홍구루(虹古路)-씨앤샤루(仙霞路)-티앤샨영화관(天山电影院)-쥰이루(遵义路)-쭁샨씨루(中山西路)-쭁샨공원(中山公园)-쟝쑤루(江苏路)-차오쟈두(漕家渡)-국면6창(国棉六厂)-쟈오쬬우루(胶州路)-씨캉루(西康路)-샹하이훠쳐짠(上海火车站)

- **노선4 (925번 버스)**
  홍챠오공항(虹桥机场)-런민광챵(人民广场), 10분 간격

  홍챠오공항(虹桥机场)-지챵씬춘(机场新村)-상해동물원(上海动物园)-청쟈챠오(程家桥)-홍메이루(虹梅路)-홍쒸루(虹许路)-홍챠오개발구(虹桥开发区)-쭁샨씨루(中山西路)-딩씨루(定西路)-쟝쑤루(江苏路)-메이리원(美丽园)-샤안씨루(陕西路)-쉬먼루(石门路)-런민광챵(人民广场)

- **노선5 (938번 버스)**
  홍챠오공항(虹桥机场)-샹청루(商城路, 浦东), 10분 간격

홍챠오공항(虹桥机场)-지챵씬춘(机场新村)-상해동물원(上海动物园)-청쟈챠오(程家桥)-홍메이루(虹梅路)-홍쒸루(虹许路)-슈이청루(水城路)-홍챠오개발구(虹桥开发区)-안쉰루(安顺路)-쭁샨씨루(中山西路)-제2결핵병원(第二结核病院)-우쭁루(吴中路)-쯔샨루(直山路)-화팅빈관(华亭宾馆)-따야오챠오루(大钥桥路)-완핑루(宛平路)-동안루(东安路)-난양중학(南洋中学)-다푸루(打浦路)-루반루(鲁班路)-씨짱난루(西藏南路)-난쳐짠루(南车站路)-탕챠오(塘桥)-닝양루(宁阳路)-왕쟈쟈이푸디앤투(王家宅浦电路)-웨이팡루(潍坊路)-빠부오반(八佰伴)-샹청루(商城路, 浦东)

- **노선6 (806번 버스)**
  홍챠오공항(虹桥机场)-루푸다챠오(卢浦大桥), 10분 간격

  홍챠오공항(虹桥机场)-지챵씬춘(机场新村)-상해동물원(上海动物园)-청쟈챠오(程家桥)-홍메이루(虹梅路)-홍쒸루(虹许路)-슈이청루(水城路)-고급법원(高级法院)-창쉰루(长顺路)-카이쒸옌루(凯旋路)-판위루(番禹路)-쌍화챠오(香花桥)-쟈오퉁따쒜(交通大学)-쒸쟈후이(徐家汇)-쭁샨난이루(中山南一路)-루푸따챠오(卢浦大桥)

• 노선7 (807번 버스)

홍챠오공항(虹桥机场)-쩐광씬춘(真光新村), 10분 간격

홍챠오공항(虹桥机场)-지챵씬춘(机场新村)-상해동물원(上海动物园)-청쟈챠오(程家桥)-왕만쓰챠오(王满四桥)-쫑씬징(中新径)-씨앤샤루(仙霞路)-마쟈챠오(马家桥)-뻬이씬징(北新径)-윈링루(云岭路)-진샤쟝루(金沙江路)-메이촨루(梅川路)-차오안루(曹安路)-뻬이쉬루(北石路)-통촨루(铜川路)-샹하이씨쨘(上海西站)-쩐광씬춘(真光新村)

2호항쨘(2号航站)

2호항쨘(2号航站) 건물에는 중국국적의 동방항공(MU)·남방항공(CZ)·중국국제항공(CA) 등의 항공사들이 입주해 있다. 지하철 2호선이 들어와 있다.

3. 볼거리

챵닝구(长穰区)의 주요 볼거리를 개관하면 다음과 같다.

(표) 챵닝구의 주요 볼거리

볼거리		개요
상해동물원 上海动物园		중국의 10대 동물원 중 한 곳으로 22만 5,000평의 부지에 400여 종의 동물을 보유하고 있음. *인근 전철역:10호선 상해동물원
송경령능원 宋庆龄陵园		중화인민공화국의 명예주석인 송경령(宋庆龄, AD1893~1981)의 묘원임. 송경령은 손중산(宋中山)의 아내로서 신해혁명과 중국인민해방사업에 헌신함. 3만6,000평의 부지에 송경령 기념시설, 명인묘원, 외적인(外籍人)묘원, 청소년활동구 등 네 부분으로 나뉘어 있으며, 애국주의교육시범기지로 활용되고 있음. *인근 전철역:10호선 쑹원루쨘(宋园路站)
유해속미술관 刘海粟美术馆		리유하이쑤(刘海粟, AD1896~1994)는 미술가로 중국의 신미술운동(新美术运动)의 첫 발을 내딛은 인물임. 그를 기념하는 이 미술관은 5층 21m높이의 5,000㎡(1,500평) 건물에 화랑과 전시장을 차리고 있으며, 공익성 사회문화사업을 아울러 수행하고 있음. *인근 전철역:4호선 옌안씨루쨘(延安西路站)

볼거리	개요
혁명문물관 革命文物馆 	챵닝구(长穰区)의 혁명문물을 소장, 전시하는 곳으로 중산공원(中山公园) 맞은편에 있음. *인근 전철역:2호선 쫑산공위옌쨘(中山公园站)

상해동물원(上海动物园)

　　상해동물원은 홍챠오공항(虹桥机场)에 가까이 있다. 지하철 10호선이 닿는다. 샹하이뚱우위옌쨘(上海动物园站, 상해동물원역)이다.

　　상해동물원은 그 전신이 서교공원(西郊公园)이다. 1980년에 개명됐으며, 지금은 74만3,000㎡(22만5,000평)의 부지에 400여 종의 동물을 전시하는, 중국에서 두 번째로 큰 도시동물원 이다.

　　상해동물원에서 전시되는 희귀동물로는 미록(麋鹿)·대웅묘(大熊猫)·금사후(金丝猴)·백순록(白唇鹿)·동북호(东北虎)·양자악(扬子鳄) 등이 있다. 미록(麋鹿)은 사전 상으로 사불상자(四不像子)라 하여 이 것도 저것도 아닌 것을 비유하는 말로도 쓰이는데, 뿔은 사슴 같고, 꼬리는 나귀 같으며, 발굽은 소 같고, 목은 낙타를 닮았

대웅묘

미록

백순록

동북호

금사후

양자악

다는 사슴의 일종이다. 백순록(白脣鹿)은 중국의 시짱(西藏, 티베트)·칭하이(青海)·쓰촨(四川) 등지의 고원에 서식하는 사슴의 일종으로 양 볼과 입언저리의 털이 순백이다.

상해동물원에는 세계각지의 챵징루(长颈鹿, 기린)·다이슈(袋鼠, 캥거루)·치으어(企鹅, 펭귄)·허마(河马, 하마)·하이쉬(海狮, 바다사자)·투워냐오(鸵鸟, 타조)·아프리카사자(非洲狮) 등이 있다. 또한 샹하이(上海)에는 40여종의 텃새가 있고, 150여종의 철새가 오가는 것으로 밝혀져 있는데, 그

구관조

화미조

황리

남시팔색동   삼보조   윈췌

것들 중의 하나인 황리(黄鹂, 꾀꼬리)·란츠빠써동(蓝翅八色鸫, 쪽빛날개팔색지빠귀)·싼빠오냐오(三宝鸟, 삼보조)·윈췌(云雀, 종달새)·화메이냐오(画眉鸟, 화미조)·빠거(八哥, 구관조) 등도 있다.

상해동물원의 구내 경점을 개관하면 다음과 같다.

동물원 구내약도

①환형(环形)의 3층짜리 과학교육관(科学教育馆), ②70m길이의 구곡장랑(九曲长廊), ③여우원숭이 등의 환미호후원(环尾狐猴园), ④뱅골호랑이와 미주호랑이 및 표범 등의 맹수관(猛兽馆), ⑤다람쥐원숭이의 송서후관(松鼠猴馆), ⑥악어 등의 양서동물관(两物馆), ⑦침팬지들의 흑성성관(黑猩动物馆), ⑧아시아 코끼리 등의 아주상관(亚洲象馆), ⑨기린 등의 장경록관(长颈鹿馆), ⑩영양과 얼룩말 등의 초식동물관(草食动物馆), ⑪아프리카 사자와 화남호랑이 등의 사호산(狮虎山), ⑫판다곰의 웅묘령(熊猫岭), ⑬북극곰의 북극웅관(北极熊馆), ⑭브라질 이리의 파서랑전시구(巴西狼展示区), ⑮단정학(丹顶鹤) 등의 섭금전시구(涉禽展示区), ⑯백조들의 천아호(天鹅湖), ⑰앵무전구(鹦鹉展区), ⑱화열조관(火烈鸟馆), ⑲진입식조원(进入式鸟园), ⑳펭귄의 기아지(企鹅池)

제4장 징안구 静安区

1. 전체모습

징안구(静安区, 정안구)는 샹하이 (上海)의 중심성구(中心城区) 서편에 7.6㎢(여의도 면적의 2.6배)의 넓이로 자리 잡고 있다.

징안구(静安区)는 전체가 샹하이시 (上海市)의 내환로(内环路) 도로 안쪽 으로 들어서 있다. 이 지역은 역사적

징안구의 위치

으로 귀족들의 영지(領地)였고, 서방(西方)의 상해공공조계지(上海公共租界地)의 서구(西区)였으며, 오늘날에는 샹하이시(上海市) 중심의 고급상가지역이자 대외물류의 중요한 창구이며, 고급주택지이다.

여기서 잠깐 — 여의도면적

넓이 비교에서 "여의도 면적의 몇 배"라고 표현할 때, 그 면적은 여의도 윤중로의 제방 안쪽만을 기준으로 하며, 면적으로는 2.9㎢이다(국토교통부 정의). 한강시민공원이 있는 한강둔치까지 합치면 4.5㎢이고, 행정구역상의 여의도동 전체 면적은 8.4㎢이다.

징안구(静安区)의 호적상 인구는 30만 명이며, 행정상으로는 5가도(街道, 지에따오)로 구획되어 있다. 다음과 같다.

①징안쓰지에따오(静安寺街道, 정안사), ②차오쟈뚜지에따오(曹家渡街道, 조가도), ③쟝닝루지에따오(江宁路街道, 강녕로), ④쉬먼얼루지에따오(石门二路街道, 석문2로), ⑤난징씨루지에따오(南京西路街道, 남경서로)

2. 지리와 교통

징안구(静安区)는 1850년대만 하더라도 내(川)와 실개천이 이리저리 이어지는 수향(水乡)이었다. 청(清)나라의 10대 황제 동치(同治, AD1861~

징안구 도시풍광

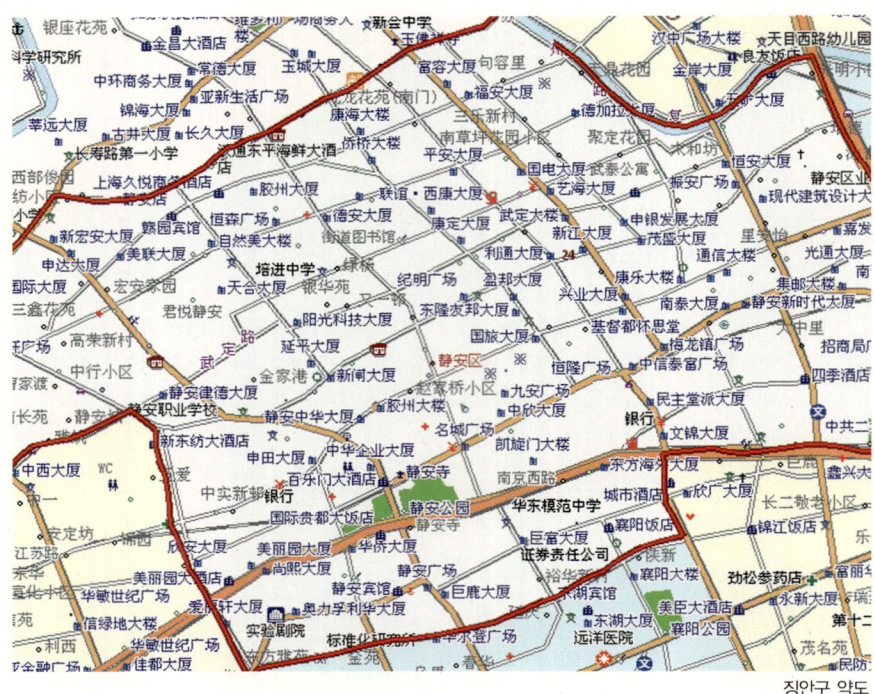

징안구 약도

1875) 때부터 영국의 식민주의자들이 다리를 놓고 길을 넓히기 시작하더니 1930년경에 이르러서는 50여 줄기의 도로가 깔렸다. 오늘날에 이르러서는 징안구(静安区)의 사방으로 다음과 같은 간선도로들이 있다.

(표) 징안구의 방위별 간선도로와 인접구

방위별	주요도로	인접구
동(东)	청두뻬이루(成都北路)·옌안쭝루(延安中路)·샤안씨난루(陕西南路)	황푸구(黄浦区)
남(南)	챵러루(长乐路)	쒸후이구(徐汇区)
서(西)	쩐닝루(镇宁路)·완항두루(万航渡路)·우딩씨루(武定西路)·쟝쑤루(江苏路)·챵닝루(长宁路)	챵닝구(长穰区)
북(北)	안위옌루(安远路)·챵쑈우루(长寿路)	푸투워구(普陀区)

또한 징안구(静安区)에는 지하철 2호선과 7호선이 지난다. 2호선에는 징안쓰쨘(静安寺站)과 난징씨루쨘(南京西路站)의 두 역이 있고, 7호선은 챵핑루쨘(昌平路站)과 징안쓰쨘(静安寺站)이다.

3. 볼거리

징안구(静安区)의 볼거리를 추려보면 다음과 같다.

(표)징안구의 주요 볼거리

볼거리	개요
정안사 静安寺	정안사(静安寺, 징안쓰)는 삼국시기(三国时期) 오(吴)나라-의 쑨취앤(孙权, AD238~251) 때 지어진, 상하이(上海)의 이름난 사찰 중 하나임. *인접 전철역:2호선 징안쓰짠(静安寺站)
미기대희원 美琪大戏院	미기대희원(美琪大戏院, 메이치따씨 위엔)의 영문 명칭은 "Majestic Theater"임. "위엄이 있고, 장대한 극장"이라는 의미임. 2,612㎡(790평)의 부지에 건평 5,416㎡(1,640평)의 크기이며, 두 개 층으로 된 관중석의 좌석 수는 1,328개임. 현대건축과 고대건축이 조화를 이룬, 아름다운 건물이라는 평임. *인접 전철역:2호선 난징씨루짠(南京西路站)
선종리 善钟里	3층 건물 22채가 들어서있는 골목 식 화원 주택으로 19C1년에 지어짐. 챵슈루(常熟路)의 옛 이름인 샨쭝루(善钟路)에서 그 이름이 비롯됨. *인접 전철역:7호선 챵슈루짠(常熟路站)
채원배고거 蔡元培故居	중국의 교육자 채원배(蔡元培, 차이위엔페이, AD1868~1940)의 옛집임. 1,856㎡의 부지에 건평 1,004㎡의 규모로 문청(门厅)-대청(大厅)-좌루(坐楼)의 3진원(进院) 구도이며, 샤오씽(绍兴)지방 특색의 명청대문(明清台门) 형식임. 화샨루(华山路)에 있음.
주선고거 周璇故居	여성 영화배우 쪼우쒸엔(周璇, AD1918~1957)의 옛집임. 화샨루(华山路)에 있는 쩐리유공위(枕流公寓, 침류아파트) 6동으로 "8자형(八字形)"의 영국식 건물임. 1930년대 상하이의 최고급 아파트였음. 화샨루(华山路)에 있음.

정안사(静安寺)

역사

정안사(静安寺, 징안쓰)는 본래 우쏭쟝(吴淞江, 지금의 苏州河) 북쪽 기슭에 있었고, 그 이름은 중원사(重元寺, 총위옌쓰)였다. 어느 불교신자가 물에 떠내려 오는 두 개의 불상을 건져내어 안치한 절이었다고 한다.

물가에 앉혀진 절은 강물이 범람할 때마다 허물어지더니 남송(南宋)의 녕종(宁宗, AD1194~1224) 임금 때 지금의 곳으로 옮겨지며, 그 후에 여러 차례의 전란을 겪으며 새로 지어진 절도 1960년대의 문화혁명 때 폐허가 된다. 지금의 징안쓰(静安寺)는 샹하이시(上海市) 정부의 지원과 신도들의 시주를 재원으로 하여 1984년에 중건(重建)된 것이다.

징안쓰(静安寺)는 난징씨루(南京西路)에 있다. 난징씨루(南京西路)의 전신은 징안쓰루(静安寺路)이고, 이는 외국인이 사는 조계지(租界地)로부터 징안쓰(静安寺) 절까지 닦인 승마길(乘马道)을 바탕으로 삼은 것이다. 장안쓰루(静安寺路)가 열리면서 편리해진 교통은 시가지 형성의 촉매가 되며, 상하

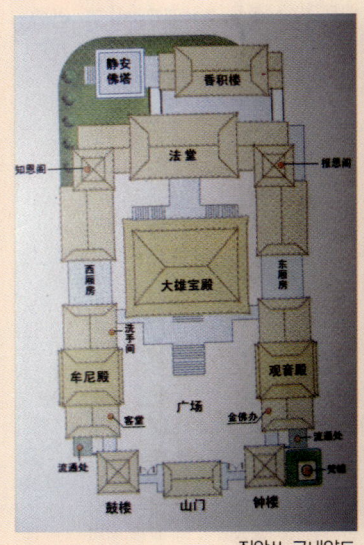

징안쓰 구내약도

징안쓰 조감도

이(上海)의 도시화는 그렇게 시작되었다. 징안구(靜安区)의 명칭이 생겨나고 징안구(靜安区)가 상하이시(上海市)의 최중심이 된 배경이기도 하다.

주요전각

징안쓰(靜安寺)의 주요 전각(殿阁)으로는 산문(山门)과 그 좌우의 종고루(钟鼓楼), 광장 좌우의 모니전(牟尼殿)과 관음전(关音殿), 대웅보전(大雄宝殿), 법당과 그 좌우의 지은각(知恩阁)과 보은각(报恩阁), 향적루(香积楼), 징안불탑(靜安佛塔) 등이 있다.

산문(山门)의 누각에는 포대화상(包袋和尚)이 존치돼 있고, 산문의 오른쪽옆 고루(鼓楼)에는 지름 3.4m의 태평고(太平鼓) 북이, 그리고 왼쪽옆 종루(钟楼)에는 무게 7.3톤의 화평종(和平钟)이 각각 들어있다.

산문루와 종루 고루

포대화상

포대화상(包袋和尚)

포대화상은 불교의 과거·현재·미래의 세 부처 중 미래불(未来佛)인 미륵불(弥勒佛)의 여러 화신(化身) 중 하나다. 포대화상은 키가 작고 뚱뚱하며 배가 불룩 튀어나와 있다. 얼굴에는 환희의 웃음이 하나 가득하다. 지팡이에 자루를 걸어 메고 소용되는 물건을 모두 거기에 넣어가지고 다니며 사람들로 하여금 부처의 가르침을 깨닫게 한다.

포대화상이 미래불의 한 화신이 되기 전에는 후량(后梁, AD907~923)의 승려 치츠(契此)였다. "지옥이 비워지지 않으면(地獄未空), 성불하지 않겠다(誓不成佛)."고 서원한 후 미륵불로 환생, 중생을 계도하고 있는 것이라고 한다.

산문(山门) 안 광장 왼쪽의 모니전(牟尼殿)에는 석가모니불상이, 오른쪽의 관음전(关音殿)에는 관음보살불상이 각각 존치돼 있다.

모니전(牟尼殿)의 용마루에는 "자항보도(慈航普渡)"의 네 글자가, 그리고 관음전(观音殿)의 용마루에는 "동등피안(同登彼岸)"의 네 글자가 각각 새겨져 있다. "자항보도(慈航普渡)"는 속세고해(俗世苦海)에서 고통을 겪는 중생을 자비의 배에 태워 생사해(生死海)를 건너게 한다는 의미를 지니고, "동등피안(同登彼岸)"은 불교에서 이르는 해탈극락의 경지로 함께 나아가자는 의미를 지닌다.

모니전   모니전 불상

관음전 불상

관음전

정면의 대웅전에 쓰인 기둥들은 미얀마에서 수입한 유목(柚木, 유자나무)이며, 불상과 그 좌대를 주조하는 데 들어간 백은(白銀)의 양은 모두 15톤 분량이라고 한다.

대웅전

대웅전 백은불상

밖에서 본 백은불상 풍광

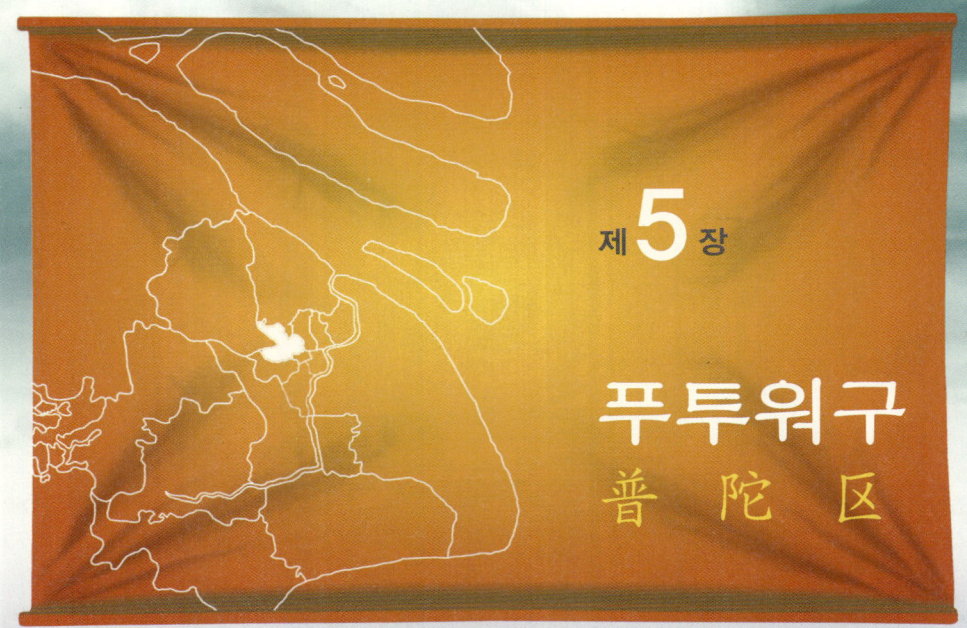

제5장 푸투워구 普陀区

푸투워구 위치

1. 전체모습

푸투워구(普陀区)는 샹하이시(上海市) 중심성구(中心城区)의 서북부에 55㎢(여의도의 20배)넓이로 자리 잡고 있다. 푸투워구의 호적상 인구는 87만9,000명이며, 행정상으로는 8가도(街道)·2진(镇)으로 구획되어 있다. 다음과 같다.

①챵쇼우루지에따오(长寿路街道, 장수로), ②이촨루지에따오(宜川路街道, 의천로), ③간취앤루지에따오(甘泉路街道, 감천로), ④쉬취앤루지에따오(石泉路街道, 석천로), ⑤챵펑씬춘지에따오(长风新村街道, 장풍신촌), ⑥차오양씬춘지에따오(曹杨新村街道, 조양신촌), ⑦완리지에따오(万里街道, 만리), ⑧쩐루쩐지에따오(真如镇街道, 진여진), ⑨타오푸쩐(桃浦镇, 도포), ⑩챵쩡쩐(长征镇, 장정)

2. 지리와 교통

푸투워구(普陀区)는 남쪽으로 챵닝(长宁)·징안(静安)의 두 구(区)와 접하고, 동쪽으로는 쨔뻬이구(闸北区)와, 서쪽으로는 쟈딩구(嘉定区)와, 그리고 북쪽으로는 빠오샨구(宝山区)와 각각 접하고 있다. 서쪽과 북쪽은 교구(郊区)와 접하고, 동쪽과 남쪽은 중심성구(中心城区)인 것이다.

푸투워구(普陀区)는 샹하이시(上海市) 서부의 교통요충지이다. 샹하이시(上海市) 서부의 교통에서 푸투워구(普陀区)가 지니는 위상을 사람들은 "서대당(西大堂)"으로 표현한다. 호텔이나 대형식당에서의 중앙 홀과 같다는 의미이다.

푸투워구(普陀区)에 기차역 샹하이씨쨘(上海西站, 상해서부역)이 있다. 후닝철로(沪宁铁路: 上海－南京, 308km)와 후항철로(沪杭铁路: 上海－杭州, 308km)의 시발역이자 종착역이다. 또한 푸투워구(普陀区)는 국도204호(山东烟台-上海, 1,031km)와 국도312호(上海-新疆霍尔果斯,

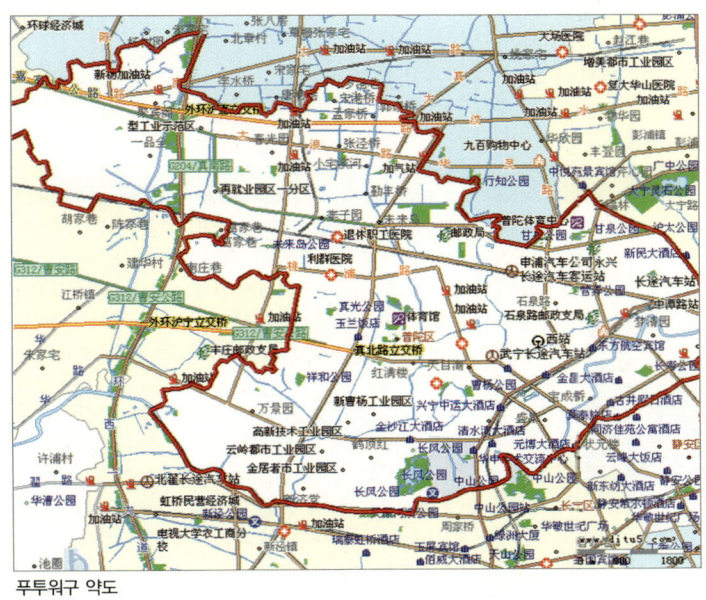

푸투워구 약도

4,967km)의 출발지이자 종착지이기도 하다.

푸투워구(普陀区)에는 샹하이(上海)의 내환(内环)·중환(中环)·외환(外环)의 세 환선도로가 모두 통과하며, 지하철 3호·4호·7호·11호·13호의 5개 노선이 지난다. 지하철 각 선의 푸투워구(普陀区) 관내 정거장은 다음과 같다.

(표) 푸투워구의 전철역

노선별	전 철 역
3·4호	진샤쟝루(金沙江路)-차오양루(曹杨路)-쩐핑루(镇坪路)-쭁탄루(中潭路)
7호선	씬춘루(新村路)-란까오루(岚皋路)-쩐핑루(镇坪路)-챵쇼우루(长寿路)
11호선	타오푸씬춘(桃浦新村)-우웨이루(武威路)-치리앤샨루(祁连山路)-리즈위엔(李子园)-샹하이씨짠(上海西站)-쩐루(真如)-펑쟈오루(枫桥路)-차오양루(曹杨路)-롱더루(隆德路)
13호선	진샤쟝루(金沙江路)-다두허루(大渡河路)-쩐뻬이루(真北路)-치리앤샨난루(祁连山路南)-펑쨩(丰庄)-진샤쟝씨루(金沙江西路)-진윈루(金运路)

3. 볼거리

푸투워구(普陀区)의 볼거리를 간추리면 다음과 같다.

(표)푸투워구의 주요 볼거리

볼 거 리	개 요
진여사(真如寺)	진여사(真如寺, 쩐루쓰)절은 부지 3,000평에 건편415평의 규모로 쩐루쩐(真如镇) 북쪽머리에 자리 잡고 있음. "따먀오(大庙)"로도 불리는 진여사(真如寺)는 남송(南宋)의 가정(嘉定, AD1208~1224)년간에 따챵(大场) 부근에서 창건됐으며, 훗날 원(元)나라 11대 임금 영종(英宗, AD1320~1323) 때 지금의 자리로 옮겨짐. 향을 사르려는 신도들의 발길이 끊이지를 않고, 절이 커지면서 시장도 생겨나는데, 이런 배경에서 "진여상(真如常)"과 "진여시(真如市)"의 두 어휘로 진여사(真如寺)가 상징하는 바를 표현함. "진여상(真如常)"은 쉽게 변하지 않는 진리를, "진여시(真如市)"는 시장 같음을 각각 형언함. *인접 전철역:11호선 쩐루쨘(真如站)

볼거리	개요
장풍공원(长风公园) 	장풍공원(长风公园, 쟝펑공위엔)은 샹하이시(上海市)의 대형 산수종합공원으로 따두허루(大渡河路)에 있음. 11만평넓이에 수면면적이 그 40%인 쨩펑공원은 1959년에 개원됐으며, 철비산(铁臂山, 티에삐이샨)과 그 산을 에워싸고 있는 은서호(银锄湖, 인츄후)를 비롯하여 청풍도(青枫岛)·송죽매구(松竹梅区)·계향정(桂香亭) 등의 여러 경점이 있음. *인접 전철역:13호선 진샤쟝루쨘(金沙江路站)
옥불사(玉佛寺) 	옥불사(玉佛寺, 위포어쓰)절은 번화한 시가지에서의 한 조각 정토(净土)로 회자되는, 샹하이(上海)에서뿐만 아니라 외국에서도 잘 알려진 사찰이라 함. 1918년에 송(宋)나라 풍모의 구도와 형식으로 창건된 위포어쓰(玉佛寺)절은 중축선을 따라 천왕전(天王殿)-대웅보전(大雄宝殿)-옥불루(玉佛楼)-동불전(铜佛殿)으로 이어지며, 옥불루(玉佛楼)의 좌우로는 와불당(卧佛堂)과 관음전(关音殿)이 자리 잡고 있음. 전반적인 풍모가 웅장하고 근엄하다는 평임. *인접 전철역:7호선 챵쇼우루쨘(长寿路站)
몽청원(梦清园) 	몽청원(梦清园, 멍칭위엔)은 쑤쪼우허(苏州河)에 연접해있는 환경보호주제공원(环境保护主题公园)으로 대어도(大鱼岛, 따위따오)·인공습지(人工湿地)·몽청관(梦清馆, 멍칭관)의 세 부분으로 나뉨. 대어도(大鱼岛)는 쑤쪼우허(苏州河)의 가장 큰 섬이며, 쑤쪼우허의 아름다운 경관을 한 눈에 볼 수 있는 옥란각(玉兰阁)이 있음. 옥란(玉兰)은 샹하이시(上海市)의 시화(市花)임. 인공습지는 몽청원으로 흘러드는 쑤쪼우허의 물을 여과, 수질을 좋게 하는 역할을 함. 전시목적의 몽청관은 3개 층으로 1층에서는 쑤쪼우허의 수리시스템을, 2층에서는 쑤쪼우허의 오염역사와 그 위해실태를, 3층에서는 쑤쪼우허의 치수과정과 현재의 상황을 각각 전시하고 있음. *인접 전철역:4호선 쯍탄루쨘(中潭路站)

제 **6** 장

쨔뻬이구
闸北区

짜뻬이구 위치

1. 전체모습

쨔뻬이구(闸北区)는 샹하이시(上海市) 중심성구(中心城区)의 북부에 29㎢(여의도의 10배)넓이로 자리 잡고 있다. 쨔뻬이구(闸北区)의 인구는 83만 명이며(2010년), 행정상으로는 8가도(街道)·1진(镇)으로 구획되어 있다. 다음과 같다.

①빠오샨루지에따오(宝山路街道, 보산로), ②뻬이짠지에따오(北站街道, 북참), ③티앤무씨루지에따오(天目西路街道, 천목서로), ④쯔쟝씨루지에따오(芷江西路街道, 지강서로), ⑤펑푸씬춘지에따오(彭浦新村街道, 팽포신촌), ⑥린펀루지에따오(临汾路街道, 임분로), ⑦공허씬루지에따오(共和新路街道, 공화신로), ⑧따닝루지에따오(大宁路街道, 대녕로), ⑨펑푸쩐(彭浦镇, 팽포)

2. 역사

쨔뻬이구(闸北区, 갑북구)의 명칭은 쑤쪼우허(苏州河)에 설치된 갑문(闸门)에서 비롯된 것이다. 쑤쪼우허(苏州河)에 처음으로 갑문이 설치된 것은 청(请)나라의 4대 황제 강희(康熙)년간인 1675년이고, 두 번째 것은 5대 황제 옹정(雍正)년간인 1735년에 설치됐다. 먼저 것이 "노갑(老闸)"이고, 그 서쪽 1.5km 거리의 두 번째 것이 "신갑(新闸)"이다.

갑문(闸门)이 설치된 후 쑤쪼우허(苏州河)를 오르내리는 배와 물동량이 늘어나면서 갑문(闸门)의 북쪽으로 대장간과 상점들이 모여 시가지가 형성되고, 갑문(闸门)의 북쪽을 함의하는 지명 "갑북(闸北, 쨔뻬이)"이 출현한다.

1899년 샹하이(上海)에 조계지(租界地)가 대규모로 확장되자 그 반작용으로 쨔뻬이(闸北)는 중국인 상권의 중심이 되어 급속히 발전하나 중국을 침략한 일본은 쨔뻬이(闸北)를 초토화시킴으로써 수십만의 주민이 쫓겨나고, 지역은 폐허가 된다.

1949년, 중화인민공화국이 수립된 후 샹하이시(上海市)가 재건되면서 그 면모가 많이 일신됐으나 아직도 그 상흔이 남아있다.

3. 지리와 교통

쨔뻬이구(闸北区)는 남쪽으로 쑤쪼우허(苏州河)를 사이에 두고 황푸(黄浦)·징안(静安)의 두 구(区)와 마주보고 있으며, 동쪽으로는 홍코우구(虹口区)와, 북쪽으로는 빠오샨구(宝山区)와, 그리고 서쪽으로는 푸투워구(普陀区)와 각각 접하고 있다.

쨔뻬이구(闸北区)는 그 지하가 지난 300만 년 동안 챵쟝(长江) 물에 실려 내려온 토사의 충적층이다. 두께가 200~280m인 이 점토층은 그 짜임새가 성긴 것으로 확인되고 있는데, 그러한 지질학적 배경으로 해서 관내의

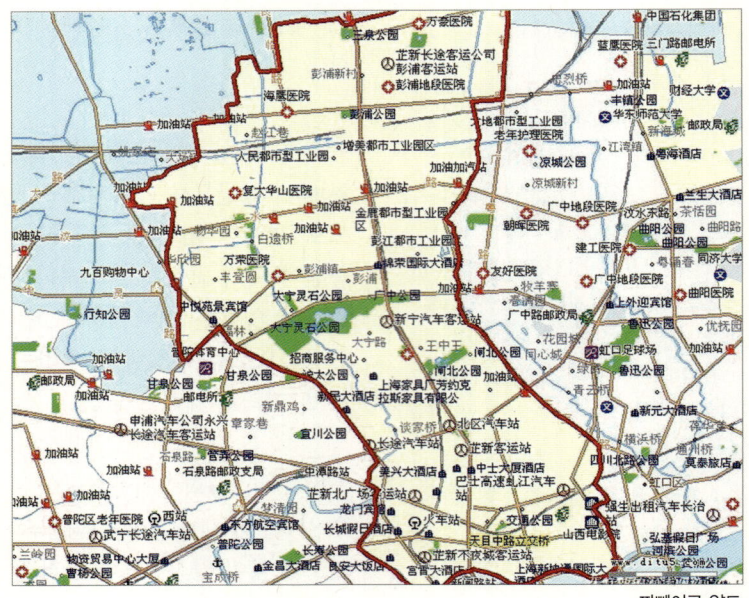

짜뻬이구 약도

지반이 내려앉고 있으며, 그 정도가 지역에 따라서는 연평균 8~9mm에 이르기도 한다.

짜뻬이구(闸北区)의 간선도로로는 샹하이(上海) 내환선(内环线)의 일부인 중산북로(中山北路, 쫑샨뻬이루)를 비롯하여 챵쫑루(场中路)·원슈이루(汶水路)·광쫑루(广中路)·쫑씽루(中兴路)·빠오샨루(宝山路)·씨짱뻬이루(西藏北路)·공허씬루(共和新路)·티앤무루(天目路) 등이 있다.

짜뻬이구(闸北区)에는 지하철 1호·3·4호·8호·12호의 5개 노선이 지난다. 지하철 각 선의 짜뻬이구(闸北区) 관내 정거장은 다음과 같다.

(표) 짜뻬이구의 전철역

노선별	전 철 역
1호선	공캉루(共康路)-펑푸씬춘(彭浦新村)-원슈이루(汶水路)-샹하이마씨청(上海马戏城)-옌챵루(延长路)-쫑샹뻬이루(中上北路)-샹하이훠쳐짠(上海火车站)-한쫑루(汉中路)
3,4호선	빠오샨루(宝山路)-샹하이훠쳐짠(上海火车站)
8호선	씨짱뻬이루(西藏北路)-쫑씽루(中兴路)-취푸루(曲阜路)
12호선 건설중	한쫑루(汉中路)-취푸루(曲阜路)-티앤통루(天潼路)

4. 볼거리

짜뻬이구(闸北区)의 볼거리를 간추리면 다음과 같다.

(표) 짜뻬이구의 주요 볼거리

볼거리	개 요
철도박물관 (铁道博物馆)	호녕철도(沪宁铁道)의 옛 상하이짠(上海站, 상해역) 건물을 박물관으로 꾸민 것임. 상해철로국 개국55주년을 맞은 2004년 8월에 개관됐으며, 과학보급교육기지로 활용되고 있음. *인접 전철역:1호선 상하이훠쳐짠짠(上海火车站站)
영석공원 (灵石公园)	20만6,000평 넓이의 생태경관 도시공원으로 공화신로(共和新路)·호태로(沪太路)·영석로(灵石路)·광중서로(广中西路)·대녕로(大宁路) 등의 도로에 접함. 포서(浦西)에서 가장 넓은 녹지임. *인접 전철역:1호선 마씨청짠(马戏城站)
마희성 (马戏城)	샹하이시의 마희성(马戏城, 마씨청)은 공화신로(共和新路)에 6,750평의 넓이로 자리잡고 있음. 남쪽으로는 짜뻬이체육관(闸北体育馆)이 있고, 북쪽은 광중공원(广中公园)임. "중국곡예의 본당(中国马戏第一堂)"임을 영예로 안고 있는 이곳 마씨청(马戏城)은 공연장을 비롯하여 훈련장·동물사·문화상업장 등의 부속건물이 있음. *인접 전철역:1호선 마씨청짠(马戏城站)
팽포야시 (彭浦夜市)	팽포(彭浦, 펑푸) 야시는 공화신로(共和新路)와 공강로(共康路)가 만나는 노천광장의 전통야식 시장임. 한 평 남짓 크기의 좌판들에 샹하이 전통의 야식이 쌓여있고, 인근의 주민과 관광객들로 늘 붐빔. *인접 전철역:1호선 펑푸씬춘짠(彭浦新村站)

제 **7** 장

홍코우구
虹口区

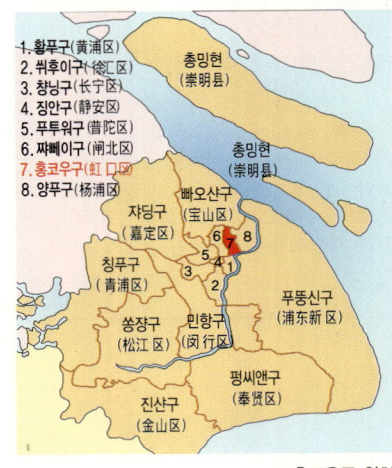

홍코우구 위치

1. 전체모습

홍코우구(虹口区)는 샹하이시(上海市) 중심성구의 동북부에 23㎢(여의도의 8배)의 넓이로 자리 잡고 있다. 인구는 79만3,000명이며(2009년), 행정상으로는 8가도(街道)로 나뉘어 있다. 다음과 같다.

2. 지리와 교통

홍코우구(虹口区)는 남쪽으로 황푸쟝(黄浦江)·쑤쪼우허(苏州河)를 사이에 두고 푸둥신구(浦东新区)·황푸구(黄浦区)와 마주보고 있으며, 동쪽으로는 양푸구(杨浦区)와, 서쪽으로는 쨔뻬이구(闸北区)와, 북쪽으로는 빠오샨구(宝山区)와 각각 접하고 있다.

①광쭝루지에따오(广中路街道, 광중로), ②취양루지에따오(曲阳路街道, 곡양로), ③오우양루지에따오(欧阳路街道, 구양로), ④쟈씽루지에따오(嘉兴路街道, 가흥로), ⑤징청씬춘지에따오(京城新村街道, 경성신촌), ⑥쓰촨뻬이루지에따오(四川北路街道, 사천북로), ⑦티란챠오지에따오(提篮桥街道, 제람교), ⑧쟝완쩐지에따오(江湾镇街道, 강만진)

홍코우구(虹口区)에는 동서방향으로 장중로(场中路)·문수로(汶水路)·중산북로(中山北路)·광중로(广中路)·대련로(大连路)·주가취로(周家嘴路)·동대명로(东大名路) 등의 주요도로가 있고, 또한 남북방향으로 곡양로(曲阳路)·사평로(四平路)·대련로(大连路) 등이 있어 교통의 흐름이 원활하다.

홍코우구(虹口区)에는 지하철 3호선·4호선·8호선·10호선·12호선 등 5개 노선이 지난다.
경유하는 역은 다음과 같다.

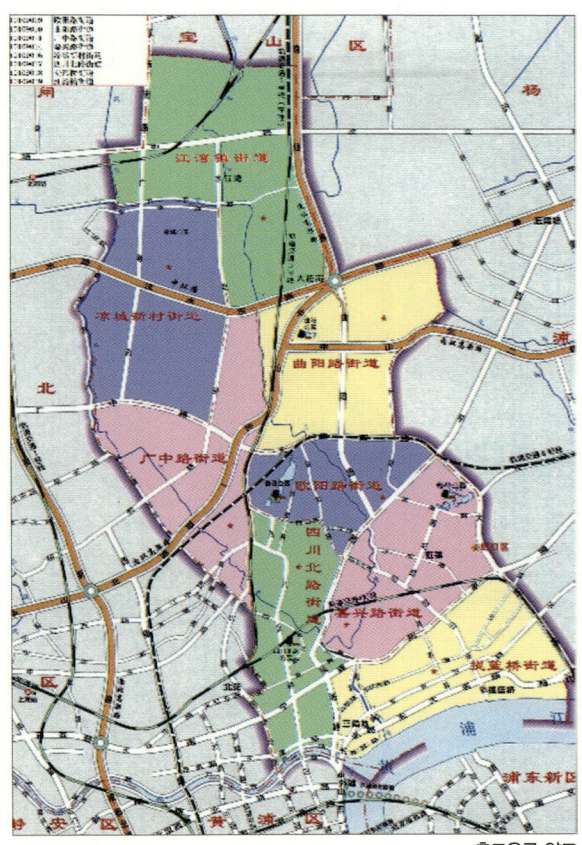

홍코우구 약도

2부 권역별 명소_ 105

(표) 홍코우구의 전철역

노선별	전 철 역
3호선	쟝완루(江湾路)-다빠이슈(大柏树)-츠펑루(赤峰路)-홍코우쭈치유창(虹口足球场)-동빠오씽루(东宝兴路)
4호선	하이룬루(海伦路)-린핑루(临平路)-따리앤루(大连路)
8호선	쓰핑루(四平路)-취양루(曲阳路)-홍코우쭈치유창(虹口足球场)
10호선	쓰핑루(四平路)-요우디앤씬춘(邮电新村)-하이룬루(海伦路)-쓰촨뻬이루(四川北路)
12호선	티앤통루(天潼路)-궈지커윈쫑씬(国际客运中心)-티란챠오(提蓝桥)-따리앤루(大连路)

홍코우구 도로풍광

3. 볼거리

홍코우구(虹口区)의 볼거리를 간추리면 다음과 같다.

(표) 홍코우구의 주요 볼거리

볼거리		개 요
루쒼고거 鲁迅故居		중국의 사상가·혁명가·교육가인 루쒼(鲁迅, AD1881~1936)의 상하이(上海)소재 옛집임. 그가 살던 옛집은 베이징(北京)·쩌쟝(浙江)·광쪼우(广州) 등지에도 있음. *인근 전철역 : 3호선 홍코우쭈치유챵쨘(虹口足球场站)
루쒼공원 鲁迅公园		루쒼공원은 홍코우공원(虹口公园, 홍구공원)을 전신으로 하며, 루쒼묘와 루쒼기념관이 들어있음. 윤봉길의사의 항일폭탄의거(抗日爆弹义举)가 기념되고 있는 곳임. *인근 전철역 : 3호선 홍코우쭈치유챵쨘(虹口足球场站)
뚜워룬루 多伦路		루쒼공원(鲁迅公园) 남쪽에 인접한 550m 길이의 역사문화거리임. "L"자 형의 거리는 예원로가(豫园老街)·정안사(静安寺)·남경로(南京路)들만큼은 화려하지 않지만, 중국근대사에 있어서 와호장룡(卧虎藏龙) 같은 위상을 지닌 곳으로 회자됨.
		뚜워룬루는 상하이(上海)에 공공조계지(公共租界地)가 들어설 때, 공부국(工部局)의 착오로 그 경계를 넘어 중국인들의 화계지(华界地)에로까지 도로를 냄으로써 생긴 거리라 함. 청(请)나라 11대 황제 광서(光绪, AD1875~1908)가 영국의 전도사 도우러안(窦乐安)을 이곳에서 접견한 데서 그 이름이 비롯된 것임. *인근 전철역 : 3호선 동빠오씽루쨘(东宝兴路站)
하해묘 下海庙		하해묘(下海庙, 씨아하이먀오)는 홍코우구(虹口区)의 티란챠오(提蓝桥, 제람교)지구에 있는 사찰임. *인근 전철역 : 12호선 티란챠오쨘(提蓝桥站)

루쉰공원(魯迅公園)

루쉰공원 풍광

    상하이(上海)의 루쉰공원은 8,600여 평의 넓이로 홍코우구(虹口区)의 쓰촨뻬이루(四川北路)에 자리 잡고 있다. 그 전신은 홍코우공원(虹口公園, 훙구공원)이다. 홍코우공원(虹口公園)은 상하이(上海) 공공조계지 거류민들의 사격장이던 것이 1922년에 일반에 공개되면서 홍코우공원으로 명명됐으며, 1988년에 루쉰(魯迅) 사후 20년을 기념하면서 루쉰공원(魯迅公園)으로 개명됐다.

윤봉길 의사 의거유적지

매정   의거 기념비

    루쉰공원(魯迅公園)은 윤봉길 의사가 항일의거(抗日義擧)를 거사한 역사현장이다. 1932년, 일본군이 상하이(上海)를 점령하고, 그 전승과 일본국왕의 생일을 기념하는 행사를 홍코우공원(虹口公園)에서 개최하는데, 윤봉길 의사가 그 행사 본부석에 폭탄을 투척, 일본군 사령관 시라까와(白川)와 거류민단장 가와바따(河端)를 죽게 하고, 기타 요인들에게 중상을 입힌 것이다. 이 의거로 샹하이(上海) 시민들의 항일정서가 고조되고, 한국교포를 환대하며, 장개석(蔣介石)은 중국군대 100만 명도 못 해낼 위업을 이룬 것으로 평가함과 아울러 한국의 임시정부를 후대하게 된다.

윤봉길 의사의 의거를 기념하는 매정(梅亭)과 기념비가 의거 현장에 서있다. 기념비의 글은 다음과 같다.

윤봉길 의사 업적소개

윤봉길(호: 매헌 梅軒) 의사는 한국인으로서 一九〇八년 六월 二十一일 충청남도에서 태어나 일찍이 항일구국투쟁에 투신하여 一九三〇년에 중국으로 망명하여 왔다. 그는 一九三二년 四월 二十九일 일본침략군이 이곳에서 상해사변전승축하식을 거행할 때 하객으로 가장하고 행사장에 들어와 폭탄을 투척하여 상해주둔 일본파견군 사령관 시라카와 대장 등을 폭사시키고 여러 명의 일본 주요관원에게 부상을 입혔으며, 현장에서 체포되어 一九三二년 十二월 十九일 일본 가네자와에서 장렬하게 일생을 마쳤다.

루쒼묘와 기념관

루쒼공원에는 루쒼(鲁迅)의 묘와 기념관이 꾸려져 있다. 루쒼기념관은 건평 1,530평 크기의 2층 건물로 1층에는 위인의 전기가 소장된 "조화문고(朝华文库)"와 학술보고서 등의 자료들이 소장된 "수인당(树人堂)"이 있고, 더불어 수백 명이 함께 들어갈 수 있는 대청(大厅)이 있다. 2층은 루쒼(鲁迅)의 평생에 걸친 유적과 유물 20여만 점이 소장, 전시되고 있다.

루쒼 묘

루쒼 기념관

 # 하해묘(下海庙)와 제람교(提蓝桥)

하해묘 전경

하해묘(下海庙, 씨아하이먀오)는 우쏭쟝(吴淞江, 苏州河의 上海市区间)이 황푸쟝(黄浦江)으로 합류하기 전에 마지막으로 북쪽 기슭에서 흘러들어오는 샛강 변에 자리 잡고 있다. 이곳은 그 일대가 어촌이었고, 바다로 나가는 초입이었기에 사람들은 이곳을 일러 해문(海门)이라 하였다. 하해묘(下海庙) 앞의 도로가 해문로(海门路)인 것도 그런 연유에서이고, 이곳에 처음 길이 닦인 것은 청(清)나라의 6대 황제 건륭(乾隆, AD1735~1796)년간이다.

하해묘(下海庙)가 창건된 것은 건륭(乾隆)년간이다. 처음에 9칸으로 지어진 것이 신도 수가 늘어남에 따라 그 규모도 커졌으나 전쟁과 사회혼란으로 불에 타기를 여러 번 하면서 그 존재조차 잊혀져갔다. 그렇게 세월이 가던 중에 마오쩌뚱(毛泽东, AD1893~1976)이 황푸쟝(黄浦江)을 돌아보던 길에 하해묘(下海庙)에 대해 물었고, 이 물음이 빌미가 되어 샹하이시(上海市)에서는 하해묘 터를 찾아 오늘날의 모습으로 다시 지은 것이다.

천왕전

대웅전

낭랑불상

하해묘(下海庙)는 전전(前殿)·후전(后殿)·동전(东殿)의 3전(三殿) 구도이며, 건물은 모두 545평이다. 전전(前殿)은 대웅전(大雄殿)으로 한가운데에 석가모니불(释迦牟尼佛)이 있고, 그 양 옆으로 관음보살(观音菩萨)과 지장보살(地藏菩萨)이 있다. 후전(后殿)에는 서방삼성(西方三圣)과 천수관음보살(千手观音菩萨)이, 동전(东殿)에는 천비낭낭(天妃娘娘)이 각각 존치돼 있다.

여기서 잠깐

"샹하이(上海)"의 명칭유래

황푸쟝(黃浦江, 황포강)에서 보듯 "푸(浦, 포)"는 강을 의미한다. 그리고 그것이 바다와 잇닿을 때 "하이푸(海浦, 해포)"라고도 한다. 또한 샹하이(上海)의 방언에서는 "샹(上, 상)"은 강의 상류 쪽을 의미하고, "씨아(下, 하)"는 강의 하류 쪽을 의미한다.

우쑹쟝(吳淞江)의 홍코우(虹口) 구간에는 샛강인 푸(浦)가 둘이 있다. 예로부터 사람들은 상류의 샛강을 "샹하이푸(上海浦, 상해포)라 불렀고, 하류의 샛강을 "씨아하이푸(下海浦, 하해포)라고 했다. 그리고 씨아하이푸(下海浦) 보다는 샹하이푸(上海浦)에 마을이 먼저 생기고, 보다 많은 사람들이 모여 살았기에 사람들은 우쑹쟝(吳淞江)과 황푸쟝(黃浦江)이 합류하는 지역을 통칭하여 "샹하이푸(上海浦, 상해포)"라고 했다.

샹하이(上海) 도시발전의 지역전개과정을 볼 때, 그 원점은 우쑹쟝(吳淞江)과 황푸쟝(黃浦江)이 합류하는 지역이었다. 그리고 이 지역이 "샹하이푸(上海浦)"로 불려왔던 것인데, 그것이 세월과 더불어 오늘날의 호칭인 "샹하이(上海)"로 변한 것이다.

티란차오(提蓝桥)의 명칭유래

옛날 샹하이푸(上海浦)의 사람들은 황푸쟝(黃浦江)에서의 고기잡이로 생계를 꾸렸다. 인구가 늘고 어획량이 줄어들자 그들은 물고기 떼를 찾아 챵쟝하구(长江河口)를 넘어 바다로까지 나아가게 된다.

남정네들이 물일을 나가면, 아낙들은 그들이 무사히 일을 마치고 돌아오기를 부처에게 기구하는데, 그 가람인 하해묘(下海庙)가 씨아하이푸(下海浦) 샛강 너머에 있어 나루터는 늘 붐비고 강을 건느는 일이 이만저만 고생이 아니였다. 그러한 고생길에 다리가 놓인 것은 청(清)나라의 7대 황제 가경(嘉庆, AD1797~1820)년간이다.

다리가 놓이면서 하해묘(下海庙)를 찾는 사람들의 내왕은 더 잦아졌고, 그들의 손에는 향과 꽃을 담은 바구니(蓝)가 들려(提)있었다. 이러한 풍광이 일상화되면서 사람들은 그 다리(桥)를 일러 제람교(提蓝桥, 티란챠오)라 했고, 오늘날예는 훙챠오구(虹桥区) 동남부의 지역명칭으로 굳어졌다.

오늘날 제람교(提蓝桥) 지역에는 그 이름의 근원인 "제람교(提蓝桥)"가 없다.

제8장 양푸구 杨浦区

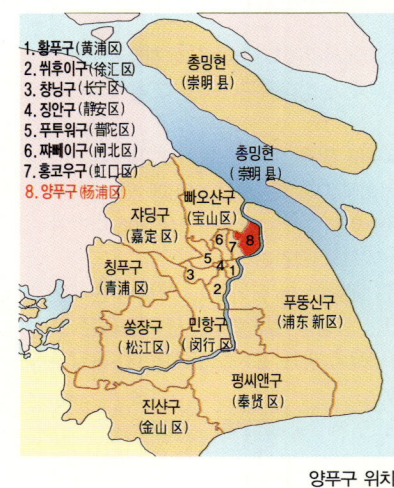

양푸구 위치

1. 전체모습

양푸구(杨浦区)는 샹하이시(上海市) 중심성구의 동북부에 61㎢(여의도의 21배)의 넓이로 자리 잡고 있다. 인구는 131만 명이며(2009년), 행정상으로는 11가도(街道)·1진(镇)으로 나뉘어 있다. 다음과 같다.

①딩하이루지에따오(定海路街道, 정해로), ②핑량루지에따오(平凉路街道, 평량로), ③쟝푸루지에따오(江浦路街道, 강포로), ④쓰핑루지에따오(四平路街道, 사평로), ⑤콩쟝루지에따오(控江路街道, 공강로), ⑥챵빠이씬춘지에따오(长白新春街道, 장백신춘), ⑦옌지씬춘지에따오(延吉新春街道, 연길신춘), ⑧인항지에따오(殷行街道, 은행), ⑨다챠오지에따오(大桥街道, 대교), ⑩우쟈오챵지에따오(五角场街道, 오각장), ⑪씬쟝완청지에따오(新江湾城街道, 신강만성), ⑫우쟈오챵쩐(五角场镇, 오각장)

2. 지리와 교통

지리

양푸구(杨浦区, 양포구)가 위치한 지역은 샹하이시(上海) 중심성구(中心城区)의 동북부이다. 이 지역에 양슈푸강(杨树浦港, 양수포항)이 남북으로 관통하는데, 양푸구(杨浦区)의 명칭은 이 섯강에서 유래된 것이다. 양슈푸강(杨树浦港)의 "강(港)"은 배가 다닐 수 있는 큰 강의 지류(支流)를 의미한다.

양푸구 약도

양푸구(杨浦区)의 동쪽과 남쪽은 황푸쟝(黄浦江)과 접해있으며, 그 길이는 15.5km이다. 이 황푸쟝(黄浦江) 연안지대는 "백금빈강안선(白金滨江岸线)"으로 불리며, 지난날에는 상해공공조계(上海公共租界)의 동구(东区)였다. 이 지역의 경제력은 매우 탄탄한 것으로 알려져 있다.

2부 권역별 명소_ 113

양푸구(杨浦区)의 동쪽과 남쪽은 황푸쟝(黄浦江)을 사이에 두고 푸똥신구(浦东新区)와 마주보고 있으며, 서쪽은 홍코우구(虹口区)와, 그리고 북쪽은 빠오샨구(宝山区)와 각각 접하고 있다. 양푸구(杨浦区)에는 샹하이(上海) 10대 상업중심의 하나인 우쟈오챵(五角场), 고부가가치의 환동제지식경제권(环同济知识经济圈), 자연생태의 신도시 신쟝만성(新江湾城), 동외탄(东外滩) 등이 자리잡고 있다.

양푸구(杨浦区)에는 녹지가 많다. 전략적으로 녹화사업을 중점 추진하는 결과이며, 그 대표적인 것으로 공칭삼림공원(共青森林公园)·황씽공원(黄兴公园)·양푸공원(杨浦公园)·쟝푸공원(江浦公园)·푸씽따오공원(复兴岛公园) 등이 있다.

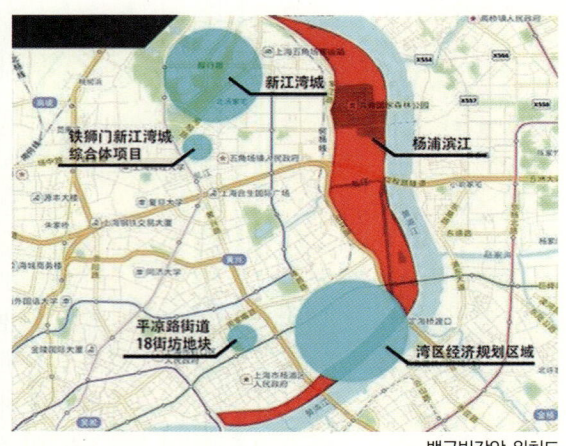

백금빈강안 위치도

교통

양푸구(杨浦区)는 수로(水路)와 도로(道路)를 연계하는 교통망이 잘 짜여있다. 그것은 양푸구(杨浦区)의 동쪽과 남쪽 면이 대해(大海)로 나가는 황푸쟝(黄浦江)에 접해있고, 샹하이(上海) 항구가 열릴 때 이곳을 차지한 외국자본이 다투어 부두를 건설한 배경에서다.

양푸구(杨浦区)를 종횡으로 지나가는 주간도로(主干道路)를 개관하면 표와 같다.

(표) 양푸구의 주간도로

방향	주간도로
동-서	양슈푸루(杨树浦路), 챵양루(长阳路), 쪼우쟈쭈이루(周家嘴路), 콩쟝루(控江路), 쫑샨뻬이얼루(中山北二路)－쏭화쟝루(松花江路), 한딴루(邯郸路)－썅인루(翔殷路), 인까오동루(殷高东路)－넌쟝루(嫩江路), 인항루(殷行路)
남-북	쥔공루(军工路), 쫑위엔루(中原路)－잉코우루(营口路)－롱챵루(隆昌路), 쏭후루(松沪路)－황씽루(黄兴路)－닝궈루(宁国路), 쓰핑루(四平路)－쟈인루(闸殷路), 쟝푸루(江浦路), 따리엔루(大连路), 공핑루(公平路)

또한 양푸구(杨浦区)에는 지하철 8호·10호·12호의 3개 노선이 지난다.

노선별 경유 역은 다음과 같다.

(표) 양푸구의 지하철노선 및 경유역

노선별	경 유 역
8호선	쉬광루(市光路)-넌쟝루(嫩江路)-썅인루(翔殷路)-홍씽공위엔(黃兴公园)-옌지쫑루(延吉中路)-황씽루(黃兴路)-쟝푸루(江浦路)-안샨신춘(鞍山新村)
10호선	신쟝완청(新江湾城)-인까오동루(殷高东路)-싼먼루(三门路)-쟝완티위챵(江湾体育场)-우쟈오챵(五角场)-궈취앤루(国权路)-통지따쉐(同济大学)-쓰핑루(四平路)
12호선	따리앤루(大连路)-쟝푸공위엔(江浦公园)-닝궈루(宁国路)-롱챵루(隆昌路)-아이궈루(爱国路)-푸씽따오(复兴岛)

양푸구(杨浦区)와 푸똥신구(浦东新区) 사이의 황푸쟝(黄浦江)에 양푸따챠오(杨浦大桥) 다리가 있다. 1993년에 개통된 이 다리는 전체길이 7.7km, 다리 본체 1.2km이며 왕복6차로의 넓이이다.

양푸따챠오(杨浦大桥)는 양푸구와 푸똥신구 사이의 교통소통에 기여하는 바도 크지만, 양푸구(杨浦区)의 랜드 마크로도 인식돼 있다.

양푸따챠오(杨浦大桥) 뿐만 아니라 이들 두 지역 간의 교통흐름을 원활하게 하기위한 방책으로 쑤이다오(隧道, 수도·지하터널)가 늘어나고 있다.

현재 씬지앤루쑤이다오(新建路隧道)·썅인루쑤이다오(翔殷隧道)·쥔공루쑤이다오(军工路隧道)·따리앤루쑤이다오(大连路隧道)가 이용 중에 있고, 인항루쑤이다오(殷行路隧道)·넌쟝루쑤이다오(嫩江路隧道)·쟝푸루쑤이다오(江浦路隧道)가 계획 중에 있다.

푸씨(浦西)의 북외탄(北外滩)과 푸똥(浦东)의 샤오루쟈쭈이(小陆家嘴)를 잇는 씬지앤루쑤이다오(新建路隧道)는 편도2차선의 2,235m길이로 2009년에 개통된 것이고, 썅인루쑤이다오(翔殷隧道)는 2005년에, 쥔공루쑤이다오(军工路隧道)는 2011년에, 따리앤루쑤이다오(大连路隧道)는 2001년에 각각 개통되었다.

여기서 잠깐 - 황푸쟝의 교량과 하저터널

샹하이시(上海市)를 남북방향으로 관통하는 황푸쟝(黃浦江)에는 현재 교량 11틀이 놓여있고, 하저터널(隧道, 쑤이다오) 12개가 뚫려있다(2014년). 통용 중인 이들과 더불어 교량 1틀과 하저터널 12개가 추가로 추진 중에 있다. 통용중인 것을 개관하면 다음과 같다.

(표) 황푸쟝의 교량과 하저터널

구 분	명 칭
교량 (11)	쏭푸싼챠오(松浦三桥)·쏭푸얼챠오(松浦二桥)·쏭푸따챠오(松浦大桥)·민푸얼챠오(闵浦二桥)·펑푸따챠오(奉浦大桥)·민푸따챠오(闵浦大桥)·쒸후따챠오(徐泸大桥)·루푸따챠오(卢浦大桥)·난푸따챠오(南浦大桥)·양푸따챠오(杨浦大桥)·진샨티에루황푸쟝터따챠오(金山铁路黄浦江特大桥)
터널 (12)	와이환쑤이다오(外环隧道)·썅인루쑤이다오(翔殷路隧道)·쮠공루쑤이다오(军工路隧道)·따리앤루쑤이다오(大连路隧道)·신지앤루쑤이다오(新建路隧道)·옌안동루쑤이다오(延安东路隧道)·런민루쑤이다오(人民路隧道)·푸씽동루쑤이다오(复兴东路隧道)·씨짱난루쑤이다오(西藏南路隧道)·다푸루쑤이다오(打浦路隧道)·롱야오루쑤이다오(龙耀路隧道)·샹쫑루쑤이다오(上中路隧道)

난푸따챠오

와이환쑤이다오 내경

와이환쑤이다오

3. 볼거리

양푸구(杨浦区)의 볼거리를 개관하면 다음과 같다.

(표) 양푸구의 볼거리

볼거리	개 요
위런마토우(渔人码头) 	해양문화(海洋文化)와 어쿤화(渔文化)를 주제로 하여 조성하고 있는 신시가지로 북외탄(北外滩)과 루쟈쭈이(陆家嘴)를 포괄하는 황푸장(黄浦江) 양쪽기슭 개발의 핵심지대에 위치함. 5만평 넓이의 시가지에는 해양문화종합박람장, 특색해산물요리거리, 국제관광 및 상무구역 등으로 나눠볼 수 있으며, 국제빈수공공활동중심(国际滨水公共活动中心)으로의 발전을 꾀하고 있음. *인근 전철역:4호선 양슈푸루쨘(杨树浦路站)
국제시상중심(国际时尚中心) 	세계적인 패션고장으로의 육성을 목표로 건설된 거리임. 3만6,000여 평의 부지에 3만9,000여 평의 건물이 들어서 있음. 전시장, 회의장, 디자인 공간, 작품제작 및 저장 공간, 종사자들의 주거 공간, 휴식 및 오락 공간 등 6개 기능구역으로 나뉨. 건물의 담장 등은 치장을 하지 않은 붉은 벽돌로 돼있으며, 이는 1920년대의 샹하이 공업문명의 역사와 연륜을 표현한 것이라고 함. *인근 전철역:12호선 아이궈루쨘(爱国路站)
국가기념광장(国歌纪念广场) 	국가기념광장은 국가(国歌)를 기념하는 8,200평 크기의 개방식 원형광장으로 독특한 조각상이 세워져 있음. 조각상의 한쪽 면은 전쟁과 역사의 시련을 겪어온 국기(国旗)를, 그리고 다른 한 면은 영광의 중국을 상징하는 국기(国旗)를 각각 조형(造型)한 것이라고 함. 광장의 서쪽으로는 국가전시관(国歌展示馆)이 있음. 전시관은 국가탄생청(国旗诞生厅)·국가기념청(国歌纪念厅)·국가진감청(国歌震撼厅)·세계국가청(世界国歌厅) 등으로 조성돼 있음. 진감(震撼, 쩐한)은 "(천지를) 뒤 흔든다"는 의미의 어휘임. 국가전시관(国歌展示馆)은 애국주의교육장으로 활용되고 있음. *인근 전철역:12호선 신쟝완청쨘(新江湾城站)
푸씽따오(复兴岛) 	푸씽따오(复兴)는 양푸구(杨浦区) 동남쪽 변두리의 황푸장(黄浦江) 강에 접하는, 초승달 모양의 섬임. 물 흐르는 방향으로 긴 이 섬은 3.4km길이에 최대 폭 550m의 크기로 전체면적은 1.1㎢(여의도의 2/5)임. *인근 전철역:12호선 푸씽따오쨘(复兴岛站)

볼 거 리	개 요
황씽공원(黃興公園) 	신해혁명(辛亥革命)의 지도자 중 하나인 황씽(黃興, AD 1874~1916)을 기념, 그의 이름을 붙인 공원임. 우쟈오챵(五角場) 남단에 위치하며 19만평의 넓이임. 신해혁명은 청(请, AD1616~1911)나라를 무너뜨리고 중화민국(中华民国, AD1912~1949)을 세운 혁명으로 손문(孙文, AD1866~1925)이 주도함. *인근 전철역:8호선 황씽공위엔짠(黃興公園站)
씬쟝완청(新江湾城) 	신쟝완청(新江湾城)은 국제적인 고급주택·지식상무(知识商务)의 복합도시로 양푸구(杨浦区)의 동북부에 9.5㎢(여의도의 3.3배)의 넓이로 자리 잡고 있음. ①쟝완천지(江湾天地), ②푸단대학쟝안캠퍼스(复旦大学江湾校区), ③신쟝완청공원(新江湾城公园), ④자연화원(自然花园), ⑤도시마을(都市村庄), ⑥지식상무중심(知识商务中心) 등의 여섯 구역으로 나뉨. *인근 전철역:12호선 씬완청짠(新江湾城站)
따빠이슈(大柏树) 	따빠이슈(大柏树, 대백수)는 쟝안지구(江湾地区)의 슈이디앤루(水电路)·이씨앤루(逸仙路)·한딴루(邯郸路)·쫑샨뻬이이루(中山北一路)의 5거리를 지칭하는 지명임. 중국을 침략한 일본군이 이곳에 검문소를 설치하고 "따빠쉬(大八什, 대팔십)"라고 했던 것을 해방후 치욕적인 명칭이라 하여 따빠이슈(大柏树)로 개명했다는 설이 있음. *인근 전철역:3호선 따빠이슈짠(大柏树站)
우쟈오챵(五角場) 	공식명칭은 "쟝완우쟈오챵(江湾五角場)"임. 한딴루(邯郸路)·쓰핑루(四平路)·황씽루(黃興路)·썅인루(翔殷路)·쏭후루(淞沪路) 등 5개도로의 방사형 교차로로, 그 면적만 3㎢이고 우쟈오챵의 권역면적은 이보다 넓으며 확대되는 추세에 있음. *인근 전철역:10호선 우쟈오챵짠(五角場站)
양푸공원(杨浦公園) 	6만8,000평 넓이의 수면위주 공원으로 1958년에 개방됨. 양포옥조(羊哺玉雕)·가산폭포(假山瀑布)·대초평(大草坪)·유호(愉湖)·고파화대(高坡花带)·벽수사(碧水树)·방정지(方亭池) 등의 경점이 있음. *인근 전철역:8호선 황씽루짠(黃興路站)

볼거리	개요
원사풍채관(院士风采馆) 	중국과학원(中国科学院)과 중국공정원(中国工程院) 원사(院士)의 학술교류 및 창조정신파급의 장(场)임. "원사(院士)"는 국가시험연구기관의 최고 학술칭호로서 종신영예를 안고 있으며, 통상적으로 중국과학원 원사와 중국공정원 원사를 지칭함. 2012년 말 현재로 794명의 원사가 있음. *인근 전철역:8호선 황씽공위옌쨘(黄兴公园站)
양푸다챠오(杨浦大桥) 	양푸따챠오(杨浦大桥, 양포대교)는 길이 7,658m(주교 602m)에 다리탑이 두 자리이고, 각 탑의 양쪽으로 걸린 32줄씩의 쇠밧줄이 다리 상판을 매달고 있는 쌍탑쌍삭면질합량사랍교(桥塔双索面迭合梁斜拉桥)임. 수면으로부터의 높이는 208m이며, 강 우에 가로놓인 다리는 무지개처럼 아름답다는 평임. 양포대교는 샹하이 내환선 도로의 중요한 조성구간이며, 샹하이 관광의 이름난 볼거리로 회자됨.

광옥란(广玉兰)은 샹하이(上海)의 시화(市花)이다. 앞장서서 길을 열고, 향상발전하기 위해 분발하는 정신을 상징한다.

푸씽따오(复兴岛)

푸씽따오의 생성

푸씽따오(复兴岛)는 양푸구(杨浦区) 동남부의 황푸장(黄浦江) 강변 지역으로 1927년에 남북방향의 푸씽따오운하가 개통되면서 섬이 된 것이다.

푸씽따오(复兴岛, 부흥도)는 그 전신이 쳔탄(浅滩)이다. "쳔탄(浅滩)"은 물 얕은 곳을 의미한다. 어느 때부터인가, 동북(东北) 방향으로 흐르던 황푸장(黄浦江)의 강물이 정북(正北)으로 그 길을 틀면서 오른 쪽

푸씽따오 조감도

강변의 토사가 왼쪽 강변으로 옮겨 쌓였다. 이렇게 하여 쳔탄(浅滩)이 생기고, 그 쳔탄이 갯벌로 발전하여 1906년경에는 오늘날의 형태로 자리를 잡았다. 상하이시(上海市)에서는 1915~'16년에 이 갯벌 동편의 황푸장 강변을 따라 돌둑을 쌓고, 서편으로는 남북방향의 운하를 파면서 그 흙으로 갯벌을 돋아 올렸는데, 이로써 오늘날의 초승달 형 인공 섬이 이루어진 것이다.

푸씽따오공원(复兴岛公园)

푸씽따오공원은 푸씽따오(复兴岛) 섬의 유일한 경점(景点)이다. 1만4,000여 평 부지의 공원 둘레로는 종려(棕榈)·수삼(水杉)·환호수(珊瑚树) 등의 나무가 울타리삼아 심겨져 있고, 그 안으로는 3천여 평의 잔디밭과 더불어 이곳 자생식물인 향장(香樟)·광옥란(广玉兰)·흑송(黑松)·용백(龙柏)·홍풍(红枫)·계화(桂花) 등의 나무들이 우거져있다.

또한 공원 안에는 쟝지에쉬(蒋介石, 장개석)가 타이완(台湾)으로 옮겨가지 전의 마지막 거처였다는 별장 빠이루(白庐)가 있다.

푸씽따오 개발방향

양푸구(杨浦区) 정부는 푸씽따오(复兴岛) 섬에 대한 기획개발을 추진하고 있다. 푸씽따오(复兴岛) 개발의 기본방향을 그윽함·어울림·우아함·자연스러움의 극대화에 두고, 섬 전체를 북부의 생태도(生态岛), 중부의 휴한도(休闲岛), 남부의 론단도(论坛岛)로 구분하여 개발한다.

생태도(生态岛)에 대하여는 해당지역의 75%면적을 자생식물로 피복하도록 하고, 휴한도(休闲岛)에는 국제적 수준의 회의중심(会议中心)·강체중심(康体中心)·휴한오락중심(休闲娱乐中心)·유정구락부(游艇俱乐部)·수상버스부두(水上巴士码头) 등을 건설하며, 논단도(论坛岛)에는 국제학술교류와 국제상무회의 및 전시장 등을 세우도록 하고 있다.

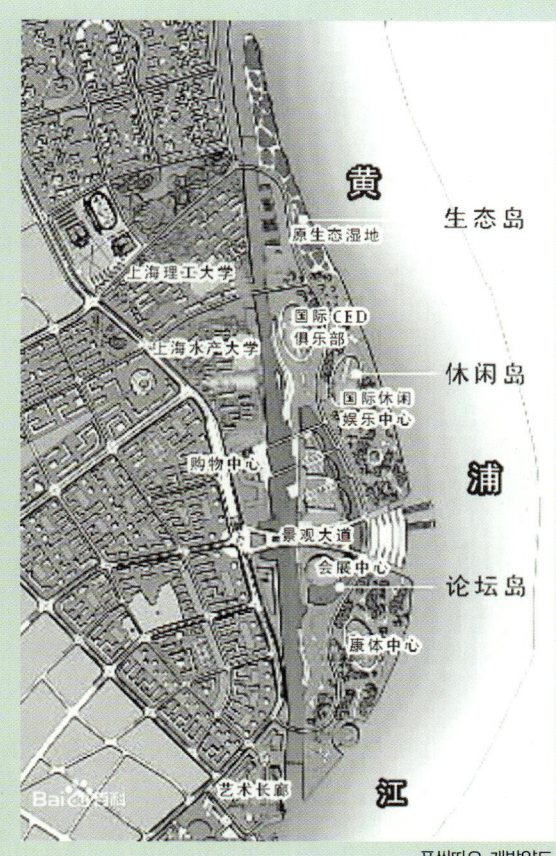

푸씽따오 개발약도

공원 성문

공원 풍광

정해교(定海桥)

시상중심 외경

시상중심 내경

    정해교(定海桥, 딩하이챠오)는 푸씽따오운하(复兴岛运河) 남단에 놓인, 94km길이에 폭이 11m인 철교이다. 1927년에 놓인 이 다리의 서쪽 도로는 옛 공공조계(公共租界)의 정해로(定海路, 딩하이루)이고, 그 동쪽 도로는 푸씽따오(复兴岛) 섬의 남북방향 간선도로인 공청로(共青路, 공칭루)이다.

    딩하이챠오(定海桥, 정해교) 남단에 샹하이국제시상중심(上海国际时尚中心)이 자리 잡고 있고, 딩하이챠오(定海桥) 북쪽으로는 금정선(金定线) 륜도(轮渡) 터미널이 있다.

정해교(원경)

륜도승선대기

윤도터미널

륜도 내경

우쟈오챵(五角场)

우쟈오챵 풍광

우쟈오챵(五角场)은 상하이시(上海市)의 4대 부도심(副都心) 중 하나이자 10대 상업중심의 하나이다. 우쟈오챵은 한딴루(邯郸路)·쓰핑루(四平路)·푸씽루(复兴路)·썅인루(翔殷路)·쏭후루(淞沪路) 등 5개도로의 교차로를 중심으로 하는 권역으로 남부의 상업중심(商业中心), 중부의 지식창신(知识创新), 북부의 상무중심(商务中心)으로 특화돼 있다.

남부지역의 상업중심은 31만6,000여 평의 넓이이다. 이곳에 백화점 등의 상업시설과 금융·교역 등 상무(商务)를 하는 시설들이 들어서 있다. 지식창신(知识创新)의 중부지역은 "도시의 대학(城市的大学), 대학의 도시(大学的城市)" 개념의 시범도시 건설이 추진되고 있다. 기능상으로는 창지중심(创智中心)·공작생활구(工作生活区)·창지과기원(创智科技院)·체육중심(体育中心)으로 세분되고, 30여만 평의 건물을 새로 지어 그 기능의 국제화전략의 요람으로 삼는다는 방침이다. 그 중심에 푸단대학(复

남부상업지구 풍광

푸단대학

旦大学)이 있다. 북부지역의 상무중심(商务中心)은 50여만 평의 넓이이다. 지식상무광장(知识商务广场)인 "상포영세(尚浦领世, THESPRING)"와 더불어 상업(商业)·금융(金融)·문체(文体)·연구(研究)·주거(住居) 등이 복합된 도시를 건설해 나가고 있다.

샹포령세 풍광

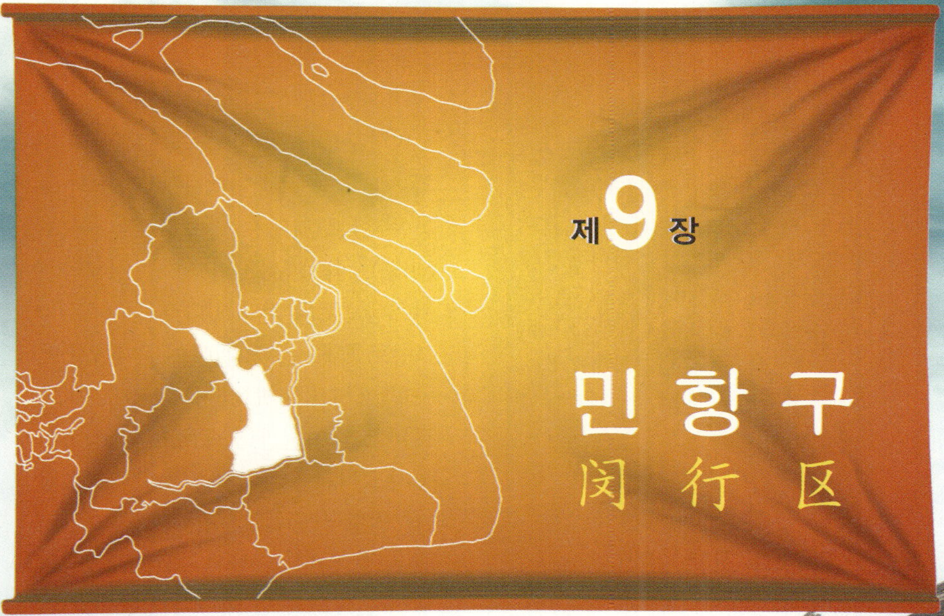

제9장 민항구 闵行区

민항구 위치

1. 전체모습

민항구(闵行区, 민행구)는 지리위치 상으로 상하이시(上海市)의 한복판에 371㎢(제주도의 1/5)의 넓이로 자리 잡고 있다. 인구는 26만 명이고(2010년), 행정상으로는 3가도(街道)·9진(镇)으로 나뉜다. 다음과 같다.

2부 권역별 명소_ 125

①쟝촨루지에따오(江川路街道, 강천로), ②씬훙지에따오(新虹街道, 신훙), ③구메이루지에따오(古美路街道, 고미로), ④씬쨩쩐(莘庄镇, 신장), ⑤치빠오쩐(七宝镇, 칠보), ⑥푸쟝쩐(浦江镇, 포강), ⑦메이롱쩐(梅陇镇, 매롱), ⑧홍챠오쩐(虹桥镇, 홍교), ⑨마챠오쩐(马桥镇, 마교), ⑩우징쩐(吴泾镇, 오경), ⑪화차오쩐(华漕镇, 화조), ⑫쨘챠오쩐(颛桥镇, 전교)

2. 지리와 교통

지리

민항구(闵行区)는 그 생김새가 마치 "야오쉬(钥匙, 열쇠)" 같다고 말들 한다. 그 민항구의 동남부를 황푸쟝(黄浦江)이 남북으로 관통함으로써 민항구는 푸뚱(浦东)과 푸씨(浦西)로 양분된다. 민항구(闵行区)는 동쪽으로 쒸후이구(徐汇区)·푸뚱신구(浦东新区)와 접하고, 남쪽으로는 황푸쟝(黄浦江) 건너로 펑씨앤구(奉贤区)를 바라본다. 서쪽으로는 쏭쟝구(松江区)·칭푸구(青浦区)와 접하며, 북쪽으로는 챵닝구(长宁区)·쟈딩구(嘉定区)와 맞닿는다. 그리고 그 경계에 홍챠오국제공항(虹桥国际机场)이 자리잡고 있다.

교통

민항구(闵行区)는 샹하이시(上海市)의 시외교통 요충지이다. 민항구의 교통은 항로(航路)·철로(铁路)·수로(水路)·육로(陆路)가 연계, 입체화된 시스템으로 발전돼 있다.

항로(航路)는 그 관문이 홍챠오국제공항(虹桥国际机场)이고, 철로 역으로는 샹하이난짠(上海南站)과 샹하이홍챠오훠쳐짠(上海虹桥火车站)이 있다. 민항구(闵行区) 관내는 물자원이 매우 풍부하다. 샹하이시(上海市)의 모친하(母亲河)로 회자되는 황푸쟝(黄浦江)이 관내를 남북으로 관통하고, 우쏭쟝(吴淞江)·디앤푸허(淀浦河)·따쯔허(大治河) 등의 골간수계(骨干水系)가 관내의 200여 줄기 물길을 종횡으로 엮어내고 있다. 타이후(太湖)와 디앤샨후(淀山湖)를 수원으로 하고 있는 황푸쟝은 강도 넓으려니와 수심도 깊다. 황푸쟝의 물길 113km 중 그 1/5이 민항구(闵行区)를 흐른다.

고속도로로서는 후칭핑(沪青平)·후항(沪杭)의 두 노선이 동서방향으로 달리고, 씬펑진고속공로(莘奉金高速公路)가 남북방향으로 놓여있다. 후칭핑고속공로(沪青平高速公路)는 샹하이(上海)-총칭(重庆) 간 고속도로의 샹하이시(上海市) 구간으로 전체길이 1,768km중 47km이고, 후항고속공

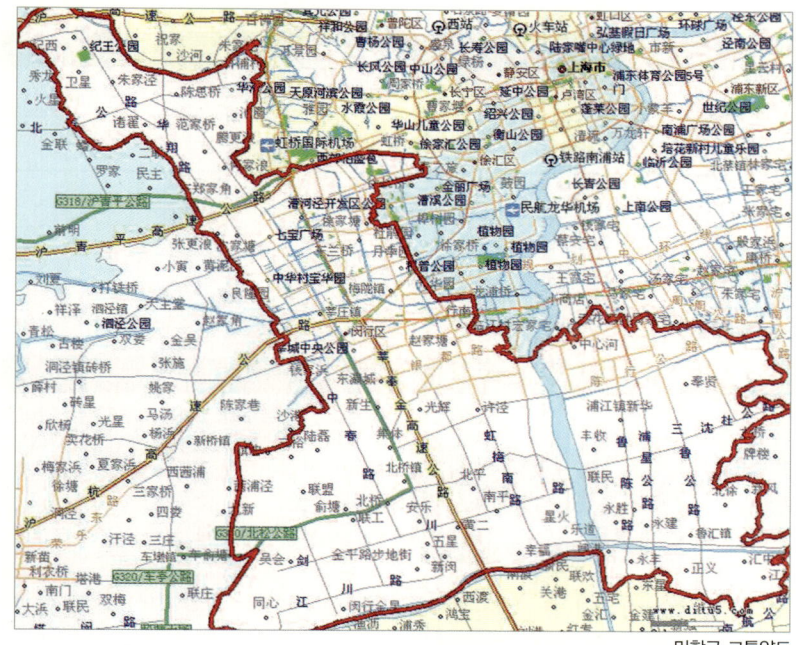

민항구 교통약도

로(沪杭高速公路)는 샹하이(上海)-쿤밍(昆明, 云南省)간 고속도로의 샹하이(上海)-항쪼우(杭州) 구간으로 전체길이 2,730km중 151km이다. 후칭핑고속공로(沪青平高速公路)는 샹하이시(上海市) 외환선(外环线)의 씬짱(莘庄)-펑푸대교(奉浦大桥)-진샨웨이(金山卫) 구간으로 53km이다.

시내 도로로는 서북-동남 방향의 화썅루(华翔路)·쫑춘루(中春路)·홍메이난루(虹梅南路)·루천루(鲁陈路)·푸씽공루(浦星公路)·싼루공루(三鲁公路) 등이 있고, 또한 서-동 방향의 쟝촨루(江川路)·션두공루(沈杜公路) 등이 있다.

민항구(闵行区)에는 지하철 5개 노선이 지난다. 그 노선과 노선별 민항구(闵行区) 관내의 역은 다음과 같다.

(표) 민항구의 지하철노선 및 경유역

노선별	전 철 역
2호선	홍챠오훠쳐짠(虹桥火车站)-홍챠오얼하오항짠로우(虹桥2号航站楼)
5호선	씬짱(莘庄)-츈션루(春申路)-인두루(银都路)-짠챠오(颛桥)-뻬이챠오(北桥)-지앤촨루(剑川路)-동촨루(东川路)-진핑루(金平路)-화닝루(华宁路)-원징루(文井路)-민항카이파취(闵行开发区)

2부 권역별 명소_ 127

(표) 민항구의 지하철노선 및 경유역

노선별	전 철 역
9호선	허촨루(合川路)-씽쫑루(星中路)-치빠오(七宝)-쫑춘루(中春路)
10호선	롱빠이씬춘(龙柏新村)-쯔텅루(紫藤路)-항쫑루(航中路)

3. 볼거리

민항구(闵行区)의 볼거리를 간추리면 다음과 같다.

(표) 민항구의 볼거리

볼거리		개 요
칠보고진 七宝古镇		칠보고전(七宝古镇, 치빠오구펀)은 강남수향(江南水乡)의 자연풍광을 그대로 지니고 있는 옛 마을임. 칠보사(七宝寺) 등의 볼거리들이 있음. *인접 전철역:9호선 치빠오쨘(七宝站)
은칠성 银七星		실내 스키장임. 설장(雪场) 면적 7,500평에 눈 두께 30~50cm이며, 활강장은 폭 80m에 길이 380m임. *인접 전철역:1호선 씬쫭쨘(莘庄站)
금강낙원 锦江乐园		3만4,000평 부지에 차려진 놀이공원임. 1998년에 개장됐으며, 40종류의 놀이기구가 있음. *인접 전철역:1호선 진쟝러위엔쨘(锦江乐园站)
체육공원 体育公园		체육을 주제로 한 25만5,000평넓이의 공원으로 습지생태구(湿地生态区)·경관초평구(景观草坪区)·비취산림구(翡翠山林区)로 나뉘어 있음. 1,200여 평 넓이의 습지생태구는 공원의 서부에 있고, 2만평 넓이에 최고봉 높이 26m인 비취산림구에는 98m길이의 미끄럼틀과 휴식처가 있음. *인접 전철역:9호선 씽쫑루쨘(星中路站)
군중예술관 群众艺术馆		국가가 설립한 공익성 문화사업체임. 문예부(文艺部)·미영부(美影部)·보도부(辅导部)·행정실(行政室) 등으로 편제돼 있음.

칠보고진(七宝古镇)

민항구 약도

칠보고진(七宝古镇, 치빠오구쩐)은 샹하이(上海) 천년의 역사가 배어있는, 유서 깊은 고장이다. 샹하이(上海) 관광에서 이 고장의 위상이 다음과 같이 회자된다.

십년상해간포동(十年上海看浦东),
샹하이의 지난 10년은 푸뚱에서 볼 수 있고,
백년상해간외탄(百年上海看外滩),
샹하이의 지난 100년은 와이탄에 담겨있으며,
천년상해간칠보(千年上海看七宝).
샹하이의 지난 1,000년은 치빠오쩐에 녹아있다.

지명이 "치빠오(七宝)"가 된 것에 관하여 다음과 같은 이야기가 전해온다.

진(晋, AD 265~420)나라 때, 이곳 출신의 정치·군사·문학의 대가 루지(陆机)·루윈(陆云)의 두 형제가 있었는데, 사람들은 그들을 "운간이륙(云间二陆)"이라 부르며 흠모하였다. 그리고 그 후손들은 그들을 기리는 사당을 육보산(陆宝山)에 짓고, 육보원(陆宝院)이라 하였다. 이후 육보원은 육보암(陆宝庵)이 되고, 5대(五代)의 오월왕(五越王) 치앤리유(钱镏, AD 907~960)가 이곳에 들렀다가 그의 비(妃)로 하여금 불교의 경전인 연화경(莲花经)을 5년간에 걸쳐 남색의 소지(绡纸, 비단)에 금가루로 쓰게 한다. 그리고 그것을 육보암(陆宝庵)에 하사하며 이르기를 "차내일보(此乃一宝)"라 하였다. 이것 또한 보물이라는 의미일 터였다.

이 일이 있고부터 사람들은 육보암(陆宝庵)을 칠보교사(七宝桥寺)로 바꿔 부르기 시작하는데, 이는 "육보암(陆宝庵)"의 "육(陆)"이 "여섯 육(六)"으로도 쓰임으로써 여섯 보물이 있는 암자를 연상케 한데다가 또 하나의 보물인 연화경이 추가된 데서 비롯된 것이다.

민간에서 꼽는 칠보교사(七宝桥寺)의 일곱 보물은 ①비래불(飞来佛), ②탄래종(氽来钟), ③금자연화경(金字莲花经), ④신수(神树), ⑤금계(金鸡), ⑥옥부(玉斧), ⑦왕쾌(王筷) 등이다.

교통

치빠오쩐(七宝古镇)은 홍챠오종합교통터미널(虹桥综合交通枢纽)에서 5km정도의 거리에 있다. 시내버스 40여 노선과 지하철 4호선·9호선·12호선이 지난다. 9호선 쫑츈루(中春路)·치빠오쩐(七宝镇)·씽쫑루(星中路) 역(站)의 접근성이 좋다.

경점

치빠오쩐(七宝古镇)의 라오지에(老街) 옛 거리는 그 자체가 볼거리이다. 거리 도처의 먹을거리들도 옛 정취를 북돋운다. 그러한 가운데서도 눈길을 끄는 경점들이 있다. 개관하면 다음과 같다.

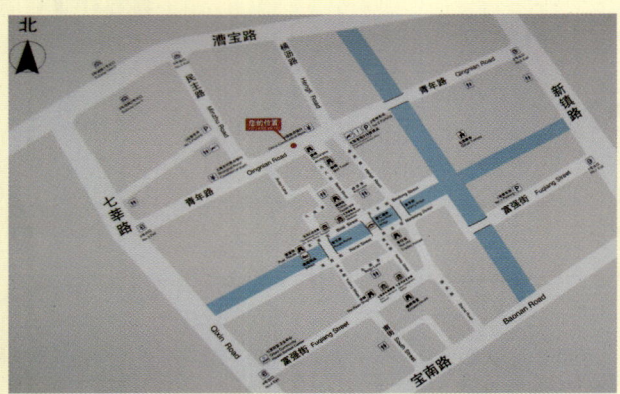

칭보칠보라오지에 경점도

탄래종 종각

치빠오쩐(七宝镇) 라오지에(老街) 옛 거리의 패루를 들어서면서 제일 먼저 마주하게 되는 것이 탄래종(氽来钟, 툰라이쫑) 종각이다.

다음과 같은 이야기가 전해 온다.

탄래종 종각

칠보교사(七宝教寺)가 다 지어지고 나자 천둥번개와 더불어 회오리바람을 동반한 폭우가 물을 퍼붓듯 일곱 낮 일곱 밤을 쏟아지는데, 그 물로 칠보교사(七宝教寺)를 감싸고도는 쌍화빵(香花浜) 강의 강물이 불어날 대로 불어나니 사람들은 칠보교사(七宝教寺)의 수몰붕괴를 걱정하며 밤을 맞이하게 되었다.

칠흑 같은 밤중에 갑자기 천지가 환해지면서 요란한 소리를 내는 물체가 쌍화빵(香花浜) 강물에 떠내려 오자 사람들은 기겁을 하여 숨어들었고, 두려움 속에 밤을 밝힌 사람들은 절문 앞에 놓인 종을 보고 매우 신비로워 하는 한편, 그 종은 하늘이 물길을 내어 띄워 보내준 종이라 하여 "퉁라이쫑(氽来钟)"이라 이름 지었다. 그리고 종각을 지어 보존해 오고 있는 것이라고 한다.

포회당하(蒲汇塘河)

포회당하(蒲汇塘河, 푸후이탕허)는 칠보고진(七宝古镇, 치빠오구쩐)의 한 가운데를 동쪽에서 서쪽으로 가로질러 흐르는 하천으로 치빠오구쩐(七宝古镇)의 지표성 지형지물이다. 탄래종(氽来钟) 종루를 마주 본 오른 쪽의 뻬이따지에(北大街, 북대가)를 걸어 나가면 천변(川辺)에 이르고, 포회당교(蒲汇塘桥, 푸후이탕챠오) 다리가 걸려 있다. 다리를 건너기 전 왼쪽으로 피풍대(避风台, 피펑타이)가 있고, 오른쪽으로 포계방(蒲溪坊, 포씨팡) 패루가 서 있다.

포회당교

안평교 풍광

포회당하 풍광

북대가 풍광

남동가 풍광

부강가 풍광

푸후이탕챠오(蒲汇塘桥) 아래쪽으로는 강락교(康乐桥, 캉러챠오) 다리가, 그리고 위쪽 칠보교사(七宝教寺, 치빠오쟈오쓰) 방향으로는 안평교(安平桥 안핑챠오) 다리가 놓여있다. 푸후이탕챠오(蒲汇塘桥) 다리를 건너 직진으로 나있는 골목이 남대가(南大街, 난따지에)이고, 왼쪽으로 나있는 골목이 남동가(南东街, 난뚱지에)이다. 뻬이따지에(北大街)·난따지에(南大街)·난뚱지에(南东街) 등의 골목길은 치빠오구쩐(七宝古镇)의 예스런 물건과 먹을거리들이 넘쳐나는 곳이다.

난뚱지에(南东街)를 따라 동쪽으로 나아가면 부강가(富强街, 푸챵지에)의 치빠오쟈오쓰(七宝教寺) 사찰에 이른다. 푸챵지에(富强街)는 옛 모습을 그대로 지니고 있다.

피풍대(避风台)

피풍대

포계방 패루

피풍대(避风台, 비펑타이)는 푸후이탕허(蒲汇塘河)를 노 저어 오르내리는 사람들이 비바람을 그어 갈 수 있도록 지어진 누대이다. 명(明)나라의 14대 황제 만력(万历, AD1572~1620)년간에 과거 급제한 투롱(屠隆, AD1543~1605)이 치빠오구쩐(七宝古镇)이 소재한 청포현(青浦县)의 현감으로 있을 때, 물위를 노 저어 다니는 사람들의 고생을 덜어주기 위해 지은 것으로 전해진다. 사람들은 비가 올 때는 이곳에서 비를 피하고, 맑은 날 쉬어갈 때는 연극을 하며 즐거워하였다고 한다.

칠보주방(七宝酒坊)

널리 알려져 있는 술 "칠보대곡(七宝大曲)"의 양조(釀造) 과정을 일목요연하게 보여준다. 더불어 전국각지의 이름난 술들을 한 자리에서 볼 수 있다.

칠보 주방

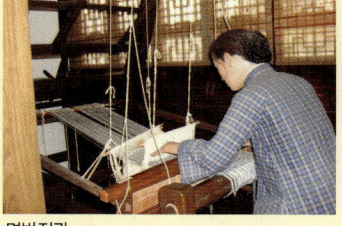
면방직관

면방직관(棉纺织馆)

명(明, AD1368~1644)·청(淸, AD1616~1911) 때, 이 고장의 찬란했던 방직업을 소개하고 있으며, 더불어 당시의 혼례를 재현하여 보여주는 희당(喜堂)이 있다.

장충인기념관(张充仁纪念馆)

180여 평 건물, 6개 전시실에 장충인(张充仁, AD1907~1998)의 대표적인 조각(雕刻)과 소조(塑造) 작품들이 전시되어 있다. 기념관은 마두장주마루(码头墙走马楼)의 풍격을 갖추고 있다. 마두장(码头墙)은 말머리를 연상케 하는 벽채를, 주마루(走马楼)는 집 안에 빙둘러있는 복도를 말한다.

장충인기념관

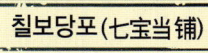
실솔초당

실솔초당(蟋蟀草堂)

실솔(蟋蟀, 씨솨이)는 귀뚜라미를, 초당(草堂, 차오탕)은 초가집을 의미한다. 실솔초당에는 귀뚜라미를 잡고, 기르고, 놀이하는 등의 여러 가지 도구와 사용하는 방법들을 모아 놓고 있다.

칠보당포(七宝当铺)

청(淸)나라 8대 황제 도광(道光, AD1820~1850)년간에 설치된 전당포(典当铺)를 재현해 놓은 곳으로 당시의 상업문화 풍정과 경제활동 등을 보여주고 있다.

칠보당포

노행당(老行当)

로행당

서민의 생활용구를 만들어 팔던 옛 대장간과 대나무 공예점 등의 전통적인 풍정을 보여주고 있다.

주씨미조관(周氏微雕馆)

미조(微雕)는 초소형 조각을 의미한다. 주씨미조관에는 초소형조각의 대가로 회자되는 주씨(周氏) 부녀의 작품들이 전시돼 있다.

1층에는 돌 주전자와 도장 등의 소조(塑造)가, 2층에는 일백만의 글자가 새겨져 있다는 석각(石刻)《홍루몽(红楼梦)》 등의 작품이 전시돼 있다.

주씨미조관

두모각(斗姆阁)

두모각은 원래 도교의 두모신(斗姆神)을 봉공하는 전각이었다. 두모신은 북두종성(北斗众星)의 모친으로 3면4수(三面四首)의 모습을 하고 있다. 청(请)나라의 7대 황제 가경(嘉庆, AD1796~1820)년간에 공연장인 희대(戏台)로 개축되었다.

두모각

Close Up

칠보교사(七宝教寺)

상하이(上海) 칠보교사(七宝教寺, 치빠오쟈오쓰)는 원래 육보암(陆宝庵)으로 불리며 송강(松江)의 육보산(陆宝山)에 있었다. 5대10국(五代十国 : AD907~960) 때, 송강(淞江)으로 옮겨지고, 오월(吴越)의 왕 치앤리유(钱, 전금)가 금보(金镯) 연화경(莲花经)을 하사한 후 칠보교사(七宝教寺)로 개칭되며, 송강(淞江)의 절터 침식이 심해지자 이를 피해 송(宋, AD 960~1279)나라 초에 지금의 장소로 옮겨왔다.

건산문

이후 명(明)나라 만력(万历)년간에 이르러서는 8천여 평의 부지에 건물이 천여 칸에 이르는 전성기를 맞으나, 아편전쟁 후의 외세침략과 그 뒤를 이은 일본의 침략으로 칠보교사(七宝教寺)는 초토화된다. 1949년 중화인민공화국이 성립되고 나서 칠보교사(七宝教寺)는 재건되는데, 건산문(建山门)·종고루(钟鼓楼)·천왕문(天王门)·대전(大殿)·장경당(讲经堂)·법당(法堂)·장경루(藏经楼) 등과 더불어 칠보탑(七宝塔)이 찬란하다.

교사(教寺)

칠보교사(七宝教寺)의 경점으로는 칠보탑(七宝塔)·천왕전(天王殿)·대웅보전(大雄宝殿)·원진장랑(元辰长廊)·4면관음상(四面观音像) 등이 있다.

천왕전(天王殿)

천왕전은 칠보교사의 첫 대전(大殿)이다. 전각의 앞 입구 쪽에 관세음보살상이, 그리고 뒤의 출구 쪽에 위타(韦陀)가 각각 자리 잡고 있다. 또한 전각 안의 양 옆으로 불교의 20제천(二十诸天) 중 4천신(四天神)

천왕전

4천신상

이 각각 둘 씩 나뉘어 있다. 이들은 본래 수미산(須彌山)의 네 자리 산봉우리들로 "풍우순조(风调雨顺)"로도 불린다.

남방증장천왕(南方增长天王)인 사풍(司风)은 검(剑)을 잡고 있고, 동방지국천왕(东方持国天王)인 사조(司调)는 비파(琵琶)를, 북방다문천왕(天王)인 사우(司雨)는 우산(雨伞)을, 서방광목천왕(西方广目天王)인 사순(司顺)은 뱀(蛇)을 각각 쥐고 있다. 이들을 조합하면 "풍조우순(风凋雨顺)"이 되며, 그 의미는 풍년을 기약하는 것이다.

대웅보전(大雄宝殿)

대웅보전

천왕전(天王殿)의 위타(韦陀)를 보고 뒤쪽 출구로 나가면 대웅보전(大雄宝殿)의 앞뜰이다.

향로 뒤쪽 누대 위의 2층 건물이 단아하다. 오른쪽 계단 옆에 걸린 목어(木鱼)와 운종(云钟)이 가지런하고, 법당에 들어서면 한가운데로 여래불상(如来佛像)·문수보살상(文殊菩萨像)·관음보살상(观音菩萨像)이 존치돼 있고, 벽으로는 16나한(十六罗汉)이 자리를 잡고 있다.

여래 불상

여기서 잠깐

나한(罗汉)은 아라한(阿罗汉)의 준말이고, 아라한은 불교수행의 최고 경지인 성인(圣人)에 이른 존재이다. 존경의 대상이라 하여 존자(尊者)라 하기도 하고, 존경의 상징인 공양(供养)을 받을 자격이 있다하여 응공(应供)이라고도 하며, 해탈함으로써 진리에 상응하는 존재라 하여 응진(应真)이라 하기도 한다.

당(唐)나라 승려 현장(玄奘)이 번역한 《대아라난제밀다라소설주기(大阿罗难提蜜多罗所说住记)》에 이들의 명칭이 나온다. 나한의 수는 처음에는 16인이었으나, 나중에 2인이 추가되어 18인이 되는데, 이들을 개관하여 부록에 실었다.

나한(罗汉)의 형상은 그것을 그리거나 빚은 사람에 따라 구구각색이다. 이는 그 나한에 관하여 묘사된 바를 각자가 상상하여 그리거나 빚기 때문이라고 한다. 부록에 실은 나한의 인물상도 한 화가의 상상의 결과물인 것이다.

원진장랑(元辰长廊)

원진장랑

원진장랑은 칠보교사(七宝教寺)의 산문을 들어서면서 왼쪽으로 있다. 장랑 안에는 육십갑자원신성신(六十甲子元辰星神)의 조각상이 존치돼 있다. 10천간(十天干)과 12지지(十二地支)를 순환상배(循环相配)하여 나와지는 60간지(六十干支)의 성신상(星神像)인 것이다.

4면관음상(四面观音象)

2008년에 세워진 4면관음상(四面观音像)은 백동(白铜)으로 주조됐으며, 5m높이이다. 동서남북의 네 방위마다에 금의가사(金衣袈裟)를 걸친 관음상이 조각돼 있는데, 동면(东面)의 것은 복음(福音)을 상징하는 수병(水瓶)을 들고 있으며, 서면(西面)의 것은 자비(慈悲)를 상징하는 불주(佛珠)를, 남면(南面)의 것은 평화를 상징하는 연화(莲花)를, 북면(北面)의 것은 지혜(智慧)를 상징하는 경협(经箧)을 각각 잡거나 받쳐 들고 있다.

4면관음상

4면관음(동면)　　4면관음(서면)　　4면관음(남면)　　4면관음(북면)

칠보탑(七宝塔)

정식명칭은 칠보유리영롱탑(七宝琉璃玲珑塔)이다. 7층 47m의 높이로 2002년에 세워졌다. 탑의 1층에는 재신(財神)이 존치돼 있다. 의식(衣食)을 풍족하게 하고, 마음을 편안하게 해 주는 시복호재지신(施福护财之神)이다. 2층에는 남해관음보살(南海观音菩萨)이 있다. 관음보살(观音菩萨)은 어려움에 처한 중생이 자신을 부르면 즉시 달려가 구제해 주는 보살이라고 한다.

7보탑　　　　　　　　　　　재신　　　　　　　　관음보살

　　3층에는 소재연수약사불(消灾延寿药师佛)이 있고, 4층에는 아미타불(阿弥陀佛)이 있다. 약사불은 불교의 대의왕(大医王)으로 중생의 병을 고쳐주며, 아미타불은 서방극락의 주인부처로 중생을 극락세계로 인도한다.

5층에는 지장왕보살(地藏王菩萨)이 있고, 6층에는 문수사리보살(文殊师利菩萨)이 있다. 대원지장왕보살(大愿地藏王菩萨)이라고도 불리는 지장보살(地藏菩萨)은 지옥에서 고통 받는 중생을 구원한다. 문수보살(文殊菩萨)은 지혜(智慧)를 관장한다.

약사보살

아미타불

지장보살

문수보살

7층에는 문곡성군(文曲星君)이 존치돼 있다. 문곡성군은 과거(科举)와 문교(文教)를 관장하는 천신이다. 문곡성군에게 봉공하면 재학무량(才学无量)·덕행증장(德行增长)·금방제명(金榜题名)의 공덕이 있다고 한다.

칠보고진(七宝古镇) 사람들의 정서상으로는 7보탑(七宝塔) 그 자체가 하나의 커다란 불상으로 자리 잡고 있다. 7보탑 각 층에 존치돼 있는 불보살도 불보살이려니와 탑 안팎 각층의 벽에도 수많은 부처가 새겨져 있다. 그것들이 어둠에 잠기고, 탑 위의 화등(华灯)이 사방을 비추는 가운데 저녁예불 소리가 은은하게 사방으로 번져나가면, 사람들은 자신들도 모르게 탑을 향해 허리를 굽혀 절을 하며 가정의 안녕을 기구하게 된다고 한다.

문곡성군

제10장 빠오샨구 宝山区

빠오샨구 위치

1. 전체모습

　빠오샨구(宝山区, 보산구)는 지리위치상으로 샹하이시(上海市)의 동북부에 동서 간 56km, 남북 간 23km의 크기로 자리 잡고 있다. 면적으로는 425㎢(제주도의 1/5)이다. 인구는 191만 명이고(2010년), 행정상으로는 3지에따오(街道)·9쩐(镇)으로 나뉘어 있다. 다음과 같다.

①우쏭지에따오(吴淞街道, 오송), ②요우이루지에따오(友谊路街道, 우의로), ③쟝먀오지에따오(张庙街道, 장묘), ④루워디앤쩐(罗店镇, 리점), ⑤따챵쩐(大场镇, 대장), ⑥양항쩐(杨行镇, 양행), ⑦위예푸쩐(月浦镇, 월포), ⑧루워징쩐(罗泾镇, 리경), ⑨구춘쩐(顾村镇, 고촌), ⑩까오징쩐(高泾镇, 고경), ⑪먀오항쩐(庙行镇, 묘행), ⑫쏭난쩐(淞南镇, 송남)

빠오샨구 행정구획도

2. 지리교통

지리

빠오샨구(宝山区)는 북쪽을 향해 놓인 고깔모양을 하고 있다. 빠오샨구(宝山区)의 동쪽 가장자리는 강변으로 북쪽은 챵쟝(长江)과 접하고, 남쪽은 황푸쟝(黄浦江)과 접한다.

빠오샨구의 남쪽은 양푸(杨浦)·홍코우(虹口)·쨔뻬이(闸北)·푸투워(普陀)의 네 구(区)와 닿아있고, 서쪽은 쟈딩구(嘉定区)와 경계를 이루며, 북쪽은 쟝쑤성(江苏省)의 타이창시(太仓市)이다.

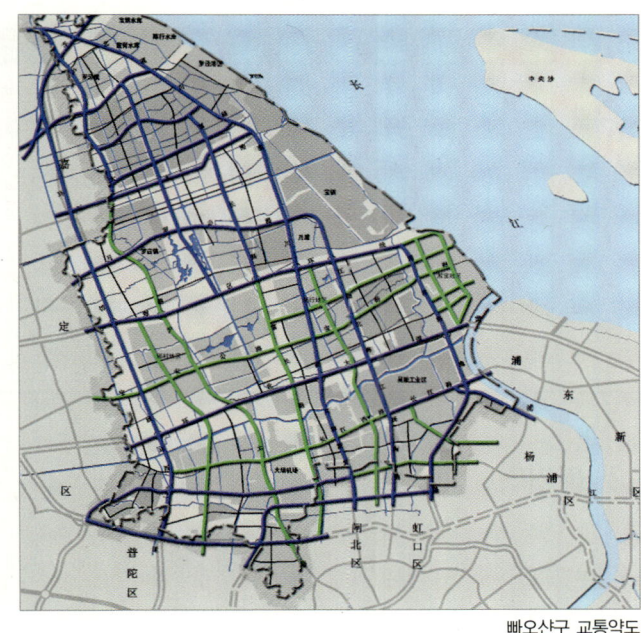

빠오샨구 교통약도

2부 권역별 명소 _ 141

빠오샨구(宝山区)의 남부(南部)로는 황푸쟝(黄浦江)의 지류인 윈짜오빵(蕰藻浜, 온조병)이 동서방향으로 관통, 챵쟝(长江)으로 합류된다. "빵(浜, 병)"은 개울 또는 평야지대에 배수·관개를 위해 뚫은 작은 운하를 의미한다.

윈짜오빵(蕰藻浜)에는 다리가 넷이 놓여있다. 우쑹따챠오(吴淞大桥)·윈촨루따챠오(蕰川路大桥)·쟝양루따챠오(江杨路大桥)·탕챠오따챠오(塘桥大桥) 등이 그것이다.

교통

빠오샨구(宝山区)의 교통은 3선(线)·7횡(横)·8종(纵)으로 집약된다. 3선(三线)은 지하철 1호·3호·7호의 3개 노선을 의미하고, 7횡(七橫)은 동서방향의 도로로서 석태로(石太路)·월라로(月罗路)·교환(郊环)·보안공로(宝安公路)·외환서연(外环西延)·장강로(长江路)·풍상로(丰翔路) 등을 지칭하며, 8종(八纵)은 남북방향의 도로로서 A13·외환(外环)·기련산로(祁连山路)·호태로(沪太路)·반경로(潘泾路)·부장로(富长路)·온천로(蕰川路)·강양로(江杨路)·동제로(同济路)의 8개 도로이다.

빠오샨구(宝山区)를 지나는 전철노선의 경유역은 다음과 같다.

(표) 빠오샨구의 지하철노선 및 경유역

노선별	경 유 역
1호선	푸진루(富锦路)-요우이씨루(友谊西路)-빠오안공루(宝安公路)-공푸씬춘(共富新村)-후란루(呼兰路)-통허씬춘(通河新村)-공캉루(共康路)
3호선	쟝양뻬이루(江杨北路)-티에리루(铁力路)-요우이루(友谊路)-빠오양루(宝杨路)-슈이챤루(水产路)-쏭빈루(淞滨路)-쨩화빈(张华滨)-쏭파루(淞发路)-챵쟝난루(长江南路)-인까오씨루(殷高西路)
7호선	메이란후(美兰湖)-루워난씬춘(罗南新村)-판광루(潘广路)-리유항(刘行)-구춘공위엔(顾村公园)-샹하이따쉐(上海大学)-난천루(南陈路)-샹따루(上大路)-챵쭝루(场中路)-따챵루(大场路)-씽쯔루(行知路)-따화싼루(大华三路)

3. 볼거리

빠오샨구(宝山区)의 볼거리로는 다음과 같은 것들이 있다.

(표) 빠오샨구의 볼거리

볼거리	개요
우륜마두 邮轮码头	 국제우편선 부두로 정식명칭은 오송구국제우륜마두(吴淞口国际邮轮码头, 우쏭코우궈지요우룬마토우)임. *인근 전철역:3호선 빠오양루쨘(宝杨路站)
구촌공원 顾村公园	 구촌공원(顾村公园, 구춘공위엔)은 130여만 평 크기의 교야공원(郊野公园)임. 교야공원은 농지(农地)·생태림(生态林)·수계습지(水系湿地)·자연촌락(自然村落)·역사풍모(历史风貌) 등이 어우러진, 생태인문자원을 기반으로 하는 공원으로 상하이시(上海市)에 모두 21거가 그 조성이 기획돼 있음. *인근 전철역:7호선 구춘공위엔쨘(顾村公园站)
포대만 炮台湾	 포대만(炮台湾, 바오타이완)은 황푸쟝(黄浦江)하구에서 챵쟝(长江) 강변을 따라 북쪽으로 이어지는 2km길이의 물굽이 임. 이곳에 33만평 넓이의 우쏭빠오타이완(吴淞炮台湾) 습지삼림공원이 있음. *인근 전철역:3호선 슈이챤루쨘(水产路站) 전철 하차후 11번 노선 시내버스 종점
미란호 美兰湖	 2만여 평 넓이의 인공호수로 상하이시(上海市) 북부에서 가장 아름다운 공원으로 회자됨. *인근 전철역:7호선 게이란후쨘(美兰湖站)

포대만습지삼림공원 풍광

포대만습지삼림공원 풍광

우쏭빠오타이완습지삼림공원
(吴淞炮台湾湿地森林公园)

포대만습지삼림공원정문

우쏭빠오타이완(吴淞炮台湾) 습지삼림공원은 우쏭쟝(吴淞江) 하구의 서쪽기슭에서 북쪽으로 뻗어 올라가는 챵쟝(长江) 강변에 있다. 이곳은 역사적으로 중요하게 인식된 해상방어요새이다.

명(明, AD1368~1644)나라 말에 청(请)나라 군사가 밀고 내려 올 때, 명(明)나라 군사가 이곳에 방어진을 구축했고, 청(请)나라 군사가 이곳을 점령한 후에도 명(明)나라 군사의 반격이 이어졌었다. 이에 청(请)나라의 3대 황제 순치(顺治, AD1643~1661)는 이곳에 포대(炮台)를 설치하는데, 이런 배경에서 이곳이 포대만(炮台湾, 빠오타이완)으로 불리게 된다. 이후, 영국과의 아편전쟁(鸦片战争)과 일본의 침략전쟁 때에도 이곳은 방어전의 전초기지로 역할 하였다.

샹하이시(上海市)에서는 이곳을 "환경갱신·생태회복·문화재건"의 대상으로 삼아 1960년대 초에 2㎞강변의 물 낮은 곳을 광산폐석으로 메워 15만평의 간석지를 조성하고, 더불어 강변의 18만평 산지를 한데 붙여 공원으로 조성해 왔다.

오송포대만습지삼림공원(吴淞炮台湾湿地森林公园)은 삼림휴양관광구(森林休养观光区)·곡지생태주랑구(谷地生态走廊区)·황무경관구(荒芜景观区)·빈수습지경관구(滨水湿地景观区) 등으로 나뉘며, 챵쟝하구과기관(长江河口科技馆)·패각극장(贝壳剧场)·광갱화원(矿坑花园)·유선마두(游船码头) 등의 시설이 설치돼 있다.

포대만습지삼림공원약도

제 11 장 쟈딩구 嘉定区

1. 전체모습

쟈딩구(嘉定区)는 지리위치상으로 샹하이시(上海市)의 서북부에 464㎢ (제주도의 1/4)의 크기로 자리 잡고 있다. 인구는 147만 명이고(2010년), 행정상으로는 3지에따오(街道)·7쩐(镇)으로 나뉘어 있다. 다음과 같다.

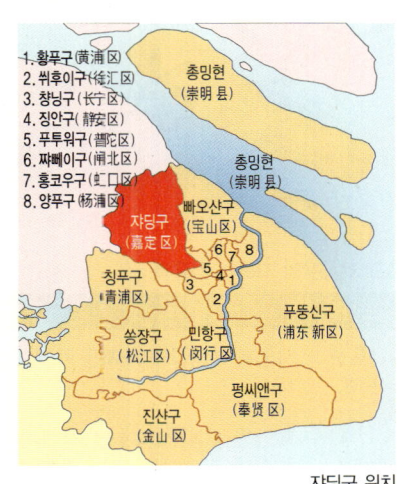

쟈딩구 위치

①쟈딩쩐지에따오(嘉定镇街道, 가정진), ②씬청루지에따오(新城路街道, 신성로), ③쩐씬지에따오(真新街道, 진신), ④난썅쩐(南翔镇, 남샹), ⑤안팅쩐(安亭镇, 안정), ⑥마루쩐(马陆镇, 마루), ⑦쒸항쩐(徐行镇, 서행), ⑧화팅쩐(华亭镇, 화정), ⑨와이깡쩐(外冈镇, 외강), ⑩쟝챠오쩐(江桥镇, 강교)

쟈딩구(嘉定区)에는 쟝쑤성(江苏省)의 204도로와 312도로가 샹하이시(上海市)로 들어오는 후이루(沪宜路)와 차오안꽁루(曹安公路)가 있고, 심해고속공로(沈海高速公路)와 상해환성고속공로(上海绕城高速公路)가 쟈딩공업원구(嘉定工业园区)에서 교차한다.

시내도로로는 동서방향의 빠오치앤공루(宝饯公路), 쟈안(嘉安)-쟈루워공루(嘉罗公路), 빠오안공루(宝安公路) 등이 있고, 남북방향으로는 쟈쏭뻬이루(嘉松北路), 후타이공루(沪太公路), 뻬이윈촨루(北蕴川路) 등이 있다.

2. 지리교통

쟈딩구(嘉定区)에는 지하철11호선이 지나간다. 쟈딩구(嘉定区)를 경유하는 지하철11호선은 본선(本线)과 지선(支线)으로 갈린다. 경유 역은 다음과 같다.

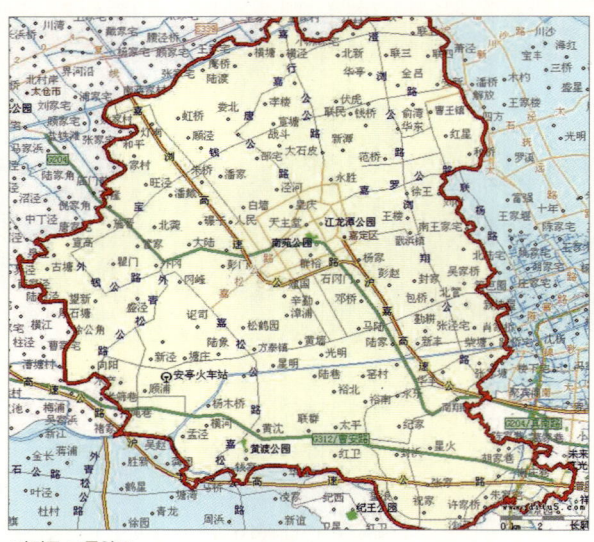

쟈딩구 교통약도

(표) 쟈딩구의 지하철 경유역

노선별	경유역
11호선 본선	쟈딩뻬이(嘉定北)-쟈딩씨(嘉定西)-빠이인루(白银路)-쟈딩씬청(嘉定新城)-마루(马陆)
11호 지선	쟈딩씬청(嘉定新城)-상하이싸이쳐챵(上海赛车场)-챵지동루(昌吉东路)-상하이치쳐청(上海汽车城)-안팅(安亭)-쨔오펑루(兆丰路)-광밍루(光明路)-화챠오(花桥)

3. 볼거리

쟈딩구(嘉定区)의 볼거리로는 다음과 같은 것들이 있다.

(표) 쟈딩구의 볼거리

볼거리		개 요
고의원 古猗园		고의원(古猗园, 구이위엔)은 명(明)나라 때 조성된 2천 평 넓이의 정원으로 "소주원림갑천하(苏州园林甲天下)"의 장본(张本)임. "장본"은 일이 발단된 근원을 말함. *인근 전철역:11호선 난썅짠(南翔站)
류하도 浏河岛		30여만 평 넓이의 섬으로 그 동편은 챵쟝(长江) 하구임. 10년이 넘는 개발을 거쳐 10여만 그루의 나무들이 식재됐고, 별장 등의 건물들이 들어서 있음. 쟈딩구(嘉定区) 탕항진(唐行镇)에 있음
가정공묘 嘉定孔庙		가정공묘는 남송(南宋)의 가정(嘉定)년간인 1219년에 서워진 공자 사당임. 가정박물관(嘉定博物馆)과 더불어 "고장(考场)"이 설치돼 있어 중국 고대의 과거제도를 한 눈에 볼 수 있음. 쟈딩구(嘉定区) 쟈딩진(嘉定镇)에 있음
회룡담 汇龙潭		화룡담(汇龙潭, 후이롱탄)은 북쪽에서 남쪽으로 흘러내리는 다섯 내(川)가 응규산(应奎山) 남쪽 자락에서 모여 이룬 깊은 못임. 응규산(应奎山)과 회룡담(汇龙潭)이 빚어내는 산수경관은 볼만하다는 평임. 쟈딩구(嘉定区) 쟈딩진(嘉定镇)에 있음
추하포 秋霞圃		추하포(秋霞圃, 치유씨아푸)는 명(明)나라 때 조성된 9,000여평 크기의 원림으로 도화담(桃花潭)·응하각(凝霞阁)·청명당(清镜堂)·읍묘(邑庙) 등의 경구로 나뉨. 쟈딩구(嘉定区) 뚱따지에(东大街)에 있음
오흥사 吴兴寺		남조(南朝, AD420~589)때인 511년에 창건됐으며, 대웅보전(大雄宝殿)·대비각(大悲阁) 등 100여 칸의 건물들이 있었으나, 1960년대의 문화혁명 때 모두 소실됐고, 지금의 건물들은 1990년대 초에 복원된 것임. 쟈딩구(嘉定区) 와이강진(外冈镇)에 있음

고의원(古猗园)

고의원 경점

1. 남대문(南大门)
2. 남상벽(南翔壁)
3. 아동원(儿童园)
4. 노정문(老正门)
5. 연비어약헌(鸢飞鱼跃轩)
6. 유상정(幽赏亭)
7. 일야당(逸野堂)
8. 북대문(北大门)
9. 백학정(白鹤亭)
10. 불계주(不系舟)
11. 수목명금(水木明琴)
12. 유대헌(柳带轩)
13. 회월랑(绘月廊)
14. 미음각(微音阁)
15. 학수헌(鹤守轩)
16. 매화비랑(梅花碑廊)
17. 화신전(花神殿)
18. 완석재(玩石斋)
19. 관월대(观月台)
20. 죽외(竹外-지헌(枝轩)
21. 이취정(怡翠亭)
22. 석운관(石韵馆)
23. 불가무죽거(不可无竹居)
24. 수영쇄월헌(叟影碎月轩)
25. 취우정(醉雨亭)
26. 이이정(猗猗亭)
27. 은향정(隐香亭)
28. 추수사(秋水榭)
29. 군자당(君子堂)
30. 하풍죽로정(荷风竹露亭)
31. 유선마두(游船码头)
32. 만안탑(万安塔)
33. 상운각(翔云阁)
34. 학수헌(鹤守轩)
35. 쌍학재(双鹤斋)
36. 매화청(梅花厅)
37. 부균각(浮筠阁)
38. 결각정(缺角亭)
39. 남청(南厅)
40. 호심정(湖心亭)
41. 곡향랑(曲香廊)
42. 명헌(茗轩)
43. 남정(南亭)

고의원 약도

　고의원(古猗园, 구이위엔)은 명(明)나라의 12대 황제 가정(嘉靖, AD1521~1566)년간에 대나무조각가 주삼송(朱三松)이 정성들여 설계했다는 정원이다. 녹색의 대나무 숲이 무성하고 아름답다는 의미의 "녹죽의의(绿竹猗猗)"에서 그 이름을 따온 것이라고 한다.

　한족(汉族)의 전통문화와 민족특색을 잘 나타내고 있다는, 2천 평 넓이의 고의원(古猗园)은 일야당(逸野堂) · 희아지(戏鹅池) · 송학원(松鹤园) · 청청원(青清园) · 원앙호(鸳鸯湖) · 남상벽(南翔壁) 등의 여섯 경구(景区)로 나뉘어 있다.

경구경색(景区景色)

일야당(逸野堂)

일야당

　일야당(逸野堂, 이예탕)은 고의원(古猗园)의 주된 건물로 원주(园主)가 손님을 접대하던 곳이다. 당명(堂名)이 "일야(逸野)"인 것은 원주(园主)가 추구하는 평정안일(平静安逸)과 자유자재(自由自在)의 의미를 나타낸 것이라고 한다. 일야당은 그 쓰인 나무가 남목(楠木, 녹나무)이고, 그 구조가 사방이 열려있어 "남목청(楠木厅)" 또는 "사면청(西面厅)"으로도 불린다.

고반괴

바닥문양 중 하나

　일야당(逸野堂) 앞뜰은 그 바닥이 조약돌로 아름답게 수놓아져 있는 가운데, "고반괴(古盘槐)"로 불리는 홰나무 고목 두 그루가 마주보고 있다. 전해오기로는 명(明)나라 12대 황제 가정(,, AD1521~1566)년간에 원주(园主)인 민쉬가 심은 것인데, 당시만 해도 궁궐을 제외하고는 그 형상이 용과(龙爪, 용의 발톱)와 황금개(黃金盖, 임금이 타는 수레의 해가림 우산)를 닮은 반괴(盘槐)를 그런 식으로 마주하여 심는 것이 금지돼 있었기에 그러한 사실이 관가에 고발되자 원주(园主)는 잽싸게 한 그루를 뽑아 치웠다고 한다.

　일야당을 중심으로 곡랑(曲廊)·유상정(幽赏亭)·연비어약헌(鸢飞鱼跃轩)·소송강(小松冈)·남청(南厅)·오로봉(五老峰)·소운두(小云兜)·계화림(桂花林) 등이 있다. 유상정(幽赏亭)은 그곳에서 보는 달밤경치가 절경이고, 소운두(小云兜, 샤오윈도)를 지나 남쪽으로 내려가면 솔개(鸢)가 날(飞)고 물고기(鱼)가 뛰어오르(跃)는 풍광 속의 건물(轩) 연비어약헌(鸢飞鱼跃轩)이 3면에 물을 두르고 서있다. 호수 수면에 둥근달이 솟아오르는 모양의 연비어약헌(鸢飞鱼跃轩) 헌문(轩门) 앞 동쪽으로는 청산정각(青山亭阁)이 깔끔하다. 원주(园主)의 서재 겸 침실인 남청(南厅)은 조형이 소박하고, 차림에 빈틈이 없다.

유상정

연비어약헌

희아지(戏鹅池)

"녹수백조(绿水白鸟), 정중유동(静中有动)", 희아지의 고요한 물위에 흰색의 백조가 떼 지어 노는 풍광이 매우 낭만적이라는 평이다. 희아지(戏鹅池)의 물가를 따라 걷다보면 백학정(白鹤亭)·불계주(不系舟)·부균각(浮筠阁)·죽지산

희아지와 불계주

(竹枝山)·결각정(缺角亭) 등의 경점을 지나게 된다. 불계주(不系舟)는 석방(石舫) 또는 한선(旱船)으로도 불리는데, 이는 배 모양의 석조건물이나 물가에 배처럼 지은 건물을 지칭한다. 희아지(戏鹅池)의 불계주(不系舟)는 샹하이(上海)의 원림에 등장하는 석방(石舫)의 효시라고 한다.

죽지산 결각정

백학정(白鹤亭)

백학정(白鹤亭, 빠이허팅)은 이곳에 날아든 전설상의 백학을 기념하여 세운 정자이다. 9m높이에 백학이 비상하는 모습의 5각 지붕을 하고 있는 백학정(白鹤亭)에는 다음과 같은 전설이 전해온다.

양(梁. AD502~557)나라 때, 한 농부가 땅 속에서 흰 바위 한 덩어리를 파냈는데, 그 후로 백학(白鶴) 한 쌍이 매일같이 날아와 앉아 있곤 하였다. 이를 본 승려 덕제(德齐)는 이곳이 길상불지(吉祥佛地)임을 깨닫고, 마을 사람들과 힘

백학정

을 모아 절을 지으니 이것이 백학남상사(白鶴南翔寺)이고, 이곳의 지명 남상(南翔, 난샹)이 거기서 비롯되었다. 더불어 연못의 비석에는 다음과 같은 시구가 새겨져 있다.

백학남상거불귀(白鶴南翔去不归),
백학이 남상으로 날아가 돌아오지 않으니,
유류진적재명기(唯留真迹在名基).
남은 것이라고는 오직 그들이 머물렀던 자리일 뿐.
가련후대공왕자(可怜后代空王子),
가련하게도 그곳엔 후대를 이을 왕자가 없으나,
불절훈수향이시(不绝熏修享二时).
이곳에는 화초의 향기가 끊이지 않고 넘쳐흐른다.

송학원(松鶴园)

송학원의 풍광이 다음과 같이 읊어지고 있다.

천년경당(千年经幢), 영인규절(令人叫绝);
천년세월을 머금고 있는 경당이 사람들로 하여금 절찬케 하고,
매와청전(梅花厅前), 형향표일(馨香飘逸);
집 앞 매화의 그윽한 향기가 은은히 흘러 퍼진다.
벽하고탑(碧荷古塔), 상영성휘(相映成辉);
청옥연잎과 옛 탑이 서로 어우러져 눈이 부신데
송원백학(松园白鹤), 인경장소(引颈长啸);
송학원의 백학이 목을 늘여 길게 울음소리를 낸다.

송학원(松鹤园)에는 오로봉(五老峰)·
랑각(廊阁)·미음각(微音阁)·경당(经
幢)·매화청(梅花厅)·보통탑(普同塔) 등
의 경점이 있다. 일야당(逸野堂)을 왼쪽
으로 돌아가면 다섯 바윗돌이 늘어선 오
로봉(五老峰) 뜰이다. 그 형상이 거문고
를 뜯고 있는 다섯 노인을 닮았다하여
붙여진 이름이다. 다음과 같은 이야기가
전해온다.

오로봉

    천궁(天宫)의 용선(龙仙)·학선(鹤仙)·녹선(鹿仙)·연선(鸢仙)·아선(鹅仙)의 다섯 신선이 인간세상의 일야당(逸野堂)에 놀러 내려왔다. 일야당의 달밤이 마치 천상의 월궁을 옮겨다 놓은 것처럼 아름다웠기에 그들은 감탄을 금치 못하며 거문고를 뜯고 춤을 추었다. 그렇게 밤을 지새우고도 아쉬움이 남은 그들은 아예 인간 세상에 머물러 살기로 하고 용의 신선인 용선(龙仙)은 소운두(小云兜)에 자리를 잡고, 학의 신선인 학선(鹤仙)은 백학정(白鹤亭)에, 사슴의 신선인 녹선(鹿仙)은 매화림(梅花林)에, 솔개의 신선인 연선(鸢仙)은 호수면(湖水面)에, 백조의 신선인 아선(鹅仙)은 하화지(荷花池)에 각각 자리를 정하였다. 그리고 해마다 팔월 보름날에는 일야당(逸野堂)에 모여 거문고를 타고 춤을 추면서 인간세상의 사람 사는 즐거움을 만끽하기로 하였다.

미음각(微音阁)에는 오로봉(五老峰)의 다섯 신선이 거문고를 타며 창(唱)을 하는 소리가 회월(绘月)의 랑각(廊阁)을 감돌아 은은하게 들려온다는 전설이 있고, 회월랑각(绘月廊阁)에 나있는 세 개의 문은 이곳에 뜨는 달의 궤적과 이곳의 지형을 근거하여 낸 것으로 고의원(古猗园)에서의 관월(观月) 감상의 최적지로 꼽히고 있다.

미음각

경당

랑각의 문

미음각(微音阁) 앞마당에는 AD875년에 세워졌다는 존승다라니경당(尊胜陀罗尼经)이 있다. 높이 10m의 8각7층 돌기둥으로 연화대(莲花台) 위에 받쳐져 있으며, 몸채에는 다라니경이, 그리고 꼭대기 부분에는 4대천왕(四大天王)이 정교하게 새겨져 있다. 조형이 장중하고, 생동감이 있으며, 그 형상이 두툼하고 우아하며 아름답다는 평이다.

연꽃연못 하화지(荷花池)의 보통탑(普同塔)은 송(宋)나라 가정(嘉定)년간인 1222년에 세워진 것인데, 6면7급(六面七级)의 1장(一丈, 3.3m)높이 탑에 새겨진 연꽃잎· 여래불상(如来佛像)이 매우 정교하고 아름답다는 평이다. 매화청(梅花厅)은 소박하고도 날아갈 것 같은 처마를 달고 있으며, 창틀에 새겨진 매화가 사람들의 눈길을 끌고 있다.

매화청

보통탑

청청원(青清园)

청청원경구는 6천 평 넓이로 고의원(古膳园)의 여섯 경구 중 가장 넓다. 청청원(青清园)은 고의원(古膳园)의 특색인 "녹죽의의(绿竹猗猗)"를 주제로 삼아 1984년에 만들어진 고의원(古膳园) 속의 정원이다.

청청원 입구

2부 권역별 명소_ 153

청정원(清静园)에는 자효죽(慈孝竹)·담죽(淡竹)·포계죽(哺鸡竹)·자죽(紫竹)·봉미죽(凤尾竹) 등 10여 종의 대나무가 심겨져 있어 "녹죽의의의 경지(绿竹猗猗的意境)"를 체험할 수 있도록 하고 있다. 또한 청정원(清静园)에는 하풍죽로정(荷风竹露亭)·군자당(君子堂)·구산호(龟山湖)·관월대(观月台)·완석재(玩石斋)·죽림터널(竹林隧道) 등의 경점(景点)이 있어 사람들로 하여금 청수(清秀)·담아(淡雅)·일정(溢静)의 정취를 느끼게 한다는 평이다.

자효죽   담죽   포계죽   자죽

봉미죽   구산호와 관월대   완석재

원앙호(鸳鸯湖)

원앙호는 고의원(古猗园) 한가운데에 자리 잡고 있는 3천 평 넓이의 호수이다. 호수 둘레로는 높이가 제각각인 정(亭)·당(堂)·각(阁)·헌(轩) 등의 건물이 자리를 잡고, 호수를 가로 질러서는 구곡교(九曲桥)가 놓여있다. 구곡교 위에는 조형이 영롱한 호심정(湖心亭)이 올려져 있다.

구곡교와 호심정

원앙호 원경

남상벽(南翔壁)

남상벽 도안

남상벽은 고의원(古膳园)의 남문을 들어서면서 마주하는 조벽(照壁)이다. 남상벽은 남상벽 경구(南翔壁景区)의 중심이며, 이 경구에는 대초평(大草坪)·자승가(紫藤架)·남정장수림(南亭樟树林)·대가산(大假山) 등의 경점이 있다. 남상벽에는 백학(白鹤)이 남쪽으로 날아와 남상진(南翔镇)이라는 지명이 생겨나게 된 전설이 조각돼 있다.

경구특색(景区特色)

고의원(古膳园)의 특색으로 명대건축(明代建筑)·의의녹죽(猗猗绿竹)·유정곡수(幽静曲水)·화석소로(花石小路)·영련시사(楹联诗词) 등이 꼽힌다.

명대건축(明代建筑)

명(明, AD1368~1644)나라 때의 건축은 그 특징이 다음과 같이 묘사된다.

> 정대도처개임수(亭台到处皆临水),
> 정자와 누대는 모두 물과 접해있고,
>
> 옥우수다불애산(屋宇虽多不碍山),
> 집들이 많다 해도 산에 걸리적거리지 않는다.
>
> 이곡절장랑화장분격(以曲折长廊花墙分隔),
> 구불구불한 장랑과 꽃담장이 칸막이를 하고,
>
> 산중수복의무로(山重水夏疑无路),
> 산과 물이 겹쳐서 길이 없어보이다가도
>
> 유암화명우일촌(柳暗花明又一村).
> 짙은 그늘의 버드나무숲과 화사한 꽃밭 다음은 마을이다.

고의원(古膳园)은 그곳의 정(亭)·대(台)·루(楼)·각(阁) 들이 물가에 자리를 잡고 있는 등, 명나라 건축의 특징을 고스란히 담아내고 있다는 평이다.

의의녹죽(猗猗绿竹)

푸르른 대나무 숲이 무성하고 아름답다는 의미의 의의녹죽(猗猗绿竹)은 고의원(古漪园)의 이름이 거기서 비롯되었을 정도로 고의원(古漪园)의 특색 중 특색이다. 고의원(古漪园)의 죽림풍광(竹林风光)이 《의원기(漪园记)》에 다음과 같이 서술돼있다.

> 고의원(古漪园) 대나무밭에 "이취정(怡翠亭)"이 있고, 죽지산(竹枝山) 아래 물가에는 부균각(浮筠阁)이 있다. 6천여 평의 죽원(竹园) 한가운데에 취애루(翠霭楼)가 있고, 조붓한 냇가 옆으로 "하풍죽로정(荷风竹露亭)"이 있다. 곡랑(曲廊)의 양쪽으로는 높게 자라는 수죽(修竹)이 있고, 죽원(竹园)에는 방죽(方竹)·자죽(紫竹)·불두죽(佛肚竹)·소금사죽(小琴丝竹)·봉미죽(凤尾竹)·황금간벽옥죽(黄金间碧玉竹)·교순죽(教顺竹)·포계죽(哺鸡竹)·귀갑죽(鬼甲竹)·나한죽(罗汉竹) 등 30여 종의 대나무가 어우러져 상록(常绿, 늘푸름)·소아(素雅, 우아함)·청수(清秀, 빼어난 아름다움)의 경색을 뽐낸다.

유정곡수(幽静曲水)

명(明)나라 때의 의원(漪园)은 외부와의 물 연결이 없는 희아지(戏鹅池)를 중심으로 하여 조성됐다. 이후 원(园)의 규모가 확대되면서 외부의 하천이 끌어들여지고, 물을 위주로 하는 원림으로 그 모습이 바뀐다. 고의원(古漪园)으로 들어온 물길은 네모난 연못을 이루기도 하고, 좁고 긴 형태의 호수를 이루기도 하는데, 그 물가가 이리저리 휘고 꺾기는 데다 나무와 화초들이 곁들여짐으로써 수면은 늘 넉넉하고 조용해 보인다.

불시주(不系舟)의 그림자를 고요히 물위에 띄우고 있는 희아지(戏鹅池)를 비롯하여 원앙호(鸳鸯湖)·하화지(荷花池)·구산호(龟山湖) 등의 호수 길을 따라 돌다보면 어느새 가슴이 트이고 마음이 편안해진다는 평이다.

화석소로(花石小路)

고의원(古漪园)은 그 안의 길조차도 원림예술을 담고 있다. 4통8달의 길에는 황석(黄石)·청석(青石)·난석(卵石)·청전(青砖)·청와(青瓦)·항편(缸片)·완편(碗片) 등의 재료를 가지고 여러 종류의 동·식물 화문도안(花纹图案)을 그려 넣음으로써 꼬불꼬불 이어지는 좁은 길의 그윽함

화석소로 도안

화석소로 도안 　　　　　　　　　　　　　　화석소로 도안

을 더욱 북돋고 있다.

　화석소로(花石小路)의 도안은 그 주변의 건물들과 연관돼 있어 그 위를 걷는 이로 하여금 또 다른 정취를 느끼게 한다. 예컨대, 매화청(梅花厅) 주변은 매화가 그려져 있고, 소운두(小云兜)와 가산(假山) 사이에는 운룡(云龙)을 연상케 하는 용(龙)이 새겨져 있다. 또한 고의원(古漪园) 주인의 거처인 일야당(逸野堂) 주변에는 "암팔선(暗八仙)"도안을 펼쳐놓음으로써 원주(园主)를 신선(神仙)에 비유했는데, 그 곳을 지나는 사람들은 스스로가 신선이 되는 기분을 느낄 수 있다며 즐거워하기도 한다.

영련시사(楹联诗词)

　영련시사는 건물의 들보나 기둥에 붙여진 글귀나 편액을 의미한다. 중국의 원림에서 편액영련(扁额楹联)은 사람의 눈동자 같은 존재로 여겨지며, 기둥에 붙여진 시구(诗句)들은 사람의 의관 같아 건물의 품위를 돋우기도 한다.

　고의원(古漪园)의 걸작편액으로는 남상진(南翔镇)의 유래를 떠올리게 하는 "백학정(百鹤亭)", 오로봉 다섯 신선의 거문고 소리가 희미하게 전해오는 것 같은 "미음각(微音阁)", 밝은 달이 허공에 둥실 떠있음을 느끼게 하는 "회월(绘月)", 솔개가 호수의 물고기를 낚아채려 살피는 정황의 "연비어약헌(鸢飞鱼跃轩)" 등이 꼽힌다.

　고의원(古漪园)에는 예로부터 많은 풍류 문장가들이 다녀가면서 시문을 남겼고, 그것들 중 일부가 고의원의 기둥에 붙여져 오가는 사람들로 하여금 시흥에 젖게도 한다. 다음은 "불계주(不系舟)"의 기둥에 적힌 영련시구이다.

　십분춘수쌍첨영(十分春水双檐影),
　무르익은 봄날의 호수에는 겹처마의 물그림자가 뜨고,

　백엽연화칠리향(百叶莲花七里香),
　수많은 연꽃의 향기가 사방에 그윽하다.

고의원의 조각상

고의원(古猗园)을 구경하며 돌다보면 길가에 놓인 조각상과 마주치기도 한다. 여러 형상의 자연석이기도 하고, 주제를 단 작품이기도 하다. 그 중 뇌리에 남는 것으로 청정원(清靜园) 경구의 "옥녀취소(玉女吹蕭)"와 "여인과 사슴(仕女与鹿)", 그리고 원앙호(鴛鴦湖) 경구의 석마용(石马佣)이 있다.

옥녀취소상

"옥녀취소(玉女吹蕭, A Beauty Playing Chinese Flute)" 조각상은 한 여인이 우아하게 앉아 퉁소를 부는 모습이다. 베이징(北京) 천안문의 인민영웅기념비(人民英雄纪念碑) 창작자 관위쨩(关玉璋)이 자신의 딸을 모델로 삼아 조각한 작품으로 고의원(古猗园)이 2009년에 베이징(北京) 소재 자죽원공원(紫竹院公园)과 결연(结缘)할 때 기증받은 것이라고 한다.

여인과 사슴상

"여인과 사슴(仕女与鹿, The Lady and the Dear)"상은 땅바닥에 엎드려 뭔가 말을 거는 것 같은 사슴과 그 머리에 살짝 기댄 듯 앉아있는 여인상이다. 여인이 입고 있는 옷은 소매가 넓고, 오른 쪽 앞섶을 왼쪽 앞섶 속으로 넣어 여몄으며, 허리에는 느슨하게 비단 띠를 두르고 있다. 이런 복식(服饰)은 전형적인 명(明, AD1368~1644)나라 때의 것이라고 한다. 온순하고 영리해 보이는 사슴과 도톰하고 해맑아 보이는 여인의 인상에서 행복·행운·풍요를 느끼게 된다는 평이다.

석마용

석마용(石马佣)은 명(明)나라 때 만들어진 것으로 남상진(南翔镇)의 한 제련소에서 이곳으로 옮겨진 것이라고 한다.

교통편

지하철 11호선의 난쌍짠(南翔站, 남상 역)에서 하차하여 서쪽방향의 도보 15분 거리이다.

제 12 장 푸뚱신구 浦东新区

푸뚱신구 위치

1. 전체모습

　푸뚱신구(浦东新区)는 샹하이시(上海市)의 동부에 1,430㎢(제주도의 3/4)의 넓이로 자리 잡고 있다. 상주인구는 518만 명이고(2012년), 행정상으로는 12지에따오(街道)·24쩐(镇)으로 나뉘어 있다.
　그 명칭은 다음과 같다.

(표) 푸똥신구 행정구획

구 분	명 칭
지에따오 街道	①웨이팡씬춘(潍坊新村, 유방신촌), ②루쟈쭈이(陆家嘴, 육가취), ③쪼우쟈두(周家渡, 주가도), ④탕챠오(塘桥, 당교), ⑤상강씬춘(上钢新村, 상강신촌), ⑥난마토우루(南码头路, 남마두로), ⑦후똥씬춘(沪东新村, 호동신촌), ⑧진양씬춘(金杨新村, 금양신촌), ⑨양징(洋泾, 양경), ⑩푸씽루(浦兴路, 포흥로), ⑪동밍루(东明路, 동명로), ⑫화무(花木, 화목)
쩐 镇	①촨샤씬(川沙新, 천사신), ②까오챠오(高桥, 고교), ③뻬이차이(北蔡, 북채), ④허칭(合庆, 합경), ⑤탕(塘, 당), ⑥차오루(曹路, 조로), ⑦진챠오(金桥, 금교), ⑧까오항(高行, 고행), ⑨까오똥(高东, 고동), ⑩쨩쟝(张江, 장강), ⑪싼린(三林, 삼림), ⑫후이난(惠南, 혜남), ⑬쪼우푸(周浦, 주포), ⑭씬챵(新场, 신장), ⑮따투안(大团, 대단), ⑯캉챠오(康桥, 강교), ⑰항토우(航头, 항두), ⑱쮸챠오(祝桥, 축교), ⑲니칭(泥城, 니성), ⑳쒸안챠오(宣桥, 선교), ①슈위엔(书院, 서원), ②완샹(万祥, 만상), ③라오강(老港, 로항), ④난후이씬청(南汇新城, 남회신성)

지금의 푸똥신구(浦东新区)는 2009년 5월에 별개로 있던 난후이구(南汇区)가 편입됨으로써 샹하이시(上海市)에서 가장 큰 구(区)가 되었으며, 행정구의 유형에 있어서는 부성급(副省级)에 해당한다.

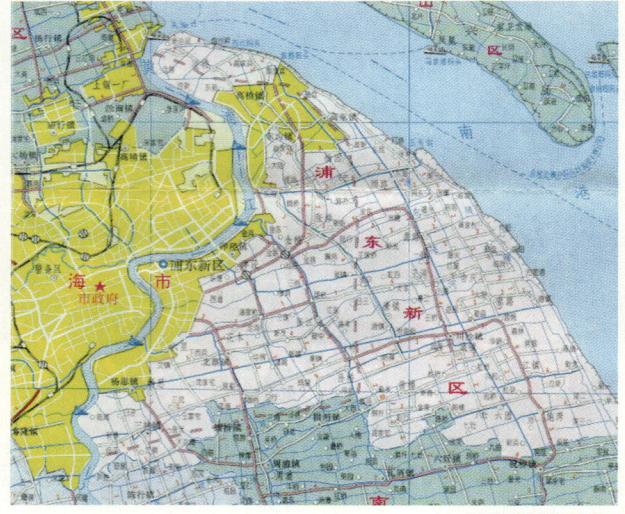

푸똥신구 행정구획도

2. 지리교통

지리

푸똥신구(浦东新区)는 챵쟝(长江) 삼각주의 동부에 자리 잡고 있다. 동쪽으로는 챵쟝(长江) 하구의 남쪽 유역으로 강안선(江岸线)의 거리는 46km이고, 서쪽으로는 황푸쟝(黄浦江)이 남쪽에서 북쪽으로 흐르는데, 그 강안선은 44km이다.

황푸쟝(黄浦江)의 동쪽에 있다고 해

서 그 이름이 푸뚱(浦东)인 신구(新区)는 황푸쟝(黄浦江) 건너로 쒸후이(徐汇)·황푸(黄浦)·홍코우(虹口)·양푸(杨浦)·빠오샨(宝山)의 다섯 구(区)를 마주보고, 남쪽으로는 봉현(奉贤)·민항(闵行)의 두 구(区)와 접한다.

푸뚱신구(浦东新区)는 관내에 많은 하천이 흐른다. 동서방향으로는 촨양허(川杨河)·쨩쟈빵(张家浜)·다쯔허(大治河)·빠이리앤징(白莲泾)·후이씬강(惠新港)·리유쨔오강(六灶港)·쉬피러강(石皮泐港) 등이 흐르고, 남북방향으로는 푸뚱운하(浦东运河)·쑤이탕허(随塘河)·차오쟈고우(曹家沟)·마쟈빵(马家浜)·쒸옌리유강(宣六港)·러마허(泐马河)·우츠고우(五尺沟)·투안루강(团芦港) 등이 있다.

교통

푸뚱신구(浦东新区)는 샹하이시(上海市)의 교통요충지로서 수륙공(水陆空)의 교통이 유기적으로 잘 짜여 져 있다. 푸뚱(浦东)과 푸씨(浦西) 사이의 황푸쟝(黄浦江)에는 남포(南浦)·로포(芦浦)·양포(杨浦)·서포(徐浦)의 네 자리 대교(大桥)가 놓여있고, 강 아래로는 12가닥의 도로가 각각의 하저터널을 통해 오간다. 상중로(上中路)·용요로(龙耀路)·다포로(打浦路)·서장남로(西藏南路)·부흥동로(复兴东路)·인민로(人民路)·신건로(新建路)·연안동로(延安东路)·샹은로(翔殷路)·외환선(外环线)·외탄관광수도(外滩观光隧道) 등이다.

푸뚱신구(浦东新区) 관내에는 포동철로(浦东铁路)·자현부선(磁悬浮线)이 놓이고, 9개 노선의 지하철이 전체 거리 110km를 달리며, 73개 역을 경유한다(2014년).

자현부선 풍광

자현부선(磁悬浮线)은 자기부상열차(磁气浮上列车)가 다니는 궤도이다. 샹하이(上海) 지하철 2호선의 롱양루쨘(龙阳路站)과 푸뚱공항(浦东机场) 간 32km를 연결하는 자현부선(磁悬

浮线)은 2002년에 개통됐으며, 운행 소요시간은 7~8분이다. 푸뚱신구(浦东新区) 관내의 지하철노선과 그 경유 역은 다음과 같다.

(표) 푸뚱신구 관내 지하철 노선별 경유 역

노선별	경 유 역
2호선	루쟈쭈이(陆家嘴)-동챵루(东昌路)-쉬지다따오(世纪大道)-양까오쭁루(杨高中路)-샹하이커지관(上海科技馆)-쉬지공위엔(世纪公园)-롱양루(龙阳路)-짱쟝까오커(张江高科)-진커루(金科路)-광란루(广兰路)-탕쩐(唐镇)-촹씬쭁루(创新中路)-화씨아동루(华夏东路)-촨샤(川沙)-링콩루(凌空路)-위엔동다따오(远东大道)-하이티앤싼루(海天三路)-푸뚱궈지지챵(浦东国际机场)
4호선	푸둥따다오(浦东大道)-쉬지따다오(世纪大道)-푸디앤루(浦电路)-란춘루(蓝村路)-탕챠오(塘桥)
6호선	강청루(港城路)-와이까오챠오빠오슈이취뻬이(外高桥保税区北)-항진루(航津路)-와이까오챠오빠오슈이취난(外高桥保税区南)-쪼우하이루(洲海路)-우쪼우다따오(五洲大道)-동진루(东靖路)-쥐펑루(巨峰路)-우리앤루(五莲路)-부오씽루(博兴路)-진챠오루(金桥路)-윈샨루(云山路)-더핑루(德平路)-뻬이양징루(北洋泾路)-민성루(民生路)-위엔션티위쫑씬(源深体育中心)-쉬지따다오(世纪大道)-푸디앤루(浦电路)-란춘루(蓝村路)-샹하이알통이쉐쭁씬(上海儿童医学中心)-린이씬춘(临沂新村)-까오커씨루(高科西路)-동밍루(东明路)-까오칭루(高青路)-화씨아씨루(华夏西路)-샹난루(上南路)-링옌난루(灵岩南路)-동팡티위쫑씬(东方体育中心)
7호선	호우탄(后滩)-챵칭루(长清路)-야오화루(耀华路)-윈타이루(云台路)-까오커씨루(高科西路)-양까오난루(杨高南路)-진씨유루(锦绣路)-팡화루(芳华路)-롱양루(龙阳路)-화무루(花木路)
8호선	쭁화이슈관(中华艺术馆)-야오화루(耀华路)-청샨루(成山路)-양쓰(杨思)-동팡티위쫑씬(东方体育中心)-링쨔오씬춘(凌兆新村)
9호선	양까오쭁루(杨高中路)-쉬지다따오(世纪大道)-샹청루(商城路)
11호선	동팡티위쫑씬(东方体育中心)-싼린(三林)-싼린동(三林东)-푸싼루(浦三路)-위챠오(御桥)-루워샨루(罗山路)
12호선	동루루(东陆路)-쥐펑루(巨峰路)-양까오뻬이루(杨高北路)-진징루(金京路)-션쟝루(申江路)-진하이루(金海路)
16호선	루워샨루(罗山路)-쪼우푸뚱(周浦东)-허샤항청(鹤沙航城)-항토우동(航头东)-씬챵(新场)-예셩뚱우위엔(野生动物园)-후이난(惠南)-후이난동(惠南东)-슈위엔(书院)-린쟝따다오(临江大道)-디슈이후(滴水湖)

162 _중국상하이관광명소

푸뚱신구(浦东新区)의 주요 간선도로로는 다음 것들이 있다.

> 내환선(内环线), 중환선(中环线), 외환선(外环线), 교환선(郊环线), 영빈고속(迎宾高速), 호로고속(沪芦高速), 화하로고가(华夏路高架), 용동대도(龙东大道), 장양로(张杨路), 포동대도(浦东大道), 오주대도(五洲大道), 포동남로(浦东南路), 천사로(川沙路), 양고로(杨高路), 라산로(罗山路), 호남공로(沪南公路), 화동로(华东路), 신강로(申江路), 천남봉공로(川南奉公路), 남육공로(南六公路), 남로공로(南芦公路).

샹하이시(上海市)를 벗어나 외지로 나가는 교통 터미널로는 포동국제공항(浦东国际机场)·외고교항구(外高桥港区)·양산심수항구(洋山深水港区)·상해기차장도객운총참(上海汽车长途客运总站, 샹하이치쳐창투커윈쫑짠)·천사기차장도객운참(川沙汽车长途客运站, 촨샤치쳐창투커윈짠)·남회기차장도객운참(南汇汽车长途客运站, 난후이치쳐창투커윈짠) 등이 있다.

3. 볼거리

푸뚱신구(浦东新区)의 볼거리를 개관하면 다음과 같다.

(표) 푸뚱신구의 볼거리

볼거리		개 요
루쟈쭈이 陆家嘴		푸뚱신구(浦东新区)의 황푸쟝(黄浦江) 강변에 위치한 금융무역구임. 6.9㎢(여의도면적의 2.4배)의 면적에 상주인구는 16만여명임. *인접 전철역: 2호선 루쟈쭈이짠(陆家嘴站)
동방명주 东方明珠		동방명주(东方明珠, 동팡밍쭈)는 468m높이의 텔레비전 방송탑으로 건축면적은 2만1,200여 평이며, 황푸쟝(黄浦江) 강물이 남쪽에서 북쪽으로 휘돌아 나가는 루쟈쭈이(陆家嘴)의 부리 부분에 세워져 있음. *인접 전철역: 2호선 루쟈쭈이짠(陆家嘴站)

볼 거 리		개 요
금무대하 金茂大廈		금무대하(金茂大廈, 진마오 따샤)는 루쟈쭈이(陆家嘴)의 6,900평 부지에 지하3층 지상88층의 421m높이로 세워진 건물로 전체 건물면적은 2만7,800여 평임. 1999년에 준공됐으며, 5~6층은 상가이고, 88층은 관광전망대로 황푸쟝(黄浦江) 양쪽 강변의 도시경관과 자연경색을 조망할 수 있음. *인근 전철역:2호선 루쟈쭈이쨘(陆家嘴站)
환구금융중심 环球金融中心		환구금융중심(环球金融中心, 환치 유진롱 쭁씬)은 루쟈쭈이(陆家嘴)의 4,300여 평 부지에 지하3층, 지상101층, 492m의 높이로 세워진 건물로 2008년에 준공됨. 3~5층은 회의중심(会议中心)이고, 7층~77층은 사무용 공간이며, 79~93층은 호텔임. 94층 이상은 관광용이며, 90층에 대당 무게 150톤의 풍저니기(风阻尼器) 2대가 설치돼 있음. 풍저니기는 강풍에 의한 건물 흔들림을 줄이는 장치임. *인근 전철역:2호선 루쟈쭈이쨘(陆家嘴站)
상해중심대하 上海中心大厦		상해중심대하(上海中心大厦, 샹하이쭁씬 따샤)는 루쟈쭈이(陆家嘴)의 9,200여 평 부지에 지하5층, 지상118층, 632m의 높이로 세워진 건물로 2015년에 준공됨. 5층까지가 기능공간과 상가이고, 81층까지가 사무용 공간이며, 115층까지가 호텔임. 관광전망대 및 식당은 118~121층에 있음. *인근 전철역:2호선 루쟈쭈이쨘(陆家嘴站)
상해과기관 上海科技馆		상해과기관(上海科技馆, 샹하이커지관)은 2만600여 평의 부지에 세워진 2만7,000여 평 건물의 자연과학기술박물관임. 2001년에 개관됨. *인근 전철역:2호선 상하이커지관쨘(上海科技馆站)

볼거리		개 요
세기공원 世纪公园		원래의 명칭은 포동중앙공원(浦东中央公园)이며, 42만평의 넓이임. 현대적인 색채가 가미된 중국풍의 원림(园林)으로 화단에 설치된 "세기화종(世纪花钟)" 꽃시계를 비롯하여 경천호(镜天湖)·노천음악광장(露天音乐广场)·음악분천(音乐喷泉)·운범교(云帆桥)·골프장 등이 차려져 있음. *인근 전철역:2호선 쉬지공위옌짠(世纪公园站)
해양수족관 海洋水族馆		건물면적 6,200여 평의 수족관으로 4대양(四大洋)·5대주(五大洲)의 450여 어종 1만2,000여 개체가 전시되고 있음. *인근 전철역:2호선 루쟈쭈이짠(陆家嘴站)
국제회의중심 国际会议中心		6,300여 평의 부지에 세워진 1만3,000여 평, 11층의 건물로 50~800명을 수용할 수 있는 회의실 30여개와 객실 270여개를 갖추고 있음. 11층에 꾸려진 옥상화원과 100m 길이의 노천관광장랑(露天观光长廊)에서 내려다보는 황푸장(黄浦江)의 풍광은 볼만하다는 평임. 건물의 양쪽으로는 지름이 50m씩 이고, 높이가 각각 51m와 38m인 구체(球体)가 놓여있는데, 유리를 씌운 표면에는 세계지도가 나타나 있어 세계 속의 상하이, 세계를 향하는 상하이를 상징하고 있음. *인근 전철역:2호선 루쟈쭈이짠(陆家嘴站)
야생동물원 野生动物园		40만평 넓이의 국가5A급 관광구로 1995년에 개원됨. 세계각지의 대표성 있는 동물과 희귀동물 등 200여 종 1만 마리 이상의 동물이 있음. 도보참관구와 승차참관구로 나뉨. *인근 전철역:16호선 예성뚱우위옌짠(野生动物园站)
동방예술중심 东方艺术中心		건축면적 1만2,100여 평의 상하이시(上海市) 표지성 문화시설 중 하나임. 위에서 내려다 본 동방예술중심(东方艺术中心)은 다섯 개의 반구체(半球体)를 둥글게 잇대어 놓은 것 같은데, 그 각각은 입구와 공연관리부서가 있는 정청(正厅)을 비롯하여 연주청(演奏厅)·음악청(音乐厅)·전람청(展览厅)·가극청(歌剧厅) 등임. *인근 전철역:16호선 상하이커지관짠(上海科技馆站)

볼거리		개 요
적수호 滴水湖		중국 최대의 인공호수로 5.56㎢(여의도의 2배)의 넓이임. 2003년에 완성된 적수호(滴水湖, 디슈이후)에는 세 개의 섬이 있음. 7만1,000평 넓이의 북도(北岛)에는 놀이 공원이 있고, 4만2,400여 평 넓이의 남도(南岛)에는 휴한(休闲)·오락(娱乐) 시설이 있으며, 1만8,000여 평 넓이의 서도(西岛)에는 상무(商务)와 숙박시설이 있음. 호수 주변으로는 주택과 별장 등 높지 않은 건물들이 들어서 있음. *인근 전철역:16호선 디슈이후짠(滴水湖站)
송경령고거 宋庆龄故居		중화인민공화국(中华人民共和国, AD1949~)의 명예주석을 지낸 송경령(宋庆龄, AD1893~1981)의 옛집임. 청(清, AD1616~1911)나라 조정을 무너뜨린 신해혁명의 주역 손중산(, AD1866~1925)과 결혼, 혁명을 함께 이끔. 화이하이쭝루(淮海中路)에 자리잡고 있는 송경령의 옛집은 전청(前厅)인 "호량락취(濠梁乐趣)", 후청(后厅)인 창금재(畅襟斋), 동상(东厢)인 "관화실(观花室)", 신관으로 연결되는 서상(西厢)으로 조성됐으며, 밖의 물을 끌어들여 연못을 조성한 정원에는 장랑(长廊)·은파정(银波亭)·태호석가산(太湖石假山)·청우옥(听雨屋)·괴보정(瑰宝亭) 등이 자리 잡고 있음.

루쟈쭈이 경관

루쟈쮜이(陆家嘴)

루쟈쮜이(陆家嘴)는 남(南)에서 북(北)쪽으로 흐르던 황푸쟝(黄浦江) 하류의 물길이 "갈지(之)"자로 꺾이면서 서쪽 강변의 흙을 동쪽으로 날라다 쌓아 이룬 땅으로 그 모양이 새의 부리같이 생겼다. 이곳의 지명인 "루쟈쮜이(陆家嘴)"의 유래가 다음과 같이 전해온다.

> 명(明)나라의 대문학가 루션(陆深, AD1477~1544)은 푸뚱(浦东)에서 태어나고, 과거에 차석으로 합격하여 한림원(翰林院)에 들어간다. 학문을 좋아하고 결기가 있는 그는 한 때 정적들로부터 핍박을 받으나 쓰촨포정사(四川布政史)를 거쳐 조정의 대례(大礼)를 주관하는 태상경(太常卿) 겸 역사를 편수하는 시독학사(侍读学士)가 된다. 연로하여 관직에서 물러나 낙향한 루션(陆深)은 이곳에 집을 짓고 여생을 보내는데, 사람들은 그 집을 일러 루쟈(陆家)라 했고, 이곳의 땅이 새부리(嘴, 쮜이)처럼 생겼다하여 이곳을 이르기를 루쟈쮜이(陆家嘴)라 했다.

루쟈쮜이(陆家嘴)는 6.9㎢의 면적에 상주인구는 16만 여명이다. 1990년에 중국국무원은 루쟈쮜이를 중국의 국가급금융개발구(国家级金融开发区)로 지정하고, 이곳의 금융기관으로 하여금 중국화폐의 외자금융

동방명주 야경

(外资金融) 관련 업무를 취급하게 한다. 이로써 샹하이(上海)의 루쟈쮜이는 오늘날의 세계적인 무역금융구(贸易金融区)로 발전해 있는 것이다.

루쟈쮜이(陆家嘴)에는 관광경점(观

루쟈쮜이 경관

| 푸씨 주간 경관 | 푸씨 야간경관 |

光景点)으로 동방명주(东方明珠)·금무대하(金茂大厦)·환구금융중심(环球金融中心)·상해중심대하(上海中心大厦) 등의 고층건물과 해양수족관(海洋水族馆)이 있고, 더불어 황푸쟝(黄浦江) 건너편으로 보이는 푸씨(浦西)의 주야간 경관 또한 아름답다.

해양수족관(海洋水族馆)

| 해양수족관 풍광 | 해양수족관 풍광 |

상하이시(上海市)의 해양수족관은 건축면적 6,200여 평의 인공해수수족관으로 2002년에 개관됐다. 연간 100만 명 이상의 관광객이 다녀가는 이곳 수족관은 지하2층 지상3층의 구조이며, 지상3층으로부터 내려오면서 관람하게 된다. 샹하이(上海)의 해양수족관은 10개의 주제별로 전시구가 설정돼 있다. 중국전구(中国展区)·남미주전구(南美洲区)·호주전구(奥大利亚区)·아프리카구(非洲区)·동남아구(东南亚区)·냉수구(冷水区)·극지구(极地区)·해안구(海岸区)·심해구(深海区)·특별전구(特别展区) 등이다.

상해환구금융중심 관광청
(上海环球金融中心观光厅)

상해환구금융중심관광청은 그 건물의 모양새에 빗대어 속칭 "병따개"로 불리는 상해환구금융중심의 101개 층중 지하1층과 지상94·지상97·지상100층에 자리잡은 관광용 시설이다.

지하1층은 "상해지문(上海之门, Sky Gate)"으로 불리며, 이곳에는 급속히 발전하고 있는 샹하이(上海)의 풍모가 모형으로 표현돼 있다. "관광대청(观光大厅, Sky Arena)"으로 불리는 94층은 황푸쟝(黄浦江) 양안(两岸)을 배경으로 하여 각종 전시회를 개최할 수 있는 공간이다.

환구중심 내경(97층)

환구중심 내경(97층)

97층의 관광천각(观光天阁, Sky Walk)은 지붕이 유리로 되어 있고, 개폐식이다. 하늘에 걸린 다리를 걷는 느낌이다. 474m높이의 100층에는 55m길이의 현공관광장랑이고, 바닥은 유리이다. 장랑(长廊)을 걷노라면 샹하이(上海)가 자신의 발 아래에 있는 느낌이고, 특히 동틀 무렵의 샹하이, 해질 무렵의 샹하이, 온갖 조명이 명멸하는 야간의 샹하이를 내려다 볼 때면 전율이 온 몸을 스쳐간다는 평이다.

환구중심에서 내려다본 푸씨

동방명주(东方明珠)

샹하이(上海)의 동방명주(东方明珠, 뚱팡밍쮸)는 텔레비전 방송탑이다. 더불어 샹하이(上海)의 표지성문화경관(标志性文化景观)이기도 하다. 동방명주(东方明珠)에는 관광용 문화시설로 현공관광랑(悬空观光廊)과 상해성시역사발전진열관(上海城市历史发展陈列馆)이 있다.

현공관광랑(悬空观光廊)

현공장랑 조감풍광(루자쭈이 환협육교)   현공장랑 외관   현공장랑 내경

현공관광랑은 동방명주탑(468m)의 259m높이에 설치된, 투명유리바닥의 원형복도이다. 2009년 5월 1일에 개방된 현공관광랑은 바닥면의 폭이 1.8~2.2m이고, 옆면 유리벽의 높이는 1.9m이다. 현기증을 억누르며 까마득한 아래를 내려다보며 걷는 느낌이 별스럽다.

상해성시역사발전진열관(上海城市历史发展陈列馆)

샹하이시(上海市)가 역사발전진열관을 개설한 배경이 그 취지문에 잘 설명돼 있다.
샹하이(上海)의 발전역사도 한 눈에 볼 겸 그 내용을 일별하면 다음과 같다.

진열관 입구

샹하이(上海)에는 6천 년 전에 원시촌락이 생기고, 사람들은 강가의 비옥한 토지를 일구며 번성하였다. 당(唐)나라의 10대 임금 현종(玄宗) 때인 751년에 샹하이(上海)의 서부에 화팅현(花亭县)이 설치되고, 원(元)나라의 6대 임금 헌종(宪宗)년간인 1291년에 샹하이현(上海县)이 됨

과 아울러 그 현성이 황푸쟝(黄浦江) 유역에 앉혀진다.

백성들은 봄에 열심히 씨앗을 뿌려 가을에 거두고, 강에 배를 띄워 이문을 늘려나가니 그 살림살이가 더욱 풍족해졌다. 나아가 청(淸)나라의 4대 황제 강희(康熙, AD1661~1722) 이후에 자국민의 출국 및 외국인의 입국을 금하던 "해금(海禁)"을 해제하니 샹하이(上海)는 지속적으로 발전하여 도시를 이루매, 사람들은 샹하이를 일러 "동남도회(东南都会)"라고 불렀다.

근대에 이르러 열강세력이 잇달아 들어오더니 급기야 샹하이(上海)의 대외개방을 압박하게 되고, 청(淸)나라 조정이 이를 감당하지 못하게 되매, 샹하이(上海)는 외세의 식민지로 전락하는데, 이로써 샹하이(上海) 사람들은 참을 수 없는 치욕을 겪는다. 그러나 샹하이(上海) 사람들은 이에 굴하지 않고 분발하여 공업과 상업을 발전시키고, 근대문명을 수입하며, 시정건설에 적극 나섬으로써 오늘날의 샹하이(上海)는 일약 근대 중국의 경제·금융·문화의 중심이 되고, 세계적으로도 이름이 있는 도시가 된다.

샹하이의 이러한 역사발전과정을 쉽게 이해할 수 있도록 관련문물을 입체적으로 전시하고, 보는 이로 하여금 샹하이(上海)가 지향하는 발전방향을 가늠해볼 수 있는 장(场)이 될 수 있도록 하고자 상해성시역사발전진열관(上海城市历史发展陈列馆)을 개설하게 된 것이다.

샹하이의 옛모습(남경로)

전차

진열관은 여섯 구역으로 나뉜다. 서관(序馆)의 차마춘추(车马春秋), 제1관 성상풍모(城厢风貌), 제2관 개부약영(开埠掠影), 제3관 십리양장(十里洋场), 제4관 해상구종(海上旧踪), 제5관 건축박람(建筑博览) 등이다. 서관(序馆)은 역사초기의 생활상을, 1관은 외세에의 개방 전 모습을, 2관은 샹하이 개방과정에서의 변화모습을, 3관은 외국인이 형성한 거리 모습을, 4관은 샹하이 원근의 강과 바다에서 벌어진 사건들을, 5관은 외국의 조차지에 지어진 특색건물들을 각각 전시하고 있다.

혼례용 꽃가마

동방명주유선마두(东方明珠游船码头)

"동방명주유선마두(东方明珠游船码头)"는 관광·여행·오락·식사 등 여러 기능을 종합적으로 영위하는 업체의 명칭이다. "마두(码头)"는 부두를 의미한다. 국제회의중심(国际会议中心) 앞면의 황푸쟝(黃浦江) 강변에 흰 갈매기가 나는 모양의 건물로 자리 잡고 있는 건물이 그것으로 1,800여 평 규모이다.

이곳 부두에서 관광객들은 유람선을 타고 황푸쟝(黃浦江)을 오르내리며 푸뚱(浦东)의 루쟈쭈이(陆家嘴)와 푸씨(浦西)의 와이탄(外滩)을 구경한다. 소요시간은 대체로 40분이며, 승선료는 8위안(2015년)이다.

동방명주

국제회의 중심과 동방명주유선마두

유람선 부두

승선중인 유람선

와이탄 풍광

세기공원(世纪公园)·세기광장(世纪广场)

세기공원과 세기광장은 지하철 2호선의 샹하이커지관짠(上海科技馆站, 상해과기관역) 지상과 그 부근에 자리 잡고 있다. 역 구내의 북쪽으로 나있는 2번 출구나 7번 출구로 나가면 세기광장(世纪广场)이고, 역 구내의 남쪽인 4번과 5번 출구로 나가면 세기공원(世纪公园)의 북면(北面)이다.

세기공원(世纪公园)

세기공원 풍광

세기공원은 샹하이(上海) 최대의, 자연특징을 살린 생태공원으로 동방문화와 서방문화의 융합, 인간과 자연의 조화를 주제로 한 중국의 원림으로 회자된다. 42만 평 넓이의 공원은 초평(草坪)·삼림(森林)·국제화원(国际花园)·소림초평(疏林草坪) 등의 경구로 꾸며져 있으며, 조류보호·과학체험·과학실험·아동놀이터·낚시터·연날리기장 등이 가미돼있다.

세기공원의 세기화종(世纪花钟)은 직경12m의 원형화단에 설치된 시계로 21세기가 시작된 서기2000년의 4월에 작동되기 시작 했으며, 인공위성의 계측장치로 제어됨으로써 그 정확도가 뛰어나다는 평이다. 세기공원은 세기대도(世纪大道)의 남쪽끝단에 위치한다. 세기대도의 북쪽끝단은 루쟈쭈이(陆家嘴)의 동팡밍쭈(东方明珠)이고, 거리는 5.5km이며, 노폭은 100m이다.

세기광장

세기광장(世纪广场)

세기지광

세기광장은 8만여 평의 넓이로 여행·관광·휴한·오락 등의 시설이 한데 어우러진 복합공간이다. 광장 중앙의 조형물 "세기지광(世纪之光)"은 24톤, 6km길이의 스텐리스 강선(钢线)으로 얽어 만든 것으로 광장 남쪽의 중국역사 5천년을 조각해 세운 12개의 기둥과 더불어 세기광장의 지표성 볼거리로 회자된다.

상해과기관(上海科技館)

상해과기관 전경

상해과기관(上海科技館, 샹하이커지관)은 중국의 특색(特色), 중국이 처한 시대적 특징(特徵), 샹하이의 특점(特点) 등을 종합적으로 고려하여 세워진 자연과학기술박물관으로 2001년 말에 개관되었다.

2만여 평의 부지에 약 3만평의 건물인 샹하이커지관(上海科技館)은 11개 주제의 전시실과 4개의 과학영성(科學影城, 상영관), 그리고 국내외의 이름난 과학자들의 발자취를 내건 장랑(长廊)들로 나뉘어 있다. 층별 주요공간은 다음과 같다.

과기관 내경

지하1층: 매표소, 음식점, 임시전시장, 영성(影城)
지상1층: 생물만상(生物万象), 지각탐밀(地壳探密), 채홍낙원(彩虹乐园),
　　　　지혜지광(智慧之光), 설계자요람(设计者摇篮)
지상2층: 지구가원(地球家园), 정보시대(信息时代), 로봇세계(机器人世界),
　　　　거미전(蜘蛛展)
지상3층: 탐색지광(探索之光), 우항천지(宇航天地), 탐색자장랑(探索者长廊)

제13장 진샨구 金山区

1. 전체모습

진샨구 위치

진샨구(金山区, 금산구)는 샹하이시(上海市) 남부에 611㎢(제주도의 1/3)의 넓이로 자리 잡고 있다. 인구는 80만 명이며, 행정상으로는 1지에따오(街道)·9쩐(镇)으로 나뉜다. 다음과 같다

①쉬화지에따오(石花街道, 석화), ② 진샨웨이쩐(金山卫镇, 금산위), ③쮜징쩐(朱泾镇, 주경), ④펑징쩐(风泾镇, 풍경), ⑤쟝옌쩐(张堰镇, 장언), ⑥팅린쩐(亭林镇, 정림), ⑦뤼썅쩐(吕巷镇, 려항), ⑧랑시아쩐(廊下镇, 랑하), ⑨차오징쩐(漕泾镇, 조경), ⑩샨양쩐(山阳镇, 산양)

진샨(金山)은 옛 이름이 하이옌(海盐, 해염)이다. 바닷소금의 생산지였는데, 지금은 중국의 중요한 석유화학 공업기지로 탈바꿈돼 있다.

진샨구(金山区)에는 섬 셋이 있다. 따진샨(大金山)·샤오진샨(小金山)·푸샨(浮山) 들이다. 진샨구(金山区)에서 가장 높은 곳은 우쑹(吴淞)이고, 해발높이 105m인 우쑹은 샹하이시(上海市)에서도 가장 높은 지대이다.

2. 지리교통

지리

진샨구(金山区)는 샹하이시(上海市)의 남부에 있다. 진샨구(金山区)의 남쪽과 서쪽은 쩌쟝성(浙江省, 절강성)이고, 북쪽은 동서방향으로 흐르는 황푸쟝(黄浦江) 상류지역으로 쏭쟝구(松江区)와 접한다. 동쪽은 펑씨앤구(奉贤区)와 항쪼우만(杭州湾) 바다에 닿아있다.

교통

진샨구(金山区)에는 외지로 통하는 국도(国道) 급의 도로로 동서방향의 팅펑공로(亭枫公路)와 남북방향의 통샨공로(同山公路)가 있다. 더불어 샹하이라오청(上海绕城)·팅펑(亭枫)·후쿤(沪昆)·션하이(沈海)·씬웨이(新卫) 등의 고속도로가 지남으로써 샹하이시(上海市) 서남부교통의 요충지로 역할 한다.

진샨구(金山区) 관내의 시가지 도로로는 남북방향의 쏭진공루(松金公路)·쏭웨이난루(松卫南路)·팅웨이공루(亭卫公路)가 있고, 동서방향으로 뤼쮜공루(吕朱公路)가 있다.

진샨구 행정구획도

3. 볼거리

진샨구(金山区)의 볼거리로는 다음과 같은 것들이 있다.

(표) 진샨구의 볼거리

볼거리		개 요
주경동림사 朱泾东林寺		주경(朱泾, 쭈징)의 동림사(东林寺, 동린쓰)는 원(元)나라의 9대 임금 무종(武宗)년간인 1308년에 승려 먀오인(妙因)이 창건한 절임. 원래의 건물들은 여러 차례의 전란을 겪으며 소실과 중건이 되풀이 됐으며, 원(元, AD1206~1368)·명(明, AD1368~1644) 풍격의 현존 건물들은 대부분 2007년에 중건된 것임.
풍경고진 枫泾古镇		풍경고진(枫泾古镇, 펑징구쩐)은 1만 4,700여 평 규모의 전형적인 수향고진(水乡古镇)임. 허핑지에(和平街)·셩촨지에(生产街)·뻬이따지에(北大街)·요우하오지에(友好街) 등 네 곳의 옛 건축물들이 본래의 모습 그대로 보존돼 있음.
낭하생태원 廊下生态园		낭하(廊下, 랑씨아) 생태원은 랑씨아쩐(廊下镇)의 관광농업시범단지이며, 해안선을 따라 조성하는 3구1선(农业园区-新城区-工业园区-海岸线)의 구성부분임.
성시사탄 城市沙滩		샹하이시(上海市)의 서남쪽, 항쪼우만(杭州湾)의 북쪽 해안에 위치한 1.5km²넓이의 해안 모래밭으로 국가A급 관광지임. 금산철로(金山铁路)를 이용, 샹하이난짠(上海难南站) 역에서 승차한 후 진샨웨이짠(金山卫站)에서 하차함.
금산취어촌 金山嘴渔村		샹하이시(上海市)의 항쪼우만(杭州湾) 바닷가에 위치한, 샹하이시의 마지막 어촌으로 회자되는 고장임. 바다 밖 저편으로 금산3도(金山三岛)가 건너다보이며, 해산물 요리를 즐길 수 있음.

볼거리	개요
금산3도 金山三島	 금산3도는 대금산도(大金山島)·소금산도(小金山島)·부산도(浮山島)의 세 섬을 일컫는 것임. 대금산도는 길이 963m에 폭 437m로 0.3㎢의 넓이이며 해발높이는 105m임. 소금산도는 0.1㎢넓이에 34m이 높이이며, 부산도는 0.05㎢넓이에 32m높이 임. 대금산도는 금산구 해안으로부터 6km정도 떨어져 있고, 대금산도와 소금산도 사이는 1.75km, 대금산도와 부산도 사이는 0.63km임. 해안선으로부터는 소금산도가 가장 가까이에 있고, 부산도가 가장 멈.

Close Up

주경동림사(朱泾东林寺)

동림사 전경

주경동림사(朱泾东林寺, 쮸징동린쓰)는 주경진(朱泾镇) 정부가 조성하는 금산구동림문화가(金山区东林文化街)의 중심이다. 동림문화가는 그 넓이가 1만6,000평으로 각각4,000평씩의 동림사경내(东林寺境内)·동림사광장(东林寺广)·선자공원(船子公园)·상가(商街)의 네 구역으로 나뉜다.

동림사 경점

동림사(东林寺)의 시선을 모으는 경점으로는 조벽(照壁)·금원학수호계3교(金愿鹤寿虎溪三桥)·산문(山门)·선재동자(善才童子)·종고루(钟鼓楼)·령우관음(灵雨观音)·500나한산(五百罗汉山)·천불문(千佛门)·천수관음(千手观音)·5불관(五佛冠) 등이 있다.

① 오불관(五佛冠)
② 관음각(观音阁)
③ 천불문(千佛门)
④ 나한산(罗汉山)
⑤ 보현전(普贤殿)
⑥ 조사전(祖师殿)
⑦ 삼성전(三圣殿)
⑧ 선재전(善财殿)
⑨ 약사전(药师殿)
⑩ 대웅보전(大雄宝殿)
⑪ 천왕전(天王殿)
⑫ 가람전(伽蓝殿)
⑬ 문수전(文殊殿)
⑭ 법물유통처(法物流通处)

동림사 약도

① 조벽(照壁)

조벽(照壁, 쨔오비)은 높이 8.8m, 폭 21m, 두께 60cm 크기의 청석(青石) 담벼락으로 불교 정토종(净土宗)의 13자리 조사상(祖师像)과 그들의 발자취들이 생생하게 새겨져 있다. 전반적으로 그 모양이 정갈하고 화려하다는 평이다.

동림사 조벽

② 금원학수호계3교(金愿鹤寿虎溪三桥)

호계교   금원교   학수교

조벽(照壁)과 산문(山门) 사이에 다리가 셋이 있다. 가운데 것이 금원교(金愿桥)이고, 동쪽의 것이 학수교(鹤寿桥), 서쪽의 것이 호계교(虎溪桥)이다. 금원교는 구리로 지은 것으로 금빛을 띄고, 그 양쪽의 다리들은 한백옥(汉白玉) 돌로 지은 것이다 호계교(虎溪桥)는 삼소호계교(三笑虎溪桥)로도 불리는데 그 사연이 다음과 같이 전해온다.

옛날 이 절에서 혜원(惠远)이라는 이름의 승려가 수행을 시작하면서 맹세하기를 자신이 득도하기 전에는 절대로 호계교(虎溪桥) 다리를 건너지 않겠다고 하였다. 세월과 더불어 혜원의 수행경지도 높아지던 차에 혜원의 옛 친구들인 재사(才士) 3인이 찾아와 환담을 하다가 돌아가는데, 이들을 배웅하던 혜원(惠远)이 그들과의 의기투합 중에 자신의 맹세를 깜빡 잊고 호계교(虎溪桥)에 발을 걸쳤다. 그 순간 신호(神虎) 호랑이가 대노하여 포효함으로써 혜원은 자신의 맹세를 떠올리며 흠칫했고, 신호 호랑이의 포효를 듣지 못한 주위 사람들은 영문을 모르겠는 혜원의 이상한 행동에 크게 세 번을 웃었다. 신호(神虎)의 경고로 혜원은 자신의 맹세를 지켜나갈 수가 있었는데, 그 후로부터 사람들은 이 다리에서 세 번을 크게 웃었다 하여 이 다리를 삼소호계교(三笑虎溪桥)라고 불렀다.

③ 산문(山门)

동림사 산문

동림사(东林寺)의 산문은 샨뚱성(山东省)의 이름 있는 한백옥(汉白玉) 돌 60여 톤으로 쌓았다는, 폭 20m에 높이가 15m인 성루(城楼)모양의 절 문이다. "불광보조(佛光普照)의 성루(城楼)"로 불린다. 문루(门楼)의 이마에는 금빛 찬란한 "동림사(东林寺)" 세 글자의 편액이 걸려있고, 세 벌의 부채꼴 대문은 각각 81 송이의 황금색 입체 연꽃으로 장식돼 있으며, 문루의 바깥벽에는 용(龙) 문양의 창호(窗户)가 정교하게 새겨져 있다.

문루(门楼) 위에는 다섯 자리의 연꽃모양 동탑(铜塔)이 올려 져 있고, 문루 위의 가장자리로는 48자리의 아미타불(阿弥陀佛) 불상이 둘러서 있는 가운데 전면과 후면의 정 중앙에는 아미타불(阿弥陀佛) 좌상(坐像)이 하나씩 놓여 있다. 산문(山门)의 여러 꾸밈새는 "정토3경(净土三经)"에서 연역한 것으로 그 독특한 모습은 장관(壮观)이라는 평이다.

④ 선재동자(善才童子)

동림사(东林寺)의 금련지(金莲池) 연못 한가운데에 선재동자상(善才童子像)이 세워져있다. 이곳의 선재동자상은 구리를 바탕재로 하고, 그 위에 채색법랑(彩色珐琅, 에나멜)을 입힌 후 표면을 고른 것이다. 360도를 자전(自转)하는, 중국 최초의 이곳 경태람불상(景泰蓝佛像)은 "동림일절(东林一绝)"로 회자된다.

여기서 잠깐

경태람(景泰蓝)

경태람은 구리로 만든 용기 또는 여러 가지 빚어서 만든 작품의 표면에 법랑을 입혀 색을 낸 것으로 명(明)나라의 7대 황제 경태(景泰, AD1449~1457)년간에 북경에서 대량으로 생산되었다. 그런 배경에서 이렇게 생산된 제품을 경태람(景泰蓝)이라 부른다.

경태란

선재동자(善才童子)는 화엄경(华严经)에 등장하는 구도보살(救道菩萨)로 대승불교(大乘佛教)에서는 그를 통해 구도수행(救道修行)의 중요성을 설파한다. 다음과 같은 이야기가 전해온다.

선재동자는 복성(福城)의 한 부잣집에서 태어나는데, 그가 잉태되면서부터 그 집에는 더 많은 재물보화가 샘솟듯 불어났다. 그래서 그 아이는 태어나면서부터 재물을 모아다 주는 아이라는 의미의 선재동자(善才童子)라 불렸다.

선재동자

선재동자(善才童子)는 집안의 재물에 아랑곳하지 않고 구도의 길을 나서는데, 문수사리보살(文殊师利菩萨)의 가르침을 받은 후 남방을 떠돌며 선지식(善知识, 덕과 지식이 높은 승려) 53인을 만나 불법을 깨우치며, 마지막으로 보현보살도장(普贤菩萨道场)에 이르러 여래승묘공덕(如来胜妙功德)을 이룬다. 이에 보현보살은 그 공덕을 극찬하며, 그를 서방극락으로 인도한다.

⑤ 종고루(钟鼓楼)

종루(钟楼)와 고루(鼓楼)는 선재동자가 있는 금련지(金莲池)의 양쪽에서 마주 보고 있다. 이들 모두는 8.8m의 높이에 날아갈 것 같은 모양의 처마를 달고 있는데, 이러한 형식은 송(宋,

종고루

AD960~1279)나라 말에서 명(明, AD1368~1644)나라 초기에 유행하던 건축 풍조이다.

⑥ 령우관음(灵雨观音)

령우관음

령우관음은 동림사(东林寺)의 원통보전(圆通宝殿)에 들어있는 본존상(本尊像)이다. 씬장(新疆)에서 생산된 3톤 무게의 백옥(白玉)을 쪼아 빚은 2.1m크기의 옥불(玉佛)인데, 그 원형은 원(元, AD1206~1368)나라 때 만들어진, 국보급의 관음자상(观音瓷像)이라고 한다.

⑦ 500나한산(五百罗汉山)

500나한산

천불문(千佛门)으로 다가가는 골목의 양쪽 벽채는 인공의 소형 뭇 산으로 꾸며져 있고, 이 절벽 산에 500나한(五百罗汉)이 자세와 표정도 제각각으로 자리 잡고 있다. 중국의 사찰에는 나한들이 많이 등장하는데, 이곳의 500나한산(五百罗汉山)은 동림사(东林寺)만의 특색을 지니고 있다는 평이다.

⑧ 천불문(千佛门)

천수관음각(千手观音阁) 정남(正南)쪽으로는 높이 20m에 폭이 9m인 대문이 나있다. 구리로 만들어진 연꽃 모양의 이 두 짝 대문은 모두 999자리의 불상으로 장식돼 있는데, 그 배열은 "불(佛)"자를 이룬다. 동천불문(铜千佛门)으로 불리는 배경이다.

천불문

⑨ 천수관음(千手观音)

관음각(观音阁) 안에는 33m높이의 천수관음불상(千手观音佛像)이 수미대(须弥台) 위어 존치돼 있다. 남방의 소엽향장목(小叶香樟木)을 조각하여 도금한 것이다. 천수(千手)는 중생(众生)을 호지(沪持)하고, 천안(千眼)은 온 세상을 관조(观照)하는 것으로 되어 있다.

천수관음

⑩ 5불관(五佛冠)

오불관

동림사(东林寺) 뒤편으로 인공으로 조성한 산이 있다. 그 산 위에 부처의 머리를 얹어놓은 형태로 해놓음으로써 산이 곧 부처이고(山是佛), 부처가 곧 산(佛是山)인 형국이다. 이곳 부처는 머리에 관(冠)이 씌어져 있는데, 그 관의 가장자리를 장식하고 있는 다섯 조각의 꽃잎에는 각각 한 자리씩의 부처가 새겨져 있다. 오불관(五佛冠)으로 불리는 연유이다.

오불관(五佛冠)의 다섯 부처는 정면 한가운데의 것에 비로차나불(毗卢遮那佛)이고, 동방의 아중불(阿众佛), 남방의 보생불(宝生佛), 서방의 아미타불(阿弥陀佛), 북방의 공성취불(空成就佛)들이다. 이 부처들은 각각의 방위에서 중생을 제도하는 것으로 되어있다.

이곳 부처의 코에는 관음보살 좌상이 조각돼 있고, 이를 떠받치고 있는 두 마리 용의 몸체는 위로 향하는데, 그 꼬리는 부처의 눈썹이 된다. 그리고 부처의 얼굴 양면에는 관음보살(观音菩萨)의 32가지 응신상(应身像)이 새겨져 있다. 연꽃은 변하여 부처의 입이 되고, 웨이투워(韦驮)는 부처의 귀로 변해있다. 이와 같은 부처 얼굴의 차림은 전체적으로 부처의 대자대비(大慈大悲)를 반영함과 아울러 구도(救道)의 고난을 겁내지 않는 불굴의 정신을 나타낸 것이라고 한다.

오불관(정면)

오불관(후면)

오블관(좌측면)

오불관(우측면)

금산취어촌(金山嘴渔村)

진샨쭈이 표지석

어촌약도

금산취어촌(金山嘴渔村, 진샨쭈이위춘)은 역사적으로 샹하이(上海)에서 제일 먼저 생겨난 어촌이라고 한다. 그리고 이제는 샹하이(上海)에서 맨 마지막으로 남은 어촌이라고 한다. 진샨쭈이(金山嘴)는 그 이름이 풍기듯 진샨구(金山区)의 항쪼우만(杭州湾)에 접한 해안이 새의 부리처럼 바다 쪽으로 삐져나간 곳이고, 이곳에 있는 어촌이 진샨쭈이위춘(金山嘴渔村)인 것이다. 행정상으로는 산양진(山阳镇) 어업촌(渔业村)이다.

라오지에 골목

라오지에 경점

마을안 풍광

어촌(渔村)으로서는 쇠해가던 진샨쭈이(金山嘴)가 2010년의 상해세계박람회를 거치면서 옛 거리인 어업촌(渔业村)을 중심으로 빠르게 변모하고 있다. 늘어나는 관광객의 관심에 부응하는 것인데, 어구진열관(渔具陈列馆)·화가공작실(画家工作室)·어가객잔(渔家客栈)·해양문화전시장(海洋文化展示场)·해선성(海鲜城) 등의 수가 늘어나고 있는 것이다.

진샨쭈이(金山嘴)에 "항주만일출최가관경점(杭州湾日出最佳观景点)"이라는 팻말이 서있다. 항쪼우만에서 해돋이가 가장 아름다운 곳이라는 영예를 표현해 놓은 것일 테다. 도시의 바쁘고 시끄러운 환경에서 벗어나 한 때 바다정취에 잠겨보는 것도 좋겠다는 느낌이 든다.

어촌전경

부두

건어물판매장

일출경관최가지

진샨쭈이어촌(金山嘴漁村)은 금산철로(金山铁路)가 닿는다. 금샨웨이(金山卫, 진샨웨이)역에서 시내버스로 10여분 거리이다. 금산철로의 샹하이(上海) 시내쪽 역은 샹하이난짠(上海南站)이고, 두 역간의 거리는 56km이다. 쾌속열차가 운행된다. 열차에 따라 서는 역이 다르다. 직통열차의 경우 30여분이 소요된다.

샹하이난짠

진샨웨이짠

쾌속열차

연변풍광

연변풍광

2부 권역별 명소_ 185

제14장 쏭쟝구 松江区

쏭쟝구 위치

1. 전체모습

쏭쟝구(松江区, 송강구)는 샹하이시(上海市)의 중서부에 605㎢(제주도의 1/3)의 넓이로 자리 잡고 있다. 상주인구는 169만8,400만 명이며(2013년), 행정상으로는 4지에따오(街道)·11쩐(镇)으로 나뉘어 있다. 다음과 같다.

(표) 쏭쟝구 행정구획

구분	명 칭
지에따오 街道	①위예양지에따오(岳阳街道, 악양), ②용펑지에따오(永丰街道, 영풍), ③팡쏭지에따오(方松街道, 방송), ④쭁산지에따오(中山街道, 중산)
쩐 镇	⑤쓰징쩐(泗泾镇, 사경), ⑥위샨쩐(余山镇, 여산), ⑦쳐둔쩐(车墩镇, 차돈), ⑧씬챠오쩐(新桥镇, 신교), ⑨동징쩐(洞泾镇, 동경), ⑩지유팅쩐(九亭镇, 구정), ⑪마오강쩐(泖港镇, 묘항), ⑫쉬후당쩐(石湖荡镇, 석호당), ⑬씬빵쩐(新浜镇, 신병), ⑭예씨에쩐(叶榭镇, 엽사), ⑮샤오쿤샨쩐(小昆山镇, 소곤산)

2. 지리교통

지리

쏭쟝구(松江区)는 "상해지근(上海之根)"으로도 불린다. 샹하이(上海)의 모친하(母亲河)로 불리는 황푸쟝(黄浦江)의 상류가 그곳에 뿌리를 두고 있는 배경에서다.

쏭쟝구(松江区)가 위치한 지역은 접시모양으로 가라앉아있는 태호(太湖) 유역의 평원이며, 챵쟝3각주(长江三角洲) 평원으로 이어진다.

쏭쟝구(松江区)는 샹하이시(上海市)

쏭쟝구 교통도

의 중심에서 40km정도 떨어져 있으며, 그 동쪽에 민항구(闵行区)와 펑씨앤구(奉贤区)가 있다. 남쪽과 서쪽으로는 진샨구(金山区)와 접하며, 북쪽은 칭푸구(青浦区)이다.

도로 또한 종횡으로 나 있어 샹하이시(上海市)의 변두리이지만 교통은 상당히 편리한 편이다.

쏭쟝구(松江区)에는 또한 샹하이(上海)의 지하철 9호선이 들어온다. 주요 경유 역은 다음과 같다.

교통

쏭쟝구(松江区)에는 호항(沪杭)·호청평(沪青平)·가금(嘉金)·샹하이순환(上海绕城) 등의 고속도로와 더불어 샹하이(上海)-항쪼우(杭州) 간의 고속철로가 지나감으로써 외부로의 교통연결이 원활하고, 관내의 시가지

지유팅(九亭)-쓰징(泗泾)-위샨(余山)-동징(洞泾)-쏭쟝따쉐청(松江大学城)-쏭쟝씬청(松江新城)-쏭쟝티위쫑씬(松江体育中心)-쭈이빠이츠(醉白池)-쏭쟝난짠(松江南站)

3. 볼거리

쏭쟝구(松江区)의 볼거리로는 다음과 같은 것들이 있다.

(표) 쏭쟝구의 볼거리

볼거리	개요
방탑원 方塔园	방탑원(方塔园, 팡타위엔)은 송(宋, AD960~1279)나라 때의 방탑(方塔)을 중심으로 하고, 그 주위에 송나라 때의 망선교(望仙桥), 명(明, AD1368~1644)나라 때의 난서당(兰瑞堂)·전조조벽(砖雕照壁), 청(青, AD1616~1911)나라 때의 천비궁(天妃宫)·진화성사(陈化成祠) 등을 아우르는 3만6,000여 평 넓이의 탑원(塔园)임. 1978년에 현재의 모습으로 정리 됨. 쫑샨동루(中山东路)에 있음.
취백지 醉白池	취백지(醉白池, 추이빠이츠)는 샹하이(上海)의 5대 고전원림 중 하나임. 연못을 중심으로 한 1만5,000여 평의 부지에 고목들이 울창하고, 정대(亭台) 등이 촘촘히 자리 잡고 있어 전반적인 경관이 정겹다는 평임. 런민난루(人民南路)에 있음.

볼거리		개 요
광부림유지 广富林遗址		광부림(广富林, 광푸린)은 4,5천 년 전 신석기시대의 정착농경으로부터 시작, 중국의 역대 왕조를 거쳐 오면서 쌓인 문화유적이 발굴된 지역임. 이곳에 광부림유지공원(广富林遗址公园)이 조성되고 있음. 팡쏭지에따오(方松街道)에 있음.
진산식물원 辰山植物园		진산(辰山, 천산)식물원은 62만7,000여 평의 터에 상해시정부(上海市政府)·국가임업국(国家林业局)·중국임업과학연구원(中国林业科学研究所)이 공동으로 설립한, 학술·연구·전시·육종 등의 기능을 종합적으로 수행하는 식물원임. 천화공루(辰花公路)에 있음.
차돈영시 车墩影视		영시(影视)는 영화와 텔레비전을 말함. 차돈영시(车墩影视, 쳐둔잉 쉬)는 쏭쟝구(松江区) 쳐둔진(车墩镇)에 24만 평이 넓이로 자리 잡고 있는 영화와 텔레비전드라마 촬영장임. 30년대의 난징루(南京路), 샹하이의 옛 골목길과 변두리지역의 풍광들이 차려져 있으며, 중국의 10대 촬영기지 중 하나로 꼽힘. 쳐둔진(车墩镇)에 있음.
서림선사 西林禅寺		서림선사(西林禅寺, 씨린 찬쓰)는 남송(南宋, AD1127~1279)년 간에 창건됐으나 원(元, AD1271~1368)나라 츠에 전란으로 훼멸됐으며, 현존 건물은 주원장(朱元璋)이 명(明)나라의 태조(太祖, AD1368~1398)로 재위할 때 중건된 것임. 7층, 46.5m높이의 서림탑이 웅장하다는 평임. 쫑샨루(中山路) 화팅라오지에(华亭老街)에 있음.
고진사경 古镇泗泾		사경진(泗泾镇, 쓰징쩐)은 통파경(通波泾)·외파경(外波泾)·동경(洞泾)·장경(张泾) 등의 4경(泾, 개울)이 한 데로 모이는 곳으 마을이라는 의미를 지님. 오랜 역사와 두터운 문화기반을 갖추고 있는 고진(古镇) 사경(泗泾)은 샹하이시(上海市) 서남부의 문화중심이기도 함. 복련교(福连桥)·안방탑(安方塔)·마가청(马家厅) 등의 경점이 있음. 펑징진(枫泾镇)에 있음.

볼거리		개 요
월호조소공원 月湖雕塑公园		월호조소공원은 9만3,000여 평의 호수를 중심에 둔, 전체면적 26만평 규모의 호반조각공원임. 춘하추동의 4계절 주제구(主題区)로 나뉘며, 국내외의 현대조각가들이 빚은 70여 점의 조소상이 자리 잡고 있음. 린윈씬루(林荫新路)에 있음.
여산여유구 余山旅游区		공식명칭이 상해여산국가여유도가구(上海余山国家旅游度假区)로 여산(余山)일대 64㎢넓이에 펼쳐진 관광휴양지임. 여산국가삼림공원(余山国家森林公园)·월호조소공원(月湖雕塑公园)·상해환락원(上海欢乐园)·마아해탄수공원(玛雅海滩水公园)·진산식물원(辰山植物园)·상해천문박물관(上海天文博物馆)·상해지질박물관(上海地震博物馆) 등이 이곳에 자리 잡고 있음. 위샨진(余山镇)에 있음.
당경당 唐经幢		쏭쟝(松江)의 당경당(唐经幢)은 당(唐)나라의 20대 임금 선종(宣宗, AD846-859) 말년에 세워진 것으로 21켜 9.3m높이의 8면체 기둥형 석조건축물임. 《불정존승다라니경(佛顶尊胜陀罗尼经)》전문이 새겨져 있는 이곳의 당경당(唐经幢)에는 해수문(海水纹)·보상연화(宝相莲花)·보주(宝珠)·권운(卷云)·역사(力士)·천왕(天王)·보살(菩萨)·공양인(供养人)·반룡(盘龙)·준사(蹲狮) 등이 더불어 조각돼 있음. 조각솜씨가 매우 정교하고 부드럽다는 평임. 쫑샨소학교(中山小学校)내에 있음.
대창교 大仓桥		대창교(大仓桥)는 5공석교(五孔石桥)로 명(明)나라 말인 AD1626년에 놓여 짐. 길이 54m, 폭 5m, 수면으로부터의 높이 8m인 대창교는 영풍교(永丰桥)로도 불리며, 샹하이(上海)에서 가장 오래된 다리이자 옛날 다리로서는 그 규모가 가장 큰 다리임. 위슈루(玉树路, 옥수로)에 있음.

월호조소공원내 조각작품

제15장 칭푸구 青浦区

칭푸구 위치

1. 전체모습

칭푸구(青浦区, 청포구)는 샹하이시(上海市)의 서부에 676㎢(제주도의 1/3)넓이로 자리 잡고 있다. 인구는 117만 명이며(2012년), 행정상으로는 3지에따오(街道)·8쩐(镇)으로 나뉘어 있다. 다음과 같다.

2부 권역별 명소_ 191

(표) 칭푸구 행정구획

구 분	명 칭
지에따오 街道	①씨아양지에따오(夏阳街道, 하양), ②잉푸지에따오(盈浦街道, 영포), ③쌍화챠오지에따오(香花桥街道, 향화교)
쩐 镇	④쨔오항쩐(赵巷镇, 조항), ⑤쒸징쩐(徐泾镇, 서경), ⑥화씬쩐(华新镇, 화신), ⑦쫑구쩐(重固镇, 중고), ⑧빠이허쩐(白鹤镇, 백학), ⑨쮸쟈쟈오쩐(朱家角镇, 주가각), ⑩리앤탕쩐(练塘镇, 련당), ⑪진쩌쩐(金泽镇, 금택)

2. 지리교통

칭푸구(青浦区)가 위치한 지역은 타이후(太湖, 태호)하류와 황푸쟝(黄浦江, 황포강) 상류가 이어지는 곳이다.

이러한 지리환경은 이 지역을 강절호(江浙沪：江苏省-浙江省-上海市)의 수상교통요충지로 자리매김 시켰고, 샹하이시(上海市)의 서남부로 나아가는 도로들이 이 지역을 통과함으로써 칭푸구(青浦区)는 샹하이시(上海市)의 서쪽 대문으로 회자된다.

다음은 칭푸구(青浦区)를 지나는 주요 도로들이다.

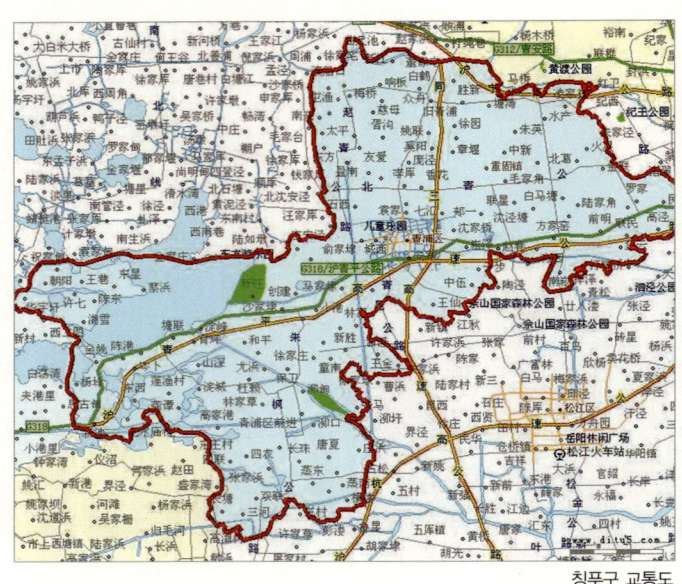

칭푸구 교통도

- 318번국도: 샹하이(上海)-시짱(西藏)
- 320번국도: 샹하이(上海)-윈난(云南)
- 소홍공로(苏虹公路): 쑤쪼우(苏州)-홍챠오공항(虹桥机场)
- A8호항고속공로(沪杭高速公路): 샹하이(上海)-항쪼우(杭州)
- A9호청평고속공로(沪青平高速公路)

- 샹하이(上海)-칭푸(青浦)-핑왕(平望)
- A12호녕고속공로(沪宁高速公路): 샹하이(上海)-난징(南京)
- A30동삼고속공로(): 퉁쟝(同江, 黑龙江)-싼야(三亚, 南海)
- 외청송공로(外青松公路): 외강(外冈, 嘉定)-칭푸(青浦)-쏭쟝(松江)

칭푸구(青浦区)의 쒸징쩐(徐泾镇)에서는 샹하이 지하철 2호선이 출발한다. 쒸징동짠(徐泾东站)역이다.

3. 볼거리

칭푸구(青浦区)의 볼거리를 간추리면 다음과 같다.

(표) 칭푸구의 볼거리

볼거리		개요
주가각고진 朱家角古镇		고진(古镇) 주가각(朱家角, 쮸쟈쟈오)는 샹하이시(上海市)의 4대 역사문화명진(历史文化名镇) 중 하나임. 흔히들 "샹하이의 베니스"로도 부름. 쮸쟈쟈오진(朱家角镇, 쮸쟈쟈오)에 있음.
정산호 淀山湖		정산호(淀山湖, 디앤샨후)는 타이후(太湖)에 속하는 62㎢넓이의 담수호이며, 샹하이(上海)의 모친하(母亲河)로 회자되는 황푸쟝(黄浦江)이 이곳에서 발원됨. "바람이 불어 갈대가 누우면(风吹芦苇倒), 호수 위에 고기잡이배가 뜨고(湖上渔舟飘), 연꽃들이 활짝 웃는다(池塘荷花笑)"고, 그 경관이 묘사되기도 하는 정산호(淀山湖) 호반으로는 주가각고진(朱家角古镇)·샹하이대관원(上海大观园)·등방녹주(东方绿舟)·샹하이태양도(上海太阳岛) 등이 자리 잡고 있음.
동방녹주 东方绿舟		동방녹주(东方绿舟, 동팡뤼쪼우)는 사회교육을 위한 다목적 대형공원으로 수역면적 40만평을 포함, 모두 112만평의 넓이임. 지혜대도구(智慧大道区)·용감지혜구(勇敢智慧区)·국방교육구(国防教育区)·생존도전구(生存挑战区)·과학탐색구(科学探索区)·수상운동구(水上运动区)·체육훈련구(体育训练区)·생활실천구(生活实践区) 등 8개 구로 나뉘어 있음. 후칭핑공루(沪青平公路, 쮸쟈쟈오)에 있음.

볼거리	개 요
대관원 大观园	 대관원(大观园, 따관위엔)은 30만평의 부지에 관광·휴양·오락 등의 건물 2,400여평이 들어서 있는 관광풍경구임. 청(清, AD 1616~1911)나라 때의 걸작《홍루몽(红楼梦)》에 묘사된 원림(园林)을 재현한 것으로 그곳의 호젓함은 매우 인상적이라는 평임. 베이징(北京)과 난징(南京)에도 대관원이 있음. 칭샹공루(青商公路)에 있음.
곡수원 曲水园	 청(请)나라 건륭(乾隆)년간인 AD1784년에 꾸며진 원림으로 곡수유상(曲水流觞)의 의미를 지님. 곡수유상은 음력3월3일에 여러 사람이 곡수(曲水)에 둘러앉아 술잔을 띄어놓고 술잔이 흐르다 멈추면 그 앞의 사람이 그 잔의 술을 마시는 놀이를 일컬음. 공위옌루(公园路)에 있음.
고문화유지 古文化遗址	 BC4000~BC3000 년 사이의 구석기시대 유적지로 칭푸구(青浦区)의 송경촌(崧泽村)에 있음. 이곳에서 당시의 생활상을 엿볼 수 있는 유물들이 다량 출토됨. 쏭쩌춘(崧泽村)에 있음.

주가각고진(朱家角古镇)

연혁

주가각진(朱家角镇)은 샹하이시(上海市)의 문화명진(文化名镇)으로 칭푸구(青浦区) 중남부에 수역(水域) 포함 138㎢(여의도의 약 50배)넓이로 자리 잡고 있다. 주가각진(朱家角镇)의 정산호(淀山湖, 디앤샨후) 호반(湖畔) 마을인 고쮸쟈쟈오쩐(古朱家角镇)은 1700여 년 전

주가각고진 입구

주자각 안내도

의 3국시기(三国时期, AD220~280)에 마을을 이루기 시작했으며, 송(宋, AD960~1279)·원(元, AD1271~1368) 나라를 거치면서 주가(朱家) 집성촌으로 발전한다. 명(明) 나라 14대 황제 만력(万历, AD1572~1620)년간에 주가각 (朱家阁, 쮸쟈거)이라는 이름으로 진(镇)이 설치된다.

쮸쟈거(朱家阁)는 "의피천하 (衣被天下)"라고 불릴 만큼 포업(布业, 베 짜는 일)이 발전했고, 더불어 미업(米业, 쌀농사)이 그 뒤를 이으면서 물자가 풍족해짐에 따라 쮸쟈거(朱家阁)는 상업도시가 된다. 그 번화함이 "주경(朱泾)·풍경(枫泾)·사경(泗泾)"의 세 고장을 모두 합해도 쮸쟈거(朱家阁)의 "쟈오(角, 1/10)에도 못 미친다 했는데, 그런 말이 회자되면서 쮸쟈거(朱家阁)는 쮸쟈쟈오(朱家角)로 바꿔 불리기 시작했다.

경점

쮸쟈쟈오(朱家角)의 주요 경점을 짚어보면 다음과 같다.

① 방생교(放生桥)

방생교(放生桥, 팡셩챠오)는 챠오강허(漕港河)위에 놓인 오공석공교(五孔石拱桥 : 아치형 구멍이 다섯인 돌다리)로 처음 놓인 것은 명(明)나라 14대 황제 만력(万历, AD1572~1620)년간이다. 그후 청

방생교 풍광

(请)나라의 7대 황제 가경(嘉庆)년간인 1812년에 다시 지어 오늘에 이르고 있는 방생교는 길이 71m, 폭 6m의 크기이며, 한가운데의 가장 큰 아치는 그 직경이 13m이다. 디앤산후(淀山湖)에는 모두 36곳의 크고 작은 다리들이 기라성처럼 자리 잡고 있는데, 그 중에서 방생교가 으뜸이며, "호상제일교(沪上第一桥)"로 회자된다.

2부 권역별 명소_ 195

방생교상판　　　　　　　　　　　차오강허 풍광

방생교(放生桥)에 다음과 같은 이야기가 전해온다.

　　명(明)나라의 13대 황제 융경(隆庆, AD1566~1572)년간에 세 화상(和尚, 승려)이 이곳의 명원암(明远庵)에 기거하며, 스승의 가르침을 따라 열심히 수도하고 있었다. 그들 중에 성조(性潮)라는 이름의 화상은 10여년을 객지로 떠돌며 스승이 평소에 강조하는 탁발(托钵)수행에 정진한 결과 큰돈을 모아 명원암(明远庵)으로 돌아왔다.

　　성조(性潮)가 절을 떠나있는 사이에 스승은 타계하고, 명원암은 퇴락하여 쓸쓸하기가 한량없었다. 망연자실한 성조(性潮)는 차오강(漕港) 강변을 걸으며 스승을 추모하다가 문득 스승의 가르침이 떠올랐다. 탁발(托钵)은 선사(善事)로 이어질 때 비로소 그 의미가 살아난다는 가르침이었다. 탁발은 수행의 수단이 아니라 사바중생의 고통을 덜어주는 선사(善事)의 비용마련이라는 생각이 머리를 강하게 내려치는가 싶더니 강 양쪽에서 배를 타기 위해 길게 늘어서있는 사람들의 지친 모습이 성조(性潮)의 눈에 찍히듯 빨려 들어왔다. 저 사람들은 늘 그렇게 있어온 것인데 오늘따라 새롭게 보이는 것은 필시 자신으로 하여금 그간의 탁발수행을 선사수행으로 이어가라는 스승의 당부이리라, 성조(性潮)는 그렇게 생각하였다. 그리고 그는 저 사람들을 위해 다리를 놓기로 결심하였다.

　　돌과 목재를 모으고, 일을 하겠다는 사람들이 모여들었다. 일이 순조롭게 진행된다 싶었으나 난관은 너무 일찍 닥쳤다. 인간의 범접을 허용 않겠다는 의지인양 도도히 흐르는 강물 위에 다리의 기둥을 어디에 어떻게 박아야 할지 아는 사람도 없고 엄두도 나지 않았다. 성조(性潮)는 자연 앞에 한 없이 왜소한 자신을 돌이켜보며 그러한 자신이 감히 다리 놓기 선사(善事)를 서원(誓愿)한 오만함에 대해 용서를 구하는 한편, 그 서원이 이루어질 길을 터 줄 것을 부처에게 간절히 기구하였다.

　　그 날도 성조(性潮)는 강가에 나와 앉아 망망한 물 벌판을 내다보며 시름에 젖어 있었다. 그 때, 이 고장에서 낳아 비럭질로 평생을 살아온, 이제는 나이가 들어 거동

조차 불편한 토박이걸인이 성조에게 다가와 말하기를 갈대를 눈여겨보라 하였다. 하지만 눈길 닿는 곳 어디에도 갈대 한 오라기가 있을 리 없는 곳이었다. 평소에도 안중에 없던 걸인의 그 빤한 허언(虛言)에 성조(性潮)는 실소하고 외면하는데, 그 걸인이 한 마디 덧붙이기를 이곳의 다리 놓기 선사는 어지간한 공덕을 쌓지 않고는 이루기 어려울 것이라 하며, 품에서 대추 한 움큼을 꺼내어 입에 넣고 우물거리더니 그 씨앗을 강물에 뿜어 뱉는 것이었다. 느닷없는 걸인의 행동을 이상하게 바라보던 성조(性潮)는 뒤이어 벌어지는 현상에 넋을 잃고 말았다. 물에 떨어진 대추씨앗에서 갈대가 솟고 이내 갈대밭이 눈앞에 펼쳐진 것이었다. 성조(性潮)가 정신을 차리고 주위를 살폈을 때는 걸인은 이미 연기처럼 사라지고만 후였다.

이 신비로운 일이 있고부터 인부들의 몸놀림은 신이 들린 것 같았다. 다리는 일사천리로 형상을 갖춰나갔고, 머지않아 다리가 완성되리라는 기대에 사람들은 벌써부터 부풀어 있었다. 그러나 일은 예상대로 흘러가지 않았다. 다리 한가운데 아취 구멍의 테두리인 용문석(龙门石)을 끼워 맞추는 일에서 번번이 좌절됐다. 좌우 양쪽에서 용문석을 원형으로 잇대어 올린 후 맨 위쪽 한가운데에서 마지막 돌을 끼워맞춰 넣어야만 완성되는 일이었다. 그래야만 아취가 형성되고, 힘이 고르게 분산되는 가운데 다리 상판을 올릴 수 있는 것인데, 쉽게 될 것 같으면서도 안 되는 것이었다.

성조(性潮)는 더 이상 어찌해 볼 방도가 없자 다리 놓기 선사(善事)의 서원을 접으려 하는데, 흰 수염을 길게 늘인 백발의 한 노인이 다가와 이르기를 이번의 다리 놓기 선사는 공덕만으로 이룰 수 없는 것이니 사람을 탄 나귀가 지나갈 때를 기다리다가 기회를 보라고 하였다. 몇 날 며칠을 기다렸지만, 나귀를 타고 가는 사람은 있어도 나귀가 사람을 타고 지나가는 일은 없었다. 있을 것 같지도 않았다. 하릴없이 며칠을 더 기다리던 끝에 그날도 해가 뉘엿뉘엿 넘어가자 성조는 모든 것을 포기하고 일어서는데 웬 거인이 큼지막한 나무기둥 세 개로 만든 삼각대를 어깨에 메고 천천히 다가오는 것이었다. 삼각대의 다리는 벌어져 있는데, 그 모양에서 당나귀가 사람을 타고 있는 것을 연상한 성조(性潮)는 크게 깨닫고, 소리를 질러 그 당나귀가 당도하였음을 인부들에게 알리고, 각자의 임무대로 돌을 짜 맞춰 올라가도록 하였다. 그리고 성조(性潮) 자신은 용문석을 삼각대 위에 얹어 제자리로 밀어 넣으니 용문석은 마치 그 무엇에 끌리 듯 미끄러져 들어가 자리를 잡는 것이었다. 이 기적 같은 일을 목격한 인부들은 그 백발노인을 일러 여덟 신선 중의 으뜸인 철괘리(铁拐李)임에 틀림없다고 하였다.

성조(性潮)는 다리를 완성한 후 이를 도와준 선인(仙人)들에게 감사하는 마음에서 이곳을 자신이 기거하는 자문사(慈门寺)의 방생지(放生地)로 삼고, 어부들로 하여금 이곳에는 고기잡이 그물을 치지 말도록 함과 아울러 매달 초하루에는 물고기를 놓아주도록 하니 사람들은 이 다리를 일러 방생교(放生桥)라고 하였다.

② 북대가(北大街)

　북대가(北大街, 뻬이따지에)는 명(明)·청(请) 나라 때의 모습 그대로를 지니고 있는, 유서 깊은 상가거리이다. "장가3리(长街三里), 점포천자(店铺千家)"로 표현되는 시장거리는 거리 양쪽의 건물 지붕이 맞붙다시피 하여 하늘은 마치 일선천(一线天)으로 보이고, 빽빽이 들어선 상가에는 붉은 등롱(灯龙)이 높이들 걸려있다. 강남의 고진(古镇) 중에서 가장 번화한 거리로 회자되는 곳이다.

뻬이따지에 골목

뻬이따지에 골목

뻬이따지에 외관

③ 보국사(报国寺)

　보국사는 상하이(上海) 옥불사(玉佛寺)의 하원(下院)이다. 미얀마의 백옥을 쪼아 만든 석가모니 옥불, 싱가폴에서 보내온 백옥관음, 수령 천년의 은행나무 등이 보국사의 3보(三宝)로 꼽힌다.

보국사

성황묘

④ 성황묘(城隍庙)

　쭈쟈쟈오(朱家角)의 성황묘는 동향으로 자리 잡고 있다. 성황묘의 일반적인 터 잡이가 남향인 것에 비하면 유별나다. 바깥문인 원문(辕门)을 들어서면 희대(戏台)가 있고, 광장을 지나면서 성황전(城隍殿)

이다. 이곳의 돌사자는 북방 사자의 위무(威武) 당당한 모습과는 달리 애교스럽다.

⑤ 석씨청당(席氏厅堂)

명(明)나라의 12대 황제 가정(嘉靜, AD1521~1566)년간에 예부상서(礼部尚书)를 지낸 석영배(席永培)가 낙향하여 지내던 저택이다. 명(明)나라 때의 전형적인 건축양식을 보여주고 있다는 평이다.

석씨청당

⑥ 과식원(课植园)

과식원

과식원(课植园, 커쯔위엔)은 주가각진(朱家角镇) 최대의 장원식(庄园式) 원림건축이다. 마가화원(马家花园)으로도 불리며, 1912년 당시 52세의 마문경(马文卿)이 이곳에 와 2만 평의 부지를 매입, 화원을 꾸민 것이 그 시초로 알려져 있다.

"과식(课植)"은 책을 부지런히 읽고, 여유가 있는 시간에는 농사짓기를 게을리 하지 말라는 의미의 "과독지여(课读之余), 불망경식(不忘耕植)"에서 취한 것이라고 한다.

전체 장원은 청당구(厅堂区)·가산구(假山区)·원림구(园林区)의 세 구역으로 나뉘며, 귀청(贵厅)·연회청(宴会厅)·정청(正厅)·경구여3당(耕九余三堂)·소요루(逍遥楼)·수성루(书城楼)·망월루(望月楼)·희루(戏楼) 등 여러 종류의 건물 200여 칸(间)이 들어서 있다.

⑦ 주계원(珠溪园)

주계원(珠溪园, 쭈씨위엔)은 3천여 평 넓이의 원림으로 동·서·남의 3면이 물에 둘려있다.
중원(中园)이 있어 주계원(珠溪园)은 남북의 두 부분으로 나뉘며, 남부는 섬 모양을 하고 있다. 경점으로는 금석정(金石亭)·청화석정(清华石亭)·석공교(石拱桥)·구곡교(九曲桥)·구룡분천(九龙喷泉)·가산(假山)·장랑(长廊) 등이 있고, 더불어 12자리의 생소상(生肖象, 사람의 띠를 상징하는 동물)이 설치돼 있다.

주계원

⑧ 삼만(三湾)

마을 안 물길

전후좌우에 보이는 것이라고는 건물뿐인 주가각진(朱家角镇)의 보행로를 걷다보면 막다른 골목인가 싶은 곳에 가로질러 물길이 나있어 보는 이로 하여금 경이로움을 느끼게 한다.

삼양만(三阳湾)·교자만(轿子湾)·미타만(弥陀湾)이 꼽히고, 주가각진(朱家角鎭)의 3만(三湾)으로 불린다.

⑨ 자문사(慈门寺)

자문사(慈门寺, 츠먼쓰)는 주가각진(朱家角镇)의 이름난 고찰(古刹)이다. "명원암(明远庵)"으로도 불리며, 차오강허(漕港河)의 방생교(放生桥) 옆에 자리 잡고 있다.

명(明)나라 14대 황제 만력(万历, AD1572~1620)으로부터 "호국명원자문사(沪国明远慈门寺)"의 명칭과 더불어 오사장대사(乌斯藏大士) 불상과 불경 20부를 하사받고, 관음각과 장경각을 지어 보존했으며, 명(明)나라의 마지막 황제 숭정(崇祯) 원년(1627년)에는 20m높이의 고루를 짓고, 2,500근의 범종을 주조하여 달았는데, 그 소리가 은은하고 황홀하여 온 누리에 평온이 깃들고, 악한 마음이 절로 착해지는 것 같았다고 한다. 자문사는 현재 병원이 들어서 있으며, 그

자문사

옛터에 대전과 종루, 그리고 암수의 은행나무 한 그루씩이 남아있다.

⑩ 자문가(慈门街)

자문가(慈门街, 츠먼지에)는 방생교(放生桥) 근방의 번화가로 방생교를 찾는 관광객이 한번쯤은 들려가는 곳이다. 이 지방의 특색을 살린 건물들이 들어서 있으며, 아름답다는 평이다.

자문가 풍경

⑪ 태안교(泰安桥)

태안교

태안교(泰安桥, 타이안챠오)는 차오강허(漕港河) 하구의 명찰(名刹) 원진선원(圆津禅院) 문 앞에 놓인 단공석공교(桥孔石拱桥)이다. 명(明)나라의 14대 황제 만력(万历)년 간인 1584년에 지어진 이 다리는 야간에 다리 밑을 오가는 배들의 물길 안내를 위해 등롱을 걸 수 있는 돌기둥 두 개가 다리 난 간에 박혀있다. 이 다리에 쓰인 석재가 원(元, AD1206~1368)나라 초기에 창건된 원진선원(圆津禅院)의 그것과 같은 청석돌이라 하여 이 다리의 건조연대를 원(元)나라 초기로 보는 견해도 있다.

⑫ 원진선원(圆津禅院)

원진선원(圆津禅院, 위엔진찬위엔)은 주가각진(朱家角镇)의 저명고찰로 차오강허(漕港河) 강변에 자리 잡고 있다.

원(元)나라의 마지막 마지막황제 순제(顺帝)년간인 1341년에 창건된 원진선원(圆津禅院)은 냥냥묘(娘娘庙)로도 불렸는데, 짜임새가 작고 깜찍한데다가 여러 조각 솜씨가 정교하며, 분위기가 장엄, 엄숙

원진선원

하여 명(明)·청(请)이래로 많은 문인묵객들이 모여들었었다. 현재 불교문화의 성지로 되어있다.

상해대관원(上海大观园)

상하이시(上海市)의 대관원(大观园, 따관위엔)은 3만평 넓이의 국가4A급 관광경구이다. 디앤샨후(淀山湖, 정산호)의 서부에 자리 잡고 있는 따관위엔(大观园)은 상하이시(上海市)의 10대 관광특색원림으로 1980년부터 일반에게 개방되고 있다.

대관원은 소설 홍루몽의 소설 속 배경을 시현해 놓은 것이다. 《홍루몽(红楼梦)》은 중국인의 정서 속에 깊숙히 녹아있는 고전애정소설이다. 이러한 홍루몽의 소설 속 배경인 대관원(大观园)은 상하이시(上海市) 외에 베이징(北京)과 난징(南京)에도 있다. 또한 "대관원(大观园)"명칭이 붙는 시설들을 중국 내의 여러 곳에서 볼 수 있다.

여기서 잠깐

홍루몽(红楼梦)

배경

소설《홍루몽(红楼梦)》은 그 작품 소개가 신화형식을 빌어 시작된다. 중국 신화에 등장하는 여와(女娲)가 무너진 하늘을 보수하기 위해 3만6,501개의 벽돌을 굽고, 그 중 3만 6,500개만을 쓴다. 나머지 한 개는 버림받는 신세가 되자 자신이 부끄럽고 원망스러워 슬픔에 젖어 지낸다. 이를 딱하게 여긴 천상의 한 신선이 그 돌에 그 사연을 새기고, 이를 가지고 다니다가 지상으로 내려오는데, 그로부터 여러 겁의 세월이 지난 후에 그 돌은 청(清)나라의 4~6대 황제인 강희(康熙)·옹정(雍正)·건륭(乾隆)년간을 살았던 희대의 소설가 조설근(曹雪芹, AD1715~1764)의 수중에 들어가고, 그 돌에 새겨진 사연은 소설《홍루몽(红楼)》으로 거듭난다.

줄거리

이야기는 경성(京城)의 영국공(荣国公) 저택인 가부(贾府)에서 시작된다. 영국공(荣国公)은 그의 부인 가모(贾母)와의 사이에 큰아들 가사(贾赦)와 작은아들 가정(贾政), 그리고 딸 가민(贾敏)을 둔다.

딸 가민(贾敏)은 딸 임대옥(林黛玉)을 낳고 요절한다. 대옥(黛玉)은 외할머니 손에 자라다가 가부(贾府)로 다시 들어와 산다. 둘째 아들 가정(贾政)에게는 아들 가보옥(贾宝玉)과 딸 가원춘(贾元春)이 있고, 원춘(元春)은 입궁하여 황제의 비(妃)가 된다. 보옥(宝玉)과 대옥(黛玉)은 아주 어렸을 때 같이 지냈던 정(友情)이 연정(恋情)으로 발전하여 서로 사랑하는 사이가 되며, 가부(贾府) 사람들의 이해관계 흐름 속에 이어지는 그들의 사랑이야기가 소설《홍루몽(红楼梦)》인 것이다.

보옥(宝玉)은 총명하며, 늘 말하기를 "여자의 육신은 물로 만들어졌고(女人是水作的骨肉), 남자의 육신은 흙으로 만들어졌다(男人是泥作的骨肉)"그 했으며, 여자에 대하여 호의적이었다. 그러한 보옥(宝玉)에 대해 사람들은 수군대기를 장차 자라서 색귀(色鬼)가 되리라 했고, 그러한 그를 그의 부친조차도 탐탁하게 여기지를 않았다.

대옥(黛玉)은 시 읊기와 거문고 타기를 좋아했다. 내성적인 성격에 병약하기까지 했기에 보옥(宝玉)에게 선뜻 다가서지 못하는 가운데 설보차(雪宝钗)의 보옥(宝玉)에 대한 저돌적인 사랑공세에 속을 끓인다. 설보차(雪宝钗)는 보옥(宝玉)의 이모의 딸로 빼어난 미모에 발랄하며 적극적인 성격이다.

가부(贾府)에는 금릉12차(金陵十二钗)로 대표되는 여인들이 있다. 가부(贾府)와 혈연이 있거나 가부(贾府)의 남자와 결혼한 여인들 12명을 정책(正册)으로 하고, 그들의 시녀인 부책(副册) 각 2명을 포함, 모두 36명이다. 금릉12차(金陵十二钗)의 "차(钗, 차이)는 여자의 머리에 꽂는 비녀를 의미한다.

영국부(荣国府, 贾府)에는 사는 사람들이 많다. 이들의 생계를 뒷받침할 마땅한 생업이 없이 외부의 지원에 주로 의지하는 생활기반이다보니 영국부(荣国府) 내부의 세력은 혈연의 서열이 높고, 외부세력과의 관계가 돈독한 사람에게 쏠리게 마련이었으며, 유력자간의 세력다툼이 일상화된 가운데, 금릉12차(金陵十二钗)의 생활은 사치스럽고, 내부 기풍은 타락한다.

보옥(宝玉)과 대옥(黛玉)이 서로 사랑한다는 사실이 알려지면서 보옥(宝玉)의 형수이자 금릉12차(金陵十二钗)의 하나인 왕희봉(王熙凤)이 주도하여 보옥(宝玉)의 결혼을 추진하는데, 결혼식 날 신부는 신방에 들기 전까지 면사포를 벗지 않는 전통을 기화로 삼아 보옥(宝玉)의 신부를 대옥(黛玉)이 아닌 설보차(雪宝钗)로 바꿔치려한다. 보옥(宝玉)의 결혼식 날, 그러한 사실을 안 대옥(黛玉)은 병이 덮쳐 운명하고, 그러한 사실들을 안 보옥(宝玉)은 실의에 빠져 죽음 직전까지 갔다가 꿈속에서 겨신들의 세계인 태허환경(太虚幻境)에 든다. 그리고 그는 그곳에서 많은 것을 깨닫고, 학문에 열중한다.

보옥(宝玉)은 과거에 급제하지만 실종되며, 그의 부친 가정(贾政)이 모친인 가모(贾母)을 장례 치르고 돌아오는 길에 나루터 물가의 배 위에 맨머리, 맨발의 오랑우탕 모피를 걸친 사람을 보게되고, 그로부터 인사를 받는다. 가정(贾政)은 그가 누구인지를 몇 차례 물었으나 그는 대답을 하지 않은 채 슬픈 것인지 기쁜 것인지 가늠이 안 되는 표정으로 절 네 번을 하고 뒤돌아선다. 가정(贾政)은 그것이 보옥(宝玉)임을 직감하고 그 이름을 부르며 쫓아가려 하나 몸은 움직이지 않고, 보옥은 멀어져만 간다.

독후감

소설 《홍루몽(红楼梦)》독후감의 백미(白眉)로 다음과 같은 구절이 회자된다.

"슬프고 괴로운 세상이라고는 하지만(说到辛酸处),
서럽다고는 하지 마라(荒唐愈可悲).
모든것이 한 오라기 꿈에서 비롯되는 것이거늘(由来同一梦),
세상 사람들이 분별없다고 웃지 마라(休笑世人痴)."

상해대관원의 경점분포

따관위엔(大观院)의 경점 분포는 다음과 같이 뭉뚱그려 살펴볼 수 있다.

- 중축선(남→북 방향)
  패루(牌楼)-조벽(照壁)-궁문(宫门)-곡경통유(曲径通幽)-체인목덕(体仁沐德)-심방호(沁芳湖)-석등롱(石灯笼)-추상재(秋爽斋)-희대(戏台)-대관루(大观楼)

- 중축선 서부(남→북 방향)
  이홍원(怡红院)-이향원(梨香院)-롱취암(拢翠庵)-철벽정(凸碧亭)-요정관(凹晶馆)-석방(石舫)

- 중축선 동부(남→북 방향)
  소상관(潇湘馆)-형무원(蘅芜院)-우향사(藕香樹)-료풍헌(蓼风轩)-도향촌(稻香村)

대관원 관람도

경점개관

① 대문광장

패루와 근벽

대관원 광장에는 "태허환경(太虛幻境)"의 네 글자 편액을 달고 있는, 8m높이의 패루(牌楼)가 세워져 있다. 또한 대관원 정문 앞에는 폭 18m에 높이가 6m인 조벽(照壁)이 세워져 있다. 조벽의 남면에는 화강암 돌에 《여와보천(女娲宝天)》의 그림이 새겨져 있고, 북면에는 대리석에 《금릉12차(金陵十二钗)》와 더불어 경환선자(警幻仙子) 등 14인의 인물상이 새겨져 있다.

여기서 잠깐

태허환경(太虛幻境)·금릉12차(金陵十二钗)·경환선자(警幻仙子)

태허환경(太虛幻境)·금릉12차(金陵十二钗)·경환선자(警幻仙子)는 홍루몽(红楼梦)을 그 출처로 하고 있다. 홍루몽(红楼梦)은 청(请)나라의 4~6대 황제인 강희(康熙)·옹정(雍正)·건륭(乾隆)의 3대에 걸쳐 살았던 조설근(曹雪芹, AD1715~1764)의 소설로 명문가 출신의 주인공 가보옥(贾宝玉)과 그의 고종4촌 누이 임대옥(林黛玉) 사이의 이루지 못한 사랑을 가문의 흥망성쇠와 더불어 웅장하게 그려낸 대하소설이다.

태허환경(太虛幻境)은 가보옥(贾宝玉)의 꿈에 두 차례에 걸쳐 등장하는 여신의 세계이다. 이곳을 주재하는 경환선자(警幻仙子)는 사람의 운명을 보여주며, 환상에 사로잡히지 말기를 끊임없이 암시한다. 금릉12차(金陵十二钗)는 태허환경에 들은 가씨(贾氏) 문중의 12여인을 말한다.

조벽(照壁)과 《여와보천(女娲宝天)》

여와(女娲)는 중국 신화에 등장하는 인물이다. 그녀는 하늘의 한쪽이 주저앉아 물이 새고 땅이 기울자 오색토(五色土)를 구해다가 벽돌 3만6,501개를 구어 하늘을 보수한다. 그 때 잉여벽돌 한 개는 제구실 못하고 천덕꾸러기가 되어 몇 겁을 굴러다니다가 우연히 제 빛을 발할 기회를 얻는데, 홍루몽의 남자주인공 가보옥(贾宝玉) 또한 전생에서 여와(女娲)의 그 잉여벽돌 같은 전말을 겪다가 명망가의 아들로 태어나면서 "홍루몽(红楼梦)"의 남자 주인공이 된다. 이곳 대관원(大观院) 조벽의 《여와보천(女娲宝天)》은 소설 "홍루몽(红楼梦)"의 서막인 셈이다.

② 조벽(照壁)

조벽(앞면)

조벽(뒷면)

　조벽의 앞면 윗부분에는 여와(女媧)가 누워있는 모습과 더불어 그녀의 머리카락은 강물이 되고, 그녀의 몸체는 산맥이 됨으로써 그녀가 대지(大地)의 모(母)가 되었다는 것을 형상화 하고, 그 왼쪽에는 월궁옥섬(月宮玉蟾)과 망사전성(蟒蛇纏星)이 새겨져 있으며, 그 오른쪽에는 후이사일(后羿射日)의 고사(故事)가 그려져 있다. 옛날 하(夏)나라 때, 하늘에 10개의 해가 떠올라 온 세상이 불에 타자 임금인 후이(后羿)가 하늘에 고한 후, 해를 향해 화살을 쏘아 10개 중 9개를 떨어뜨림으로써 불을 잡고, 백성이 살기 좋은 누리를 만들었다는 후이사일(后羿射日)의 고사는 뉘와보천(女媧宝天)의 고사와 더불어 산하와 인류 탄생의 장엄한 광경을 묘사하고 있다.
　조벽의 뒷면에는 경환선자(警幻仙子)가 한 손에는 "박명사책(薄命司册)"을, 그리고 다른 한 손으로는 대옥(黛玉)과 보옥(宝玉)을 가리키며 무언가 이야기 하려는 모습과 더불어 태허환경(太虛幻境)에 든 가씨(賈氏) 가문의 12여인을 등장시켜 홍루몽(红楼梦)의 이야기 전개를 묘사하고 있다.

③ 대문(大门)

대관원 대문

　대관원의 정문은 다섯 칸 넓이에 출입문이 3개이다. 출입문 중 한가운데 것에는 "대관원(大观院)"의 세 글자 편액이 걸려있고, 그 양쪽으로 "만상쟁휘(万象争辉)"와 "응휘정서(凝晖钟瑞)"의 편액이 각각 걸려있다. 대관원의 만물은 빛을 탐하고, 그 빛을 응축시켜 때에 맞는 상서로움을 담아낸다는 의미이지 싶다.

④ 대관원돌사자

　대문 앞의 사자 한 쌍은 청(清)나라의 6대 황제 건륭(乾隆, AD1735~1796)년간에 만들어진 것이다. 높이가 2.8m인 이 돌사자들은 베이징(北京)소재 한 왕부(王府)의 진택지물(镇宅之物)이었는데, 베이징시(北京市)의 지원으로 1980년에 이곳으로 옮겨온 것이라고 한다. 형상이 위무웅위(威武雄伟)하고, 몸에서 힘이 느껴지는 등 전형적인 북방계열의 특징을 잘 갖추고 있다는 평이다. 이 사자들에게는 총 맞은 흔적이 있는데, 이는 1860년대 중반에 8국 연합군이 베이징(北京)을 침략했을 때 가해진 것이라고 한다.

⑤ 곡경통유(曲径通幽)

곡경통유(曲径通幽, 취징통요우)는 대문을 들어서면서 첫 번째로 마주하는 경관이다. 3천여 톤의 태호석(太湖石)을 동서길이 90m, 남북 폭 20m, 높이 5m의 크기로 쌓아 만든 가산(假山)이다. 산동곡절(山洞曲折)의 호젓한 오솔길을 따라 등성이를 넘을 수도 있고, 바위 틈이나 굴을 통해 너머로 갈수도 있다. 산 뒤로

곡경통유

는 푸른 연못에 닿아있어 산수일처(山水一处)의 경관도 감상할 수 있으며 체인목덕(体仁沐德)으로 통한다.

⑥ 체인목덕(体仁沐德)

체인목덕

체인목덕 내경

체인목덕(体仁沐德, 티런무더)은 200여 평의 3칸 대청으로 가원춘(贾元春)이 부모를 뵈러 이곳에 올 때 가마에서 내려 쉬었던 곳이다. 가원춘(贾元春)은 홍루몽의 주인공인 가보옥(贾宝玉)의 손위누이로서 입궐하여 원(元)나라 황제의 비(妃)가 된다. 대청 위에는 금을 입힌 "체인목덕(体仁沐德)" 네 글자의 편액이 걸려있고, 대청의 중앙에는 "금옥만당류금대립병(金玉满堂镏金大立屏)" 병풍이 쳐있는 가운데 "용봉화람유리등(龙凤花蓝琉璃灯)"이 걸리고 "동제훈향대정(铜制熏香大鼎)"향로가 놓여있다.

또한 동청(东厅)에는 1m남짓의 "송학청화대자병(松鹤青花大瓷瓶)"이, 그리고 서청(西厅)에는 "자금3층목조대선도(紫金三层木雕大仙桃)"가 진열돼 있으며, 그 양쪽으로는 수놓아 만든 1m크기의 코끼리와 기린이 자리 잡고 있다.

대청 앞의 동(东)·서(西) 곁채에는 꿩의 깃으로 만든, 원비(元妃)의 치우룡정(雉羽龙旌) 깃발과 원비의 가마가 보관돼 있다. 체인목덕(体仁沐德) 대청의 뒤로는 연못이 있고, 그 너머로 대관루가 마주 보인다.

⑦ 대관루(大观楼)

대관루(大观楼, 따관로우)는 체인목덕(体仁沐德)에서 연못 건너로 보이는 석패루(石牌楼) 뒤쪽에 있다. 대관원의 중심을 이루는 대관루는 여러 건물들로 구성되며, 전체 건축면적은 640여 평이다.

물가에는 한백옥석(汉白玉石)의 호부난간(湖

호부난간과 패루

대관루 대문

대관루 전경

'구은사의' 외관

'구은사의' 내경

埠栏杆)이 둘려있고, 그 안쪽으로 4주3문(四柱三门)의 한백옥석 패루가 8m의 높이로 서 있다. 패루 위에는 원비(元妃) 가원춘(贾元春)이 부모님을 뵈러 고향에 들렸을 때 묵는 곳이라는 의미의 "성친별서(省亲别墅)" 네 글자가 금빛 찬란하게 올려붙여 있다.

패루 뒤의 문정(门庭) 안쪽으로 대전(大殿)인 "구은사의(顾恩思义)"와 후전(后殿)인 침궁(寝宫)이 있다. 대전은 가원춘이 왕비의 신분으로 고향집에 머물며 활동하는 공간으로 15m높이의 2층 건물이다. 2층에는 빙 둘러 복도가 있어 이곳에 오르면 대관원(大观园) 사방의 경색을 막힘없이 볼 수 있다.

대전(大殿)은 화려하게 꾸려져 있다. 앞마당에는 구리로 만든 기린과 봉황 각 한 쌍씩이 배치돼 있고, 대전 내부에는 한가운데에 근례대(觐礼台)가 설치돼 있다. 아랫사람들이 찾아와 뵙고 예를 드리는 곳이라는 의미의 근례대(觐礼台)에는 뒤쪽으로 백조조봉(百鸟朝凤)이 새겨진 금도금의 병풍이 쳐져있고, 그 앞의 보좌(宝座) 좌우로는 훈향동로(薰香铜炉)·입학동등(立鹤铜灯)·치우궁선(雉羽宫扇)·문방사보(文房四宝)·금옥여의(金玉如意, 악기) 등 화려한 기굴들이 배열돼 있다.

후전(后殿) 또한 궁전(宫殿) 식으로 꾸며져 있다. 좌우대칭의 건물 지붕은 특제의 사기기와로 이어졌고, 문밖에는 동록(铜鹿)·동학(铜鹤)이 배치돼 있으며, 내부에는 침실 외에 홍목대라한탑(红木大罗汉榻) 좁고 길며 비교적 낮은 평상(平床)과 더불어 8개의 9사홍목의(九狮红木椅) 의자가 배열돼 있다.

⑧ 이홍원(怡红院)

이홍원(怡红院, 이홍위옌)은 대관원(大观园)의 서남부에 자리 잡고 있는, 홍루몽(红楼梦)의 남자주인공 가보옥(贾宝玉)의 거처이다. 1조2로3진(一组二路三进)의 정원건축 구도로 모두 270여 평의 건물들이 자리 잡고 있으며, 정문인 수화문(垂花门)을 들어서면 정원의 양쪽 벽에 중국의 옛 화법으로 그린 보옥(宝玉)의 애정장면 10폭이 걸려있다.

여기서 잠깐

수화문(垂花门)

수화문은 중국의 고옥에서 볼 수 있는 중문(中门, 重门, 二门)으로 문 위에 지붕을 올리고, 조각이나 단청으로 치장하여 멋을 냈다. 집 주인의 사회적 지위를 과시하는 방편으로 여겨졌으며, 그러한 배경에서 그 형태가 다양하고 화려하다.

이홍원의 수화문

이홍원 내경

역예헌

통령서방 내경

정원의 왼쪽으로는 보옥(宝玉)이 시를 읊던 통령서방(通灵书房)이 있고, 오른 쪽으로는 보옥(宝玉)의 일상처소인 역예헌(绎艺轩)이 있다. 역예헌에서는 옛날 명문가 자제들의 생활상을 미루어 짐작해 볼 수 있어서일까, 사람들의 발길이 늦춰진다. 역예헌(绎艺轩)의 "예(艺)"는 "운(云)"이라는 설도 있다.

⑨ 롱취암(玩翠庵)

롱취암 내경

롱취암(玩翠庵, 롱추이안)은 대관원(大观园)의 서북부에 자리 잡고 있다. 울창한 대나무 숲과 대조를 이루는 산문을 들어서면 3m높이의 동정(铜鼎, 구리 솥)과 그 양편의 종루(钟楼) 및 고루(鼓楼), 그리고 "보해자항(普海慈航)" 편액의 전각이 눈에 들어온다. 전각 안에는 2m남짓 높이의 동제(铜制) 관음좌상(观音坐像)이 존치돼 있다.

전각 뒤의 한 뙈기 자죽(紫竹) 숲과 "청도(听涛)"편액의 방정(方亭), 화강석관음벽(花岗石观音壁)을 지나면, 작은 연못 서쪽으로 청정하고, 우아하며, 아름다운 선방(禅房)이 있다. 홍루몽(红楼梦)에 등장하는 금릉12차(金陵十二钗)의 여섯 째 여인 묘옥(妙玉)이 참선하던 곳이다.

⑩ 이향원(梨香院)

롱취암(玩翠庵) 동쪽으로 있는 140여 평 크기의 북면(北面) 3칸 건물이다. 희대(戏台)와 대청(大厅) 및 분장실 등이 있으며, 당시의 공연소품 등도 함께 볼 수 있다.

이향원 내경

⑪ 도향촌(稻香村)

도향촌 내경

도향촌(稻香村, 다오썅춘)은 대관원(大观园)의 동북부에 자리 잡고 있는 1300여 평 크기의 전원 가옥이다. 금릉12차(金陵十二钗)의 한 여인인 이환(李纨)과 그의 아들 가란(贾兰)이 이곳에서 거처하며, 농사를 지었다. 이환(李纨)은 홍루몽(红楼梦)의 주인공인 가보옥(贾宝玉)의 형수이다.

도향촌(稻香村)은 전원과 후원으로 나뉜다. 전원에는 채마밭과 주점이 있고, 후원에는 이환(李纨)과 가란(贾兰)의 거처인 3칸 크기의 묘당(茆堂, 초가집)이 있다. 전반적으로 정갈하고 아늑하며 검소함이 느껴지는 분위기이다.

⑫ 소상관(潇湘馆)

소상관(潇湘馆, 샤오썅관)은 홍루몽(红楼梦)의 여주인공 임대옥(林黛玉)의 거소이다. 울창한 대나무 숲 속에 전체 160여 평의 건물들이 조화롭게 자리 잡고 있다. "소상(潇湘)"은 깊고 맑은 물을 의미한다. 소상관(潇湘馆)의 담벼락에는 하늘에서 내

강주초려

유봉래의   임대옥의 처소 내경

린 구슬 같은 초옥(草屋)이라는 의미의 "강주초려(降珠草庐)" 네 글자가 새겨져 있다.

"소상관(潇湘馆)" 편액의 정문 문정을 들어서서 실개천 위의 돌다리를 건너면 "유봉래의(有凤来仪)"라는 이름의 본채 건물이다. 봉황도 예의를 차린다는 의미일 "유봉래의(有凤来仪)" 동편이 임대옥(林黛玉)의 처소이고, 서편이 대옥의 시녀인 자견(紫鹃)과 설안(雪雁)의 거처이다. 본채의 서북쪽에 있는 "수옥헌(秀玉轩)"은 대옥이 시를 읊던 곳이고, "이화춘우(梨花春雨)"는 그녀가 거문고를 타던 곳이다.

⑬ 형무원(蘅芜院)

형무원(蘅芜院)은 200여 평의 건물로 소상관(潇湘馆) 서쪽으로 있다. 그 외에 원앙청(鸳鸯厅)·가산(假山)·6각정(六角亭)·나한송(罗汉松)·회박(桧柏)·형지청분(蘅芷清芬) 등이 있다. 가산(假山) 뒤쪽의 형지청분(蘅芷清芬)은 설보차(雪宝钗)   형무원

의 거소이다. 형무원(蘅芜院)의 정취는 매우 그윽하다는 평이다. "형무(蘅芜)"는 족두리풀이 무성하게 어우러져 있음을 의미한다.

⑭ 추상재(秋爽齋)·료봉헌(蓼凤轩)·난향오(暖香坞)·우향사(藕香榭)·자릉주(紫菱洲)

추상재(秋爽斋, 치유솽짜이)는 보옥(宝玉)의 이복 여동생 가탐춘(贾探春)의 거소이고, 추상재(秋爽斋)의 동쪽으로 료봉헌(蓼凤轩, 랴오펑쒸엔)이 있다. 료봉헌(蓼凤轩)에는 가산(假山)과 후원(后园)이 있고, 후원을 흐르는 작은 개울에는 난간이 쳐져있어 휴식 겸 경치구경을 할 수 있다.

료봉헌(蓼凤轩)의 남쪽 머리에 난향오(暖香坞, 누완쌍우)가 있다. 난향오(暖香坞)는 금릉12차(金陵十二钗) 중의 하나인 석춘(惜春)의 거소이다. 우향사(藕香榭, 오우쌍셔)는 널찍한 건물로 앞뒤 양면이 못에 닿아있고, 난간이 둘려있다. 자릉주(紫菱洲, 쯔링쪼우)의 구곡교(九曲桥)에는 2채의 누각이 서로

추상재   료봉헌

난향오   우향사

자릉주 구곡교

교차해서 서 있다. 자릉주(紫菱洲)의 "주(洲)"는 흙이나 모래가 물속에 쌓여 물위로 들어난 부분을 말한다. 펄인 것이다.

⑮ 요정관(凹晶馆)·심방교(沁芳桥)·홍향포(红香圃)·석방(石舫)

요정관

요정관(凹晶馆, 아오징관)은 대관루(大观楼) 뒤쪽의 개울 옆에 있다. 나란히 있는 두 개의 건물은 난간이 있는 복도로 연결돼 있다. 가을밤에 달을 감상하던 곳이다.

심방교(沁芳桥, 친팡차오)는 곡경통유(曲径通幽)의 가산(假山) 동쪽머리에 있는 석공교(石拱桥)이다. 다리 위의 정자에는 "심방(沁芳)"의 편액이 걸려있다. "심(沁)"은 스며드는 것을, "방(芳)"은 싱그러운 향기를 각각 의미한다.

홍향포(红香圃, 홍쌍푸)는 "체인목덕(体仁沐德)"의 서쪽으로 있는 40평 넓이의 건물이다. 서편으로는 모란(牧丹) 꽃밭이고, 동북 편으로는 작약(芍药) 꽃밭이다. 4대가족(四大家族)의 혈연이자 금릉12차(金陵十二钗)의 하나인 사상운(史湘云)은 중성미(中性美)의 양태에 성격이 호방하여 사람들은 그녀를 좋아한다. 그러

심방교

한 그녀도 때로 허전할 때면 술에 취해 아무렇게나 홍향포(红香圃)의 꽃밭에 누어 잠들 곤 하였는데, 그러한 정황을 이곳에 형상화 한 것이라고 한다.

4대가족(四大家族)

가부(贾府)의 사람들은 그 혈맥이 네 가문에서 파생된다. 가가(贾家)·사가(史家)·왕가(王家)·설가(薛家)가 그것이고, 이들을 일러 4대가족(四大家族)이라고 한다. 사대가족(四大家族)의 대표인물로는 가가(贾家)의 가정(贾政)과 가보옥(贾宝玉), 사가(史家)의 사가모(史贾母, 홍국영의 부인)와 사상운(史湘云), 왕가(王家)의 왕부인(王夫人, 가보옥의 모친)과 왕희봉(王熙凤, 가보옥의 형수), 설가(薛家)의 설보차(薛宝钗, 대옥의 연적) 등이 있다.

홍향포

석방

석방(石舫, 쉬팡)은 하화지(荷花池)연못 서쪽의 와파교(椏波桥) 옆에 앉혀진 33평 넓이의 3칸 대청이다. 서쪽 칸에 올려 진 누각에는 "춘파화방(春波画舫)"의 편액이 걸려있다.

⑯ 매화원(梅花园)

매화원(梅花园, 메이화위엔)은 3만8,000여 평 넓이의 매화나무 밭이다. 동면(东面)과 동남면(东南面)이 디앤산후(淀山湖, 정산호)에 접해있는 매화원(梅花园)에는 홍매(红梅)·록매(绿梅)·백매(白梅) 등, 수령 300년에 이르기까지의 매화나무 4,000여 그루가 심겨져 있고, 매화꽃이 필 때면 무르익는 봄기운을 만끽할 수 있다하여 "매오춘농(梅坞春浓)"의 편액을 문루(门楼)에 달고 있다. 또한 호숫가를 따라서는 190m길이의 자등(紫藤)나무 터널이 설치돼 있다. 이곳에서 접하는 호색풍광(湖色风光)은 절경이라는 평이다.

⑰ 백화원(百花园)

백화원(百花园, 빠이화위엔)은 4,000여 평 넓이의 화관목(花灌木) 꽃밭이다. 광옥란(广玉兰)·자옥란(紫玉兰)·백옥란(白玉兰)·화도(花桃)·벽도(碧桃)·앵도(樱桃)·해당(海棠)·석류(石榴)·두견(杜鹃)을 비롯한 여러 가지 꽃들이 사시사철을 번갈아가며 피어나는데, 사람들은 그 형상을 표현하여 이르기를 "군방쟁염(群芳争艳)"이라고 한다. 고운 자태를 다투어 뽐낸다는 의미일 테다.

⑱ 계화원(桂花园)

계화원(桂花园, 꾸이화위엔)은 대관원의 서남부에 5천여 평의 넓이로 자리 잡고 있는 계화수(桂花树, 물푸레나무)나무 숲이다. 금계(金桂)·은계(银桂)·단계(丹桂)·4계계(四季桂)의 네 종류 물푸레나무 680여 그루가 들어서 있다.

제16장 펑씨앤구 奉贤区

1. 전체모습

펑씨앤구(奉贤区, 봉현구)는 샹하이시(上海市)의 남부에 687㎢(제주도의 1/3)넓이로 자리 잡고 있다. 인구는 108만 명이고(2010년), 행정상으로는 8쩐(镇)으로 나뉘어 있다. 난챠오(南桥, 남교)·펑청(奉城, 봉성)·진후이(金汇, 금회)·짱항(庄行, 장행)·쩌린(柘林, 자림)·하이완(海湾,

펑씨앤구 위치

해만)·칭춘(青村, 청촌)·쓰투완(四团, 사단) 등이다. 중국경제사회발전 12차5개년계획 기간인 2011년부터 2015년까지 난챠오(南桥)·진후이(金汇)·칭춘(青村)의 3개 진(镇)을 포괄하는 신도시 건설이 추진되고 있다.

2. 지리교통

지리

펑씨앤구(奉贤区)가 위치한 지역은 창쟝삼각주(长江三角洲)의 동남쪽 가장자리부분이다. 남쪽으로는 항쪼우만(杭州湾)과 32km에 걸쳐 접하고, 서북부 가장자리로는 13km에 걸쳐 황푸쟝(黄浦江) 상류와 접한다.

펑씨앤구(奉贤区)는 샹하이시(上海市)에서 해발높이가 가장 높은 지대로 평균 4.0~4.5 범위에 든다. 샹하이시 전체의 평균은 0.5m수준이다.

교통

펑씨앤구(奉贤区)가 위치한 지역은 샹하이시(上海市)의 동남부 오지이지만, 도로·수로·철로가 지나고 있어 교통은 편리하다.

① 도로
고속도로로는 상해외곽순환(上海绕城)·호금(沪金)·호로(沪芦)의 3개 노선이 지나고, 일반도로로는 동서방향의 대엽(大叶)·대정(大正)·남봉(南奉) 공로와 남북방향의 호항(沪杭)·포성(浦星) 공로가 지난다.

② 수로
펑씨앤구(奉贤区)에는 황푸쟝(黄浦江)·포동남운하(浦东南运河)·칭춘강(青村港)·포동운하(浦东运河)·진후이강(金汇港) 등이 흐르고, 이를 기반으로 한 수운(水运)이 활발하다. 황푸쟝(黄浦江)을 통해서는 건설 중인 샹하이국제항운중심(上海国际航运中心)과 오송강(吴淞港) 항구로 이어지고, 황푸쟝(黄浦江)-포동남운하(浦东南运河)-칭춘강(青村港)-포동운하(浦东运河)로 이어지는 수운(水运)은 펑씨앤(奉贤)을 동서로 가로지른 후 북으로 흘러 중국의 동해(东海)로 들어간다. 또한 펑씨앤을 남북으로 관통하는 진후이강(金汇港)의 수운은 항쪼우만(杭州湾)으로 이어진다. 펑씨앤구(奉贤区)는 관내에 2만5,000톤 급의 배가 접안할 수 있는 부두가 있고, 이를 거점으로 하여 수운이 더욱 발전하리라는 전망이다.

③ 철로
펑씨앤구(奉贤区)에는 포동철로(浦东铁路)가 동서방향으로 지난다. 포동철로는 샹하이시(上海市) 임해산업단

펑씨앤 교통도

지의 물류유통수요를 충족시키기 위해 건설되는 것으로 3단계 건설계획 중 1단계가 완료, 금산구(金山区)·포동신구(浦东新区)·봉현구(奉贤区)가 연결돼 있으며, 펑씨앤구(奉贤区)에는 쓰투완(四团)과 하이완(海湾)의 두 개 역(站)이 있다.

3. 볼거리

펑씨앤구(奉贤区)의 주요 볼거리를 뽑아보면 다음과 같다.

(표) 펑씨앤구의 주요 볼거리

볼 거 리	개 요
벽해금사(碧海金沙)	벽해금사(碧海金沙, 비하이진샤)는 해변에 걸쳐 조성된 빈해휴한원(滨海休闲园)임. 계절 따라 정기적으로 불어나는 물을 막기 위해 쌓은, 1.3km길이의 방신장(防汛墙) 벽채와 바닷물을 가로질러 쌓은 600m길이의 제방이 24만평의 벽해금사(碧海金沙)를 품고 있음. 1만3,000여 평의 인조녹지, 22만7,000여 평의 인공사탄(人工沙滩, 모래사장), 20만여 평의 쪽빛 바다로 구성됨. 벽해금사(碧海金沙)는 샹하이시의 황금해안으로 회자됨. 지하철 1호선 씬쫭쨘(莘庄站) 남광장(南广场)에서 벽해금사로 가는 버스가 있음. 10분 간격이며 1시간 30분 정도 소요됨.

볼 거 리	개 요
신륭생태원(申隆生态园) 	신륭(申隆, 선룽) 생태원은 235만여 평 넓이의, 자연 상태에 가까운 삼림공원임. 벽해금사(碧海金沙)와 인접해 있음. 경점으로는 도원(桃园)·리원(梨园)·조원(枣园) 등의 경제과림(经济果林), 국내외의 희귀조류 80여종이 수용돼 있는 백조원(百鸟园), 관광농원인 농가락(农家乐), 고목의 은행나무로 조성된 은행대도(银杏大道) 거북모양의 인공섬인 8선종수오귀도(八仙种树乌龟岛) 등이 있음. 1호선 씬쯈쫜(辛庄站)에서 신남선(辛南线) 버스를 탐.
상해신선주성(上海神仙酒城) 	상해신선주성(上海神仙酒城)은 샹하이(上海市)에서 생산되는 "신선(神仙)"표 술 양조장임. 신선주(神仙酒)는 고량(高粱)과 대곡(大曲, 누룩)을 한데 섞어 찐 다음 움막에서 발효시켜 만든 술로 투명하고 향기가 짙으며 맛이 순하고 달콤함. 신쓰핑공루(新四平公路)에 있음.
국제풍쟁방비장(国际风筝放飞场) 	"풍쟁방비(风筝放飞)"는 연날리기를 의미함. 6만여 평의 상해국제풍쟁방비장(上海国际风筝放飞场)은 펑씨앤하이완관광구(奉贤海湾旅游区)의 일부임. 하이완(海湾)에 있음.
탄호도(滩浒岛) 	탄호도(滩浒岛, 탄쒸다오)는 항쯔우만(杭州湾)의 섬으로 펑씨앤하이완(奉贤海湾) 관광구로부터 12㎞거리에 있음. 새우·뱀장어·봉미어(凤尾鱼) 등의 청정해산물이 풍부하며, 천연산소까페(天然氧吧, 티앤 란양바)로도 불림. 하이완(海湾)에 있음.
만불각(万佛阁) 	만불각(万佛阁, 완포어거)은 여승(女僧)들의 수행도장임. 명나라 주원장(朱元璋, AD1328~1368)의 태조(太祖, AD1368~1398)년간에 창건됐으며, 7,400여 평 터의 4,360여 평 건물들은 청(清, AD1616~1911)나라 때의 것임. 전해오기로는 원(元, AD1271~1368)나라 때 한 갑부의 딸이 결혼하기를 거부하고 입산 삭발했는데, 그 부모가 이를 몹시 애석해하여 절을 짓고, 작은 불상들을 빚어 존치했다함. 비구니의 수행도장이 된 배경이기도 함. 펑청뻬이지에(奉城北街)에 있음.

제17장 총밍현 崇明县

1. 전체모습

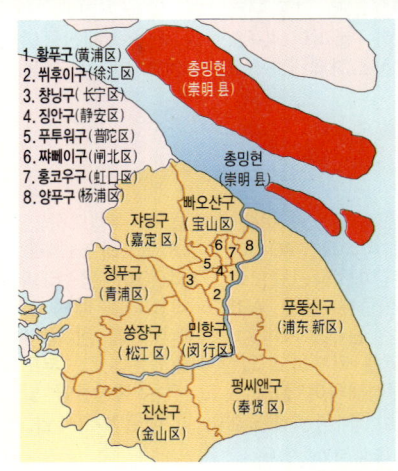

총밍현 위치

　총밍현(崇明县)은 샹하이시(上海市)의 하나밖에 없는 교현(郊县)이다. 총밍현(崇明县)은 교외구역에 있으면서도 관할 상으로는 샹하이시정부(上海市政府)가 직접 관할하고 있는 현(县)인 것이다. 총밍현(崇明县)은 총밍(崇明)·창씽(长兴)·헝샤(橫沙)의 세 섬으로 조성돼 있으며, 1,411㎢(제주도의 3/4의 면적에 인구는 69만 명이다(2010년). 행정상으로는 16쩐(镇, 진) 2쌍(乡, 향)으로 나뉘어 있다. 다음과 같다.

총밍현 행정구획

①청챠오쩐(城桥镇, 성교), ②바오쩐(堡镇, 보), ③씬허쩐(新河镇, 신하), ④먀오쩐(庙镇, 묘), ⑤지앤씬쩐(坚新镇, 견신), ⑥썅화쩐(向化镇, 향화), ⑦싼씽쩐(三星镇, 삼성), ⑧강옌쩐(港沿镇, 항연), ⑨쫑씽쩐(中兴镇, 중흥), ⑩천쟈쩐(陈家镇, 진가), ⑪뤼화쩐(绿华镇, 록화), ⑫강씨쩐(港西镇, 항서), ⑬지앤셔쩐(建设镇, 건설), ⑭씬하이쩐(新海镇, 신해), ⑮동밍쩐(东平镇, 동평), ⑯챵씽쩐(长兴镇, 장흥), ⑰씬춘썅(新村乡, 신촌), ⑱헝샤썅(乡沙乡, 횡사)

지리

총밍현(崇明县)은 챵쟝(长江)이 서북쪽에서 동남방향으로 흘러 바다로 들어가는 입구에 물 흐르는 방향으로 길게 놓인 총밍다오(崇明岛) 섬이 주축을 이룬다. 더불어 총밍현(崇明县)을 이루는 챵씽다오(长兴岛)와 헝샤다오(横沙岛)의 두 섬이 챵쟝(长江) 하구의 끝에 물흐르는 방향으로 열 지어 있다. 세 섬의 크기와 인구는 다음과 같다.

2. 지리교통

(표) 총밍현 세 섬의 면적과 인구

섬 별	길이와 폭(km)	면적(km²)	인구(만명)
총밍다오(崇明岛)	동서길이 80, 남북 폭 13~18	1,200	82
챵씽다오(长兴岛)	동서길이 27, 남북 폭 2~4	160	12
헝샤다오(横沙岛)	남북길이 12, 동서 폭 8	52	3

총밍다오(崇明岛)는 강의 하구에 위치한 섬으로는 세계에서 가장 큰 것이고, 중국대륙에서는 타이완(台湾)과 하이난(海南)에 이어 세 번째로 크다

고 한다. 그 명칭에 관하여는 다음과 같은 이야기가 전해온다.

> 동진(东晋, AD317~420) 말에 조정의 부패로 백성들이 도탄에 빠지자 쑨언(孙恩, AD?~402)이 앞장서서 농민의병을 일으킨다. 하지만, 조정군사에 패하고 쫓기게 되자 농민의병들은 대나무로 뗏목을 만들어 강물을 타는데, 종국에는 창장하구의 물속 모래펄에 좌초되어 몸들만 빠져나온다.
>
> 물속 펄에 박힌 대나무 뗏목은 바닷물이 불어나는 만조 때는 물속에 잠겼다가 물이 빠져나가는 간조 때는 들어나는데, 그 모습이 보는 사람들로 하여금 신비로움을 느끼게 했다. 어떻게 보면 뒤에서 살금살금 못된 짓을 하는 요괴 같기도 했고, 어떻게 보면 신선 같기도 했다. 그래서 사람들은 그것을 일러 수명(崇明, 쑤이밍)이라고 했다. "수(崇, 쑤이)"는 귀신이 사람에게 해를 끼친다는 의미를 지니고, "명(明, 밍)"은 신의 영험함을 의미한다.
>
> 흐르는 세월과 더불어 강 하구에 쌓이는 흙모래도 그 양이 늘어나 경이로운 풍광이 빚어졌다. 뗏목은 사라지고 웅장하기조차 한 섬이 생겨난 것이다. 이에 사람들은 자연에 대한 숭배의 정서도 울어나 이제까지 부르던 "쑤이밍(崇明)"의 쑤이(崇)를 숭배한다는 의미의 "총(崇, 숭)"으로 바꿔 "총밍(崇明)"이라고 불렀다.

역사 기록상으로 총밍다오(崇明岛)가 물 위로 모습을 드러내기 시작한 것은 이세민(李世敏)의 부친 이연(李渊)이 당나라를 세우고 고조(高祖, AD618~626)로 재위하던 때이며, 사람이 이곳에 들어가 땅을 갈기 시작한 것은 당(唐)나라의 무측천(武则天, AD684~690)년간이라고 한다.

총밍다오(崇明岛)는 해발 3.5~4.5m의 높이이다. 강물에 실려 온 흙모래가 쌓여 이루어진 총밍다오(崇明岛)는 땅이 비옥하여 농사가 잘 되고, 잡히는 물고기가 많아 예부터 어미지향(鱼米之乡)으로 불려왔다. 또한 "동해영주(东海瀛洲)"로도 불리는데, 이 명칭은 명(明)나라를 건국한 주원장(朱元璋, AD1328~1398)이 하사한 것으로 옛날 신선이 살았다는 동해(东海) 속의 신산(神山)이 바로 여기라는 의미를 지닌다.

창씽다오(长兴岛)는 쥐쌍(橘乡, 귤향)으로도 불린다.
많은 면적에서 감귤이 재배되고 있는 배경에서이다.

교통

샹하이시(上海市) 중심지에서 총밍현(崇明县)으로 가는 대중 교통편은 룬두(轮渡, 페리)와 노선버스가 있다.

룬두(轮渡, 페리)

샹하이(上海)의 육지에서 총밍현(崇明县)으로 향하는 페리는 빠오샨구(宝山区)의 황푸쟝(黄浦江) 하구 북쪽연안 부두에서 출항한다. 하구(河口)로부터 북쪽으로 짚어 우쏭마토우(吳淞码头), 빠오양마토우(宝杨码头), 쉬동코우마토우(石洞口码头) 순이다. 총밍현(崇明县)의 도착부두는 모두 다섯으로 현성(县城) 소재지인 청챠오쩐(城桥镇, 성교진)의 난먼마토우(南门码头), 씬허쩐(新河镇)의 씬허마토우(新河码头), 빠오쩐(堡镇)의 빠오쩐마토우(堡镇码头), 챵씽따오(长兴岛)의 챵씽마토우(长兴码头), 헝샤따오(橫沙岛)의 헝샤마토우(橫沙码头) 등이다. 페리운항의 마토우(码头)간 연계상황을 개관하면 다음과 같다.

(표) 페리운항부두 연계상황

빠오샨구(宝山区)		총밍현(崇明县)	
출항부두명	교통관련 팁	도착부두명	지역별
쉬동코우마토우(石洞口码头)	지하철3호선 티에리루짠(铁力路站)에서 북쪽으로 한참 떨어져 있음.	난먼마토우(南门码头)	총밍따오(崇明岛) 청챠오진(城桥镇)
		씬허마토우(新河码头)	〃 씬허진(新河镇)
빠오양마토우(宝杨码头)	전철3호선의 빠오양루짠(宝杨路站)과 요우이루짠(友谊路站)이 근방에 있음.	난먼마토우(南门码头)	〃 청챠오진(城桥镇)
		빠오쩐마토우(堡镇码头)	〃 빠오진(堡镇)
우쏭마토우(吳淞码头)	지하철3호선 쑹빈루짠(淞滨路站)이 인근에 있음.	난먼마토우(南门码头)	〃 청챠오진(城桥镇)
		씬허마토우(新河码头)	〃 씬허진(新河镇)
		빠오쩐마토우(堡镇码头)	〃 빠오진(堡镇)
		챵씽마토우(长兴码头)	챵씽따오(长兴岛)
		헝샤마토우(橫沙码头)	헝샤따오(橫沙岛)

<노선버스>

노선버스는 모두 8개 노선이며, 일괄해서 "신숭선(申崇线)"으로 부른다.

"신(申)"은 샹하이(上海)를, "숭(崇)"은 총밍따오(崇明岛)를 각각 의미한다. 노선버스노선을 개관하면 다음과 같다.

(표) 버스노선별 발착지

노선별	발착지	도착지	
신숭1선 (申崇1线)	지하철1호선 원슈이루쨘 (汶水路站, 짜뻬이구)	총밍따오(崇明岛)	천쟈진(陈家镇)
신숭2선 (申崇2线)	지하철2호선 샹하이커지관쨘 (上海科技馆站, 푸뚱신구)	"	"
신숭3선 (申崇3线)	지하철1호선 원슈이루쨘 (汶水路站, 짜뻬이구)	"	청챠오진(城桥镇)
구간신숭3선 (区间申崇3线)	"	"	빠오진(堡镇)
신숭4선 (申崇4线)	지하철2호선 샹하이커지관쨘 (上海科技馆站, 푸뚱신구)	챵씽따오(长兴岛)	
신숭5선 (申崇5线)	우쑹공쟈오커윈쨘 (吴淞公交客运站)	챵씽따오(长兴岛)	
신숭6선 (申崇6线)	지하철6호선 쥐펑루쨘 (巨峰路站, 푸뚱신구)	총밍따오(崇明岛)	청챠오진(城桥镇)
구간신숭6선 (区间申崇6线)	"	"	빠오진(堡镇)

3. 볼거리

총밍현(崇明县)의 주요 볼거리를 정리하면 다음과 같다.

(표) 총밍현의 주요 볼거리

경점	개요
동평삼림공원(东平森林公园)	동평(东平, 동핑) 삼림공원은 총밍도(崇明岛) 섬의 중북부에 108만 평의 넓이로 자리 잡고 있음. 현성(县城)인 난먼강(南门港)으로부터는 12km의 거리임. 국가4A급의 인공평원삼림공원인 동평공원(东平公园)의 경점으로는 풍차(风车)·반암(攀岩)·대문강(大门岗)·양광욕장(阳光浴场)·사탄욕장(沙滩浴场)·원야낙원(原野乐园)·활삭(滑索)·활초(滑草)·기마장(骑马场)·동물림(动物林) 등이 있음.

경 점	개 요
동탄후조보호구(东滩候鸟保护区) 	동탄(东滩, 동탄)은 전형즈인 하구습지(河口湿地)로 총밍다오(崇明岛) 섬의 동쪽 끝단에 있음. 현재의 면적은 9천만 평으로 가늠되며, 해마다 바다 쪽을 향해 150m씩 뻗어나가고 있다함. 면적으로는 2만6,000평임. 이곳에 서식하는 조류는 모두 265종으로 관찰되고 있으며, 동탄으로 날아드는 철새들의 생태보호를 위해 일본·호주와 철새서식지보호협정이 체결돼 있음. 우쏭마토우(吴淞码头)나 빠오양마토우(宝杨码头)에서 승선, 빠오쩐(堡镇)에서 내린 후 동탄(东滩)행 버스를 탐.
서사습지(西沙湿地) 	서사(西沙, 씨샤)는 2005년에 개방된 습지공원임. 90만 평 넓이의 서사습지공원은 숭명도국가지질공원의 핵심구성요소임. 챵장하구의 밀물과 썰물의 동태가 이곳에서 조사됨. 총밍다오(崇明岛) 뤼화쩐(绿华镇)의 명주호(明珠湖)서쪽으로 있음.
명주호(明珠湖) 	명주호(明珠湖, 밍쮸후)는 총밍다오(崇明岛) 섬의 서북끝 뤼화쩐(绿华镇, 록화진)에 있음. 담수호로 남북길이 3.5km, 동서 폭 500~700m의 크기이며, 면적으로는 60만평임. 수심이 7~8m인 명주호의 주위로 아동낙원(儿童乐园)·신비사옥(神秘斜屋)·천연욕장(天然浴场)·서사도가촌(西沙度假村) 등의 경점이 있음.
전위촌(前卫村) 	전위촌(前卫村, 치앤웨이춘)은 총밍다오(崇明岛) 섬의 중북부에 위치한, 국가4A급의 생태관광구임. 도시와 시골의 풍광이 한데 어우러진 3.5㎢크기의 마을에 주민은 750여명임. 자연을 만끽할 수 있는 고장이라는 평임. 지앤씬진(坚新镇)에 있음.
영동촌(瀛东村) 	영동촌(瀛东村, 잉동춘)은 밀물 때는 망망대해이고, 썰물 때는 끝없는 갈대밭이던 곳을 관광구로 개발한 해변 마을임. 80만평의 마을에는 농사일을 체험하며 즐기는 농가락(农家乐)을 위시하여 어가락(渔家乐)·과가락(果家乐)·화가락(花家乐)·임가락(林家乐) 등이 있으며, 연간 다녀가는 관광객 수가 800만 명을 넘고 있음(2015년). 천쟈진(陈家镇)에 있음.

경 점	개 요
수안사(寿安寺) 	수안사(寿安寺, 쇼우안쓰) 절은 송(宋, AD960~1279)나라 때 창건된 사찰임. 원(元)·명(明)·청(请)의 세 왕조를 거치는 동안 계속하여 보수, 확장되어 경내에는 대웅보전(大雄宝殿)·염불당(念佛堂)·천불각(千佛阁)·참당(忏堂)·창해각(沧海阁)·천왕전(天王殿)·청원당(清远堂)·풍락정(丰乐亭) 등의 건물이 화려한 모습으로 들어서 있음. 청챠오진(城桥镇)에 있음.
광복사(广福寺) 	광복사(广福寺, 광푸쓰) 절은 청나라의 9대 황제 함풍(咸丰, AD1850~1865)년간에 창건됨. 6천 평의 터에 대웅전을 비롯하여 산문루(山门楼)·향객루(香客楼)·염불당(念佛堂)·재당(斋堂)·가람전(伽蓝殿)·객당(客堂)·생활루(生活楼)·교학루(教学楼)·학승숙사루(学僧宿舍楼) 등의 건물이 들어서 있음. 쭝씽진(中兴镇)에 있음.
숭명학궁(崇明学宫) 	원(元)나라의 12대 임금 태정(泰定, AD1323~1328)의 행궁 겸 묘학합일(庙学合一)의 용도로 지어진 건물임. 지금은 숭명박물관(崇明博物馆)으로 활용되고 있음. 동서 간 길이 144~148m, 폭 80m인 터에 전(殿)·궁(宫)·청(厅)·사(祠)·각(阁) 등 여러 형태의 건물들이 들어서 있음. 중심 건물은 사찰에서의 대웅전 격인 대성전(大成殿)임. 공자(孔子)가 봉공돼 있음. 청챠오진(城桥镇)에 있음.
장강수교(长江隧桥) 	샹하이시(上海市)의 장강수교(长江隧桥)는 장강수도(长江隧道)와 장강대교(长江大桥)를 통칭하는 것임. "수도(隧道)"는 터널을 의미함. 장강수도는 그 길이가 9㎞이고, 장강대교는 17㎞임.

총밍현 풍광

부록1. 중국고유명사의 표기규준
부록2. 중국역사개요
부록3. 성급행정단위(省級行政單位)
부록4. 중국철로의 객운전선(客運專線)
부록5. 샹하이 전철노선표(2014)
부록6. 상해륜도(上海輪渡)의 명칭과 운행구간
부록7. 불교18나한의 명칭과 형상
부록8. 주요 볼거리 목록

3부 부록

1. 전제 : 한어병음방안(汉语拼音方案)에 기초를 둠

"한어병음방안"은 라틴어의 자모(字母)를 이용하여 현대 중국어 보통화(普通话)의 음성을 표기하는 방식으로, 중국정부가 1958년에 공포한 것이다. 현재 중국은 표준말이라 할 보통화(普通话)의 보급에 있어서나 사전에서의 발음표기에 있어서 "한어병음방안"을 채택하고 있으며, 세계 여러 나라들도 중국의 인명 지명 등을 표기할 때 "한어병음방안"을 기초로 하고 있다.

2. 표기규준

중국어의 음절은 성모(声母)와 운모(韵母)가 결합하여 이루어진다. 예컨데, "北"의 음절은 "bei"인데, 여기서 b가 성모이고, ei가 운모이다. 성모는 음절의 처음에 나오는 자음을 가리키고, 운모는 음절에서 성모 뒤의 부분을 말한다. 성모와 운모가 결합되어 구성되는 음절의 한국어 표기방법을 다음과 같이 한다.

가) 첫 소리가 입술을 맞대어 내는 소리인 경우

성모	운 모									
	a	o	e	ai	ei	ao	ou	an	en	ang
b	바	보		바이	베이	바오		반	번	방
p	파	포		파이	페이	파오	포우	판	펀	팡
m	마	모	머	마이	메이	마오	모우	만	먼	망
f	파	포			페이	파오	포우	판	펀	팡

○ p와 f가 같은 모양으로 표기되었으나 영문자의 발음차이와 같음.
○ "bo"를 "보"로 표기하였으나 실제의 발음은 어감상으로 '브오'로 발음되는 느낌이 있음.
○ b는 때로는 "ㅃ"으로 발음되기도 하는데, 그런 경우 발음을 따라가는 것으로 함.
○ 표기예 : 北의 중국어 병음 발음은 "bei", 한국어 표기는 "베이"
　　　　　 白의 중국어 병음 발음은 "bai", 한국어 표기는 "빠이"

나) 첫 소리가 혀끝과 윗니 뒤쪽이 맞닿아 나는 소리인 경우

성모	운 모									
	a	o	e	ai	ei	ao	ou	an	en	ang
d	다		더	다이	데이	다오	도우	단	던	당
t	타		터	타이		타오	토우	탄		탕
n	나		너	나이	네이	나오	노우	난	넌	낭
l	라		러	라이	레이	라오	로우	란		랑

○ "de"의 경우 "드어"의 어감이 있음.
○ 표기예 : 南의 병음 발음은 "nan", 한국어 표기는 "난"
　　　　　 头의 병음 발음은 "tou", 한국어 표기는 "토우"
　　　　　 德의 병음 발음은 "de", 한국어 표기는 "더"
○ d는 때로는 "ㄸ"으로 발음되기도 하는데, 그런 경우 발음을 따라가는 것으로 함.

다) 첫 음이 인후의 여닫음으로 나는 소리인 경우

성모	운 모									
	a	o	e	ai	ei	ao	ou	an	en	ang
g	가		거	가이	게이	가오	고우	간	건	강
k	카		커	카이	케이	카오	코우	칸	컨	캉
h	하		허	하이	헤이	하오	호우	한	헌	항

○ g는 때로는 "ㄲ"으로 발음되기도 하는데, 그런 경우 발음을 따라가는 것으로 함.
○ 표기예 : 高의 병음발음은 "gao", 한국어 표기는 "까오"
口의 병음발음은 "kou", 한국어 표기는 "코우"

라) 첫 음이 입술을 양옆으로 잡아당긴 상태에서 혀끝과 윗니뒤쪽이 맞닿아 나는 소리인 경우

○ 표기예 : 西의 병음발음은 "xi", 한국어 표기는 "시"
钱의 병음발음은 "qian", 한국어 표기는 "치앤"
熊의 병음발음은 "xiong", 한국어표기는 "슝"
○ 예컨대, 香(xiong)과 上(shang)에서 둘을 모두 "샹"으로 표기할 경우 구분이 안되므로 "xiong"은 쓩(씨앙)으로 표기함.

성모	운 모									
	i	ia	ie	iao	iu	ian	in	iang	ing	iong
j	지	쟈	지에	쟈오	지유	지앤	진	쟝	징	죵
q	치	챠	치에	챠오	치유	치앤	친	챵	칭	총
x	시	샤	시에	샤오	시유	시앤	신	샹	싱	숑

마) 혀의 형태에 따라 어감이 달라지는 소리의 경우

성모	운 모										
	a	e	-i	ai	ei	ao	ou	an	en	ang	eng	ong
z	짜	쩌	쯔	짜이	쩌이	짜오	쪼우	짠	쩐	짱	쩡	쫑
c	차	처	츠	차이		차오	초우	찬	천	창	청	총
s	사	서	스	사이		사오	소우	산	선	상	성	송
zh	쨔	쪄	쯔		쪄이	쨔오	쪼우	쨘	쩐	쨩	쩡	쫑
ch	챠	쳐	츠	챠이		챠오	쵸우	챤	쳔	챵	쳥	춍
sh	샤	셔	스	샤이	셰이	샤오	쇼우	샨	션	샹	셩	
r		러	르			라오	로우	란	런	랑	렁	롱

○ z c s 는 혀가 윗니뒷면에 닿으면서 단모음으로 발음되나 zh ch sh 는 말아 올린 혀가 입천장에 닿으면서 복모음으로 발음됨. r 역시 zh 등과 같이 혀를 말아 올리는 형태는 같으나 그 발음은 단모음으로 됨.
○ "정주(郑州)"의 병음은 "zhengzhou"이다. 위의 규준대로라면, 우리말 표기로는 "쩡쪼우"이다. 그런데 이를 "정저우"로 표기하는 경우가 있다. 이와 같이 표기하는 경우 쓰기에 간편함이 있기는 하나 이는 "한어병음방안"의 발음과는 동떨어지므로 이 책에서는 본래의 발음에 충실하게 하기로 한다. 또한 한글표기를 단순화 하기 위하여 "쩡쪼우"로 쓰는 경우가 있는데, 이는 병음 "zengzou"와 발음상으로 혼동되므로

취하지 않기로 한다.
- "上海"의 병음은 "shanghai"이고, 위의 규준에 따른 우리말 표기는 "샹하이"이다. 그런데 이를 "상하이"로 표기하는 경우가 있다. 이 역시 "한어병음방안"의 발음과는 동떨어지므로 이 책에서는 본래의 발음에 충실하게 하기로 한다.
- s는 때로는 "ㅆ"으로 발음되기도 하는데, 그런 경우 발음을 따라가는 것으로 함.
- 표기예 : 四川의 병음표기는 "sichuan", 한국어 표기는 "쓰촨"

바) 기타

성모	운모										
	u	ua	uo	uai	-ui	uan	un	uang	u	ue	uan	un
d	두		두어		두이	두안	둔					
t	투		투어		투이	투안	툰					
n	누		누어			누안			뉘	눼		
l	루		루어			루안	룬		뤼	뤠		
z	쭈		쭈어		쭈이	쭈안	쭌					
c	추		추어		추이	추안	춘					
s	수		수어		수이	수안	순					
zh	쭈	쫘	쭈어	쫘이	쭈이	쭈안	쭌	쫘앙				
ch	츄	촤	츄어	촤이	츄이	츄안	츈	촹				
sh	슈	솨	슈어	솨이	슈이	슈안	슈운	샹				
r	루	롸	루어		루이	루안	룬					
g	구	과	구어	과이	구이	관	군	광				
k	쿠	콰	쿠어	콰이	쿠이	콴	쿤	쾅				
h	후	화	후어	화이	후이	환	훈	황				
j									쥐	쥐에	쥐앤	쥔
q									취	취에	취앤	췬
x									쉬	쉐	쉬앤	쉰

3. 적용의 한계

- "xiang"과 "xi"의 경우 "썅"과 "샹", "씨"와 "시"로 그 표기가 다를 때가 있는데, 이는 어감에서 비롯되는 것임.
- "zhe"과 "ze"의 경우 그 발음표기는 전자는 "ㅉ+ㅓ"로 복모음이고 후자는 "ㅉ+ㅓ"로 단모음이나 관련 프로그램 사정상 둘 모두를 단모음 "쩌"로 표기함.

부록 2
중국역사 개요

오늘날 중국의 역사를 상(商)나라 때부터 기산하면 3,600년이 되고, 하(夏)나라 때부터라면 4,000년이 된다. 그리고 저들의 신화시대(神话时代)인 황제(黄帝) 때부터라고 한다면 4,700년이 된다. 인류문명사에서 학자들은 문자가 생겨난 시기 이전을 사전시대(史前时代), 그리고 그 이후를 역사시대(历史时代)라고 하는데, 상(商)나라 때의 갑골문자(甲骨文字)가 발견되고, 더 소급해 올라가 3,000~4,000년 전의 도기(陶器)에 문자성(文字性) 무늬가 있었으며, 4,000~5,000년 전의 거북이 등껍질에 새겨진 부호(符号)들로 볼 때 자기들 중국은 5,000년의 역사를 갖는다고 한다.

이 5,000년간의 역사를 저들은 여덟 단계로 나누어 기술하기도 하는데, 사전시대(史前时代)·전설시대(传说时代)·선진시기(先秦时期)·진한시기(秦汉时期)·위진남북조시기(魏晋南北朝时期)·수당오대시기(隋唐五代时期)·송원시기(宋元时期)·명청시기(明清时期) 등의 단계가 그것이다. 개관하면 다음과 같다.

1 사전시대(史前时代)

중국 땅에는 224만~25만 년 전에 원시인류인 직립인(直立人)이 살았던 것으로 고고학은 밝히고 있다. 무산인(巫山人, 重庆의 巫山에서 그 유골이 발굴됨), 원모인(元谟人, 云南省 元谟县에서 발굴), 남전인(蓝田人, 陕西省 蓝田县에서 발굴), 남경직립인(南京直立人, 南京市 汤山에서 발굴), 북경직립인(北京直立人, 北京 周口店에서 발굴) 등이 그들로서 구석기시대 중기에 산에 동굴을 파고 살았다.

신석기시대에 들어와 원시인류는 부락을 이루고 살았으며, 그 삶의 흔적이 발굴되고 있는데, 그 흔적들에 대하여 그것이 발굴된 지역의 이름을 붙여 용산문화(龙山文化), 앙소문화(仰韶文化), 하모도문화(河姆渡文化), 대구문화(大口文化) 등으로 부른다.

2 전설시대(传说时代)

중국의 신화에서는 반고(盘古)가 천지를 창조하고, 여와(女娲)가 인간을 만들었다. 뒤이어 삼황오제(三皇五帝)가 나타나 인간에게 사는 방법을 가르치는데, 이 삼황오제가 누구냐에 관하여는 사람에 따라 다르기는 하지만, 정리해 보면 대체로 이렇다. 삼황(三皇)의 경우 수인씨(燧人氏)와 복희씨(伏羲氏) 등 둘에 대하여는 이견이 없고, 나머지 하나에 대하여는 신농씨(神农氏)·여와(女娲)·축융(祝融) 중의 하나를 꼽는다. 수인씨는 인류에게 처음으로 불의 사용법을 전수하고, 복희씨는 식량을 얻는 방법과 문자를 전수한다. 오제(五帝)는 황제(黄帝)·전욱(颛顼)·제곡(帝喾)·요(尧)·순(舜)의 다섯 임금을 일컫는다.

중국 전설 중의 삼황오제는 하(夏) 왕조 이전의 중국대륙에 살던 부족들을 이끈, 걸출한 수령들로서 이들이 얼마나 긴 세월에 걸쳐 백성들을 다스렸는지는 확실치 않으나 수천 년은 넘을 것으로 역사에서는 추정하고 있다.

이제까지 정리되어온 전설에 의하면, 황제(黄帝)는 본래 염제(炎帝)가 다스리는 부족의 한 부락 수령이었다. 그는 세력을 키워 염제를 비롯한 주변 부족을 평정하고, 부족연맹의 수령이 되었으며, 그 자리는 그의 손자 전욱(颛顼)에 이어 현손자인 제곡(帝喾)로 이어져 내려갔다. 제곡의 아들 요(尧)는 왕위의 세습을 타파하고 주위의 추천을 받아 현자(贤者)에게 왕위를 물려주니 그가 순(舜)임금이다. 순 임금은 군(鲧)으로 하여금 황허(黄河)의 홍수범람을 다스리도록 명하였으나, 둑으로 물길을 막아 치수하려는 그의 방법이 사태를 오히려 악화시키매 그 책임을 물어 그를 처형하고, 그의 아들 우(禹)로 하여금 황허치수의 임무를 수행토록 한다. 우(禹)는 부친의 치수방법과는 달리 물길을 뚫어 치수에 성공하고, 순임금으로부터 왕위를 물려받으니 그가 우(禹)임금이다.

우(禹)임금은 선대 임금이 해 오던 왕위선양의 전통을 깨고, 왕위를 아들인 계(启)에게 물려주며, 계(启)는 하(夏)왕조를 연다. 하(夏)왕조는 중국의 첫 번째 세습왕조로서 이후 400여 년간 이어지다가 상(商)나라에게 멸망한다.

3 선진(先秦)시기

가. 하(夏)·상(商)·주(周)

세습왕조 하(夏)나라는 BC21세기~BC16세기에 걸쳐 존재한 것으로 되어 있으나, 문자성(文字性) 문물이 발견되지 않아 후세에 출토된 문물을 상호 대조해 가면서 그 실체를 더듬어가고 있다. 대체로 허난성(河南省) 루워양(洛阳)의 얼리토우유지(二里头遗址)가 하(夏)왕조의 도읍지였을 것으로 보고 있다.

이어 수립된 상(商, BC1675~BC1046)나라는 청동기(青铜器)·역법(历法)·갑골문(甲骨文) 등 발전된 문화와 문물을 지니고 있을 뿐만 아니라 봉건왕조체제의 국가조직도 잘 갖춰져 있었다. BC1298년에 도읍이 은(殷, 지금의 河南省 安阳县)으로 옮겨지면서 은(殷)나라라고도 불렸다.

상(商)나라 왕조가 이어지는 동안 황허(黄河) 상류에서는 주(周) 부락이 날로 발전하더니 급기야는 상(商)나라까지 멸망시키고, 주(周)나라로 발돋움하면서 그 도읍을 웨이허(渭河) 유역의 하오징(镐京, 陕西省 西安)으로 잡는다. 이 후에도 그 세력은 더욱 커지면서 황허(黄河)와 화이허(淮河) 일대를 점령하였으며, 점령지는 제후(诸侯)들로 하여금 다스리게 하는 봉국(封国)체제로 관리하였다. 주(周)나라의 전성기에는 그 영토가 남쪽으로는 챵쟝(长江)을 넘었고, 동쪽과 동북쪽으로는 샨똥(山东)과 랴오닝(辽宁)에 닿았으며, 서쪽으로는 깐수(甘肃)에 이르렀다.

나. 춘추전국(春秋战国)

BC770년에 이르러 북방의 유목부락 견륭(犬戎)이 쳐내려오자 주(周)나라의 평왕(平王)은 기존 도읍지인 하오징(镐京)을 포기하고, 동쪽의 루워이(雒邑)로 도읍을 옮긴다. 이때를 기준으로 하여 그 이전을 서주(西周)라 하고, 그 이후를 동주(东周)라고 한다.

루워이로 도읍을 옮긴 이후 국력은 날로 쇠락하고, 그 틈을 타서 일백여 개에 달하는 제후국(诸侯国)과 부속국(附属国)들이 발호하는데, 역사에서는 이 시기를 일컬어 춘추시기(春秋时期)라고 한다. 이 춘추시기에는 전쟁이 끊이지를 않았는데, 그 여러 나라 중에 세력이 막강했던 제(齐)·송(宋)·진(晋)·초(楚)·진(秦) 또는 제(齐)·진(晋)·초(楚)·오(吳)·월(越)을 일컬어 춘추오패(春秋五霸)라고 하였다.

BC536년을 전후하여 황허(黄河)유역에서의 나라간 힘겨루기가 마무리되어갈 즈음에는 춘추오패 중 진(晋)과 초(楚)의 두 나라가 힘의 균형을 이루게 된다. BC403년에 이르러 진(晋)나라가 다시 한(韩)·조(赵)·위(魏)의 세 나라로 나뉘고, 제(齐)·진(秦)·연(燕)의 세 나라가 발흥하자 초(楚)나라까지 합쳐 모두 일곱 나라가 다시 세 다툼을 하게 되는데, 역사에서는 이때부터를 전국시기(战国时期)라 하고, 이들 일곱 나라를 전국7웅(战国七雄)이라고 한다.

춘추전국시기에는 각 나라의 군주들이 치세의 도(道)를 어떻게 잡을 것인가에 관심이 있었기 때문에 이를 충족시키기 위한 사상가(思想家)들의 자기주장이 활발했는데, 역사에서는 이들 사상가를 제자백가(诸子百家)라 하고, 그들의 주장을 백가쟁명(百家争鸣)이라고 한다. 후세의 중국 사람들의 사상에 심오한 영향을 미친 사상가로는 노자(老子)·공자(孔子)·묵자(墨子)·장자(庄子)·맹자(孟子)·순자(荀子)·한비(韩非)등이 꼽힌다.

4 진·한(秦汉) 시기

BC221년, 전국7웅 중 진(秦)나라가 나머지 여섯 나라를 평정하고, 중국역사상 최초로 중앙집권군주통치국가(中央集权君主统治国家)를 세우면서, 그 도읍을 씨앤양(咸阳)으로 하였다. 진(秦)나라 임금 잉쩡(嬴政, 영정)은 자신을 평하여 "그 공이 삼황을 압도하고(功盖三皇), 그 덕이 오제의 것 보다 크다(德过五帝)"고 하면서 스스로를 시황제(始皇帝)로 봉하매, 사람들은 그를 불러 진시황(秦始皇)이라 하였다.

진시황은 주(周)나라의 제후분봉제(诸侯分封制)를 이어받아 중앙집권체제를 강화하고, 문자를 통일하여 국가문서시행의 획일화를 꾀했으며, 도량형을 통일하여 전국의 일상생활의 치수(寸数)계산을 같은 기준으로 하게 하였다. 진시황은 또한 역점을 두어 도로를 개설하고, 북방유목민족의 침략을 방어하기 위해 서쪽의 린타오(临洮, 甘肃省 兰州)로부터 동쪽의 랴오뚱(辽东)에 이르는 만리장성(万里长城)을 축조하였다.

진시황은 법치를 추구하여 법가(法家)인 이사(李斯)를 승상으로 삼으면서 그의 의견을 들어 학자들로 하여금 정치비평을 하지 못하도록 시서육경(诗书六经)을 불태우는 한편, 유학자 460명을 생매장하도록 하였다. 이른바 분서갱유(焚书坑儒)를 명하였던 것이다. 또한 그는 모든 병기(兵器)를 몰수하고, 70만 명의 백성을 동원하여 자신이 살아서 기거할 아방궁(阿房宫)을 짓고, 또한 죽어서 묻힐 능묘도 만들었다. 그 능묘에 세계적으로 관심을 끌고 있는 병마용(兵马俑)이 수장되어 있는 것이다.

BC210년, 진시황이 지방순찰 중에 죽자, 영호해(嬴胡亥)가 진2세(秦二世)에 등극하였으나, BC206년에 한(汉)나라의 유방(刘邦)에게 패망하였다. 진(秦)나라가 망한 후 한나라의 유방과 초나라의 항우가 초한전쟁(楚汉战争)을 벌여 세를 겨루다가 항우가 자결하매, 초한전쟁은 유방의 승리로 막을 내린다. 유방은 한고조(汉高祖)가 되면서 도읍을 챵안(长安, 지금의 陕西省 西安)으로 정하는데, 이로써 서한(西汉)이 시작된 것이다.

한고조(汉高祖, BC206~BC195) 유방은 진(秦)나라의 멸망이 엄격한 법집행과 과중한 부역에 그 원인이 있었음을 잘 아는 터이라 즉위하면서부터 백성들로 하여금 생활에 여유를 가질 수 있도록 배려하였다. 한(汉)나라의 6대 임금 무제(武帝 BC141~BC87) 때에 이르러 서한은 안정과 번영을 구가하게 된다. 한 무제는 젊은 장수들의 건의를 받아들여 위청(卫青)·곽거병(郭去病)·이광(李广) 등의 장수로 하여금 북쪽의 만족(满族)을 평정하도록 하는 한편, 서역(西域)을 통제하여 동서 간 문물교류의 통로인 실크로드(丝绸之路)를 개척하였다.

서한(西汉)은 개국한지 100년이 지나면서부터 국운이 쇠하더니, AD9년에 이르러 외척인 왕망(王莽)이 왕권을 가로채 신(新)이라는 국호를 사용하였으나, 거듭되는 실정으로 농민 봉기가 잦았고, 급기야는 왕족인 유수(刘秀)가 한(汉)나라를 회복시키면서 도읍을 챵안(长安)에서 루워양(洛阳)으로 옮겼다. 역사에서는 이때부터를 동한(东汉)이라 하고, 유수(刘秀)를 동한(东汉)의 광무제(光武帝)로 지칭한다. 동한(东汉)은 서한(西汉)의 전통을 이어받았으며, 한(汉)의 문화는 진(秦)의 교훈을 포괄하고 있어 당시의 문화 수준은 매우 높았다. 불교가 서역을 통해 들어온 것도 동한(东汉) 때이며, 이때 중국의 최초 사찰인 백마사(白马寺)가 건조(建造)되었다.

5 위·진·남북조(魏·晋·南北朝) 시기

동한(东汉, AD25~220)의 중후기(中后期)에 환관과 외척 간의 장기간에 걸친 권력다툼이 있었고, 동한 말기에는 장각(张角)을 수령으로 하는 농민봉기(일명 황건의 난)가 일어나면서 동한의 세력은 극도로 약화되었다. AD196년부터는 조조(曹操)가 동한의 조정을 좌지우지하였다. AD220년에 이르러 조조가 죽자, 그의 큰아들인 조비(曹丕)가 동한의 헌제(献帝)를 폐위시키고, 위(魏)나라를 세우면서 도읍을 루워양(洛阳)으로 하였다. 이 위(魏)나라와 더불어 청두(成都, 四川省)에 도읍을 두고 있던 촉한(蜀汉)과 지앤예(建业, 江苏省 南京)에 도읍을 두고 있던 오(吴)나라 등 세 나라가 역사의 전면에 부상하여 치열하게 세력다툼을 벌이니, 역사에서는 이때를 일컬어 삼국시기(三国时期)라고 한다.

AD263년, 위(魏)나라의 권신 사마소(司马韶)가 촉한(蜀汉)을 멸망시키고, 그의 아들 사마염(司马炎)이 진(晋)나라를 세우면서 도읍을 루워양(洛阳)으로 하였다. 진(晋)나라의 무제(武帝)로 등극했던 사마염(司马炎)이 죽고, 그 후 채 1년도 되지 않아 벌어지기 시작한 권력투쟁이 16년을 끓었다. 소위 8왕지난(八王之乱)이라고 불리는 이 와중을 틈타 흉노(匈奴)·선비(鲜卑)·강(羌)·저(氐)·갈(羯) 등의 유목민족 다섯이 중원에 흘러들어 왔다. 이들 유목민족은 오호난화(五胡乱华)라 하여 진나라에 항거하면서 AD304년에서부터 409년에 이르기까지 중원 북부지역에 여러 나라를 세웠다. 예컨대, 성한(成汉)·전조(前赵)·후조(后赵)·전연(前燕)·전량(前凉)·전진(前秦)·후진(后秦)·후연(后燕)·서진(西秦)·후량(后凉)·북량(北凉)·남량(南凉)·남연(南燕)·서량(西凉)·하(夏)·북연(北燕) 등이 그들이다. 역사에서는 이들을 일컬어 16국(十六国)이라고 한다.

동한(东汉, AD25~220)의 후기부터 북방에 살던 한족(汉族)이 전란을 피해 남방(南方)으로 이주해감에 따라 경제 중심도 자연스럽게 남진(南进)해갔다. 이러한 추세를 따라 진(晋, AD265~516)나라도 그 도읍을 남쪽의 지앤캉(建康)으로 옮기는데, 역사에서는 이때부터를 동진(东晋)이라하고, 그 이전을 서진(西晋)이라고 한다.

진(晋)나라가 남쪽으로 내려가고 북방에 힘의 공백이 생기자 선비족(鮮卑族)이 북방을 통일하여 북위(北魏)를 세웠다. 북위(北魏)는 동위(东魏)-서위(西魏)-북제(北齐)-북주(北周)로 왕조가 이어진다. 한편, 남쪽에서는 송(宋)-제(齐)-양(梁)-진(阵)으로 왕조가 이어져 내려간다. 이때를 역사에서는 남북조시기(南北朝时期)라고 부른다.

이 남북조시기에는 서방의 많은 불교선사들이 중국에 들어와 불경을 번역하는 등 포교에 힘써 불교가 매우 성행하였다.

6 수·당·오대(隋·唐·五代) 시기

AD581년에 양견(杨坚)이 북주(北周)를 멸하고 수(隋)나라를 세우면서 도읍을 챵안(长安)으로 정하였다. 수나라의 문제(文帝)로 등극한 양견은 AD589년에 남조(南朝)의 최후 왕조인 진(陈)을 멸망시켰으며, 이로써 중국은 한(汉)나라 이후의 300여 년간에 걸친 분열과 각축 끝에 재통일을 이루었다. 그러나 수(隋)나라는 개국 37년 만에 당(唐)나라에게 망하고 만다.

AD618년에 이연(李渊)이 수(隋)나라를 멸하고 당(唐, AD618~907)나라를 세우면서 고조(高祖, AD618~626)로 등극한다. 당(唐)나라는 중국 역사상 그 수명이 가장 길었던 왕조이다. 이세민(李世敏)이 당나라의 2대 임금 태종(太宗, AD626~649)에 등극하면서 당나라는 융성기에 접어드는데, 도읍지인 챵안(长安, 陕西省 西安)은 당시 세계적으로도 가장 큰 도시로 꼽혔다.

또한, 당태종 이세민은 자신의 딸인 문성공주(文成公主)를 티베트의 투판(吐蕃)에게 시집을 보냄과 아울러 당(唐)나라의 발달한 문물을 함께 보냄으로써 인접국가와도 선린관계를 돈독히 하였다.

당나라의 3대 임금 고종(高宗)인 이치(李治)의 처 무측천(武则天)은 도읍을 루워양(洛阳)으로 옮기면서 자신을 황제라 하였다. 이로써 그녀는 중국 역사상 단 하나밖에 없는 여황제(女皇帝)가 되는데, 그녀는 불교를 국교로 정하고, 사찰을 지으며, 토목공사에 주력하였다. 수(隋)·당(唐) 시기에 창안된 과거제도는 훌륭한 인재를 공평하게 선발토록 함으로써 나라의 문화 창달에 크게 기여하였다.

당나라 때는 일본 등 외국으로부터의 유학생도 많았으며, 위대한 문학가도 많이 배출되었다. 이백(李白)·두보(杜甫)·백거이(白居易)·두목(杜

牧·한유(韩愈)·유종원(柳宗元) 등이 그들이다. 당나라 때 불교가 매우 융성하였는데, 현장(玄奘)이 천축(天竺)에 다녀와 1,355권의 경문을 번역하고, 이를 씨안(西安)에 지은 대안탑(大雁塔)에 존치하였다. 이와 같은 문화의 창달은 당 태종(太宗, AD626~649) 이세민의 증손자인 현종(玄宗, AD712~756) 때 최고조에 달했으며, 역사에서는 이를 일컬어 개원성세(开元盛世)라고 하였다.

그러나 AD755년의 안사의 난(安史之乱) 이후 국력이 쇠퇴하더니, AD875년에 있은 황소(黄巢)의 봉기로 말미암아 지방군벌에 대한 통제력을 상실하고, AD907년에는 군벌인 주온(朱温)에게 망하고 만다. 주온은 당나라를 멸망시키고 후량(后凉)을 세우는데, 이때부터 군웅들이 할거하는 5대10국(五代十国)의 혼란국면이 시작된다.

7 송·원(宋·元) 시기

당나라 이후 5대10국(五代十国)의 50년 분쟁이 북송(北宋, AD960~1127)의 개국으로 어느 정도 마무리 됐지만, 베이징(北京)·티앤진(天津)·허베이(河北) 지역이 아직 글안(契丹)의 요(辽, AD907~1125)나라 수중에 있었고, 하서주랑(河西走廊, 북부의 좁고 긴 고지대 평원으로 서역으로 가는 길목임)을 당항족(党项族)의 서하(西夏, AD1038~1227)가 차지하고 있었다.

AD1125년에 송화강유역의 여진족(女真族)이 세운 금(金, AD1115~1234)나라가 세력을 확장하면서 요(辽)나라를 멸하고, 당쟁으로 휘청거리는 북송(北宋)을 멸망시켰다. 이에 북송의 왕족인 조구(赵构)가 황제를 칭하며 린안(临安, 浙江省 杭州)에 도읍을 정하니 역사에서는 이를 일컬어 남송(南宋, 1127~1279)이라 한다.

이후 금(金)과 남송(南宋)이 여러 차례 전쟁을 벌였지만, 상대방에게 결정적인 타격을 가하지 못하다가 AD1234년에 이르러 몽고(蒙古)와 남송(南宋)이 연합하여 금(金)나라를 패망시킨다. 그리고 뒤이어 벌어진 몽고와 남송간의 전쟁에서 남송이 대패한다. 1271년에 몽고의 쿠불라이칸(忽必烈, 성길사한의 손자, 1215~1279)이 원(元)나라를 세우고, 도읍을 대도(大都, 北京)에 정하였다. 원(元)나라는 1279년에 남송(南宋)을 멸망시킨다.

북송(北宋) 때 중국의 인쇄술과 화약이 발명되었다. 또한 북송 때 해상무역이 성했으며, 수도 카이펑(开封)

과 항쪼우(杭州)에는 각국의 상인들이 운집하고, 자국의 인구만도 100만 명이 넘었다. 또한 북송 때는 사회와 문화도 발전하여 백사전(白蛇传)·양축(梁祝) 등과 같은 낭만 애정소설도 등장하였다.

원(元)나라가 세워진 후, 한편으로는 중원의 한족문화를 흡수하면서 다른 한편으로는 민족등급 제도를 시행하였다. 몽고인(蒙古人)이 1등급이고, 서하(西夏)와 서역(西域)의 사람들이 2등급이었으며, 한인(汉人)과 남인(南人)이 각각 3등급과 4등급이었다. 이와 같은 민족등급 제도는 수적으로 많은 한족의 불만을 샀고, 한족의 무사들은 원(元)나라를 외래정권으로 인식하여 여러 차례에 걸쳐 반기를 들곤 하였다. 원나라 조정은 전통적인 농업뿐만 아니라 상업도 중시함으로써 도성인 대도(大都, 北京)는 매우 번화하였다.

8 명·청(明·清) 시기

AD1368년, 농민봉기군의 수령이었던 주원장(朱元璋)이 원(元)나라를 뒤엎고 명(明, AD1368~1644)나라를 세우면서 도읍을 난징(南京)으로 잡았다. 주원장의 아들 주체(朱棣)는 정난의 변(靖难之役)을 일으켜 2대 황제인 건문(建文)을 폐하고, 3대 황제 영락(永乐)으로 등극하면서 도읍을 난징에서 베이징으로 옮긴다. 이때부터 명나라는 전성기에 접어든다.

AD1405년, 영락의 황제등극을 적극 도왔던 태감(太监) 정화(郑和)는 황제의 명을 받아 일곱 차례에 걸쳐 인도(印度)·동남아(东南亚)·아프리카(非洲)를 다녀왔다. 왕양명(王阳明)과 이지(李贽)같은 사상가가 배출되고, 삼국연의(三国演义)·수호전(水浒传)·서유기(西游记)·금병매(金瓶梅) 등과 같은 장편소설들이 창작되었다. 명나라는 매우 개방적인 왕조로서 14대 만력(万力, 1572~1620) 때 그 경제발전이 최고조에 이른다.

명나라 말기인 AD1627년, 농민봉기가 일어나고, 그 수령인 이자성(李自成)이 1644년에 자금성을 침범함에 명나라의 마지막 황제인 숭정(崇祯)이 목매어 자살함으로써 명나라는 망하게 된다.

명나라 말기, 동북지구의 만족(满族)이 흥성하기 시작하더니 세력이 커진 만족(满族)의 누루하치(努尔哈赤)가 AD1644년에 북경에 들어와 이자성(李自成)을 몰아내고 청(清, AD1616~1911)나라를 세운다. 청(清)나라는 건국 후 반세기만에 신쟝

(新疆)·시짱(西藏)·멍구(蒙古)·타이완(台湾) 등을 점령하는 등 영토를 확장하였다. 청나라 왕조는 쇄국정책을 씀으로써 중국의 역사가 낙후될 수밖에 없는 결과를 초래하였다.

〈청나라 말기의 내우외환〉

19세기 초에 이르러 청나라는 이미 쇠퇴일로를 걷고 있었다. 7대 황제 가경(嘉庆, AD1796~1820) 년간을 전후하여 백련교(白莲教)와 천리교(天理教)의 대규모 봉기가 있었고, 다른 한편으로는 해상왕국인 영국과 화란 및 포르투갈이 중국의 대외무역개방을 압박해왔다. AD1787년에 영국의 상인들은 중국에 대한 아편수출을 개시했는데, 아편 수입이 급증하면서 중국의 무역수지는 크게 악화되었다. 이에 청(清)나라 조정은 AD1815년에 서양의 선박을 검색할 수 있도록 하는 아편장정(鸦片章程)을 공포하는데, 영국의 상인들은 이를 무시하고 대량의 아편을 반입하였다. 8대 황제 도광(道光, AD1820~1850)은 AD1838년에 백성들로 하여금 아편을 피우지 못하도록 하는 한편, 임측서(林则徐)를 광쪼우(广州)로 보내 약 1,200톤에 달하는 아편을 압류하여 소각하도록 하였다.

영국정부는 이에 항의하며 AD1840년 6월에 아편전쟁을 일으키고, AD1842년에는 챵쟝(长江)을 점령함과 아울러 강남(江南)의 물자가 북경으로 공급되는 길을 막아버렸다. 청나라 조정은 북경의 물자부족을 견디지 못하고 영국에 굴복하면서 영국과 남경조약(南京条约)을 체결하게 된다. 남경조약에는 샹하이(上海) 등 5개 항구를 개방함과 아울러 홍콩(香港)을 할양할 것 등, 중국의 주권을 크게 훼손하는 내용이 담겨 있었다. 중국의 역사학계는 이때부터를 중국의 근대사가 개시되는 것으로 보고 있다.

이러한 외우(外忧)에 겹쳐 국내에서는 청나라 조정에 항거하는 봉기가 일어난다. AD1851년부터 1864년에 이르기까지 기독교의 영향을 받는 홍수전(洪秀全)이 정교합일(政教合一)의 중앙정권인 태평천국(太平天国)을 세우고, 난징(南京)에 도읍을 정하면서 티앤징(天京)이라 하였다.

19세기 후반, 영(英)·불(佛)·러(俄)·일(日) 등이 여러 차례 중국을 침략하면서 중국으로서의 불평등조약을 강제했고, AD1860년에는 영불연합군(英佛联合军)이 제2차 아편전쟁을 일으켜 베이징(北京)까지 쳐들어왔다. 영불연합군은 황가원림(皇家园林)이자 자금성(紫禁城)에 버금가는 황실궁궐을 불태우는 등 청(清)나라를 압박하여 청나라로 하여금 북경조약(北京

条约)에 서명하도록 하였다. 북경조약에는 챵쟝(长江)연안과 북방연해의 항구를 개방한다는 내용이 들어있다. 러시아와 일본도 영국에 상응하는 권리를 중국으로부터 갈취해갔다.

이와 같은 외우와 내환을 겪으면서 청나라 조정에서는 국력을 증강하고, 국방을 공고히 해야 한다는 소리가 높아졌다. 이홍장(李鸿章)과 증국번(曾国藩) 등이 앞장서 양무운동(洋务运动, 군사 과학 통신 등 제반분야의 근대화운동)을 전개했으며, 그 결과 국력이 회복되고, 10대 황제 동치(同治, AD1861~1875)년간의 중흥기를 맞게 된다. AD1877년에는 신쟝(新疆)을, 그리고 1881년에는 제정러시아에 점령당했던 이리(伊犁, 신쟝위구르자치구 서북부)를 수복한다.

그러나 AD1894년에 발발한 일본과의 갑오전쟁(甲午战争) 패전은 중국에 적잖은 영향을 미쳤으며, 11대 황제 광서(光绪, AD1875~1908)의 국정개혁 시도가 서태후(西太后, 9대 황제 함풍의 생모)에 의해 저지되면서 나라발전의 동력을 잃게 된다.

AD1899년, 의화단운동(义和团运动)이 벌어지면서 서태후의 묵인 하에 베이징 주재 외국공관을 포위공격하자 각국은 자국인의 보호명목으로 중국에 군대를 파견하는데, 역사에서는 이를 8국연합군(八国联合军)이라고 한다. 청나라 조정은 의화단사건으로 인한 외국공관의 피해배상으로 백은(白银) 4억5천 냥을 지불함과 아울러 베이징(北京)-샨하이관(山海关) 간의 철도 연변에 8군연합군을 주둔시키고, 외국공관 주재지역에는 중국인의 출입을 금하도록 하였다.

〈중국의 역사연표〉

역대왕조		연대	도 성		비 고
			과거명칭	현재명칭	
하(夏)		BC2146 ~ BC1675	양청(阳城)	등펑(登封, 河南省)	BC2333년, 단군이 고조선 건국
상(商)		1675 ~ 1046	하오(亳)	상치유(商丘, 河南省)	
주(周)	서주(西周)	1046 ~ 771	하오(镐)	시안(西安, 陕西省)	
	동주(东周)	770 ~ 256	루워이(雒邑)	루워양(洛阳, 河南省)	
	춘추(春秋)	770 ~ 476			
	전국(战国)	475 ~ 221			
진(秦)		221 ~ 207	시앤양(咸阳)	시앤양(咸阳, 陕西省)	
한(汉)	서한(西汉)	206 ~ AD8	챵안(长安)	시안(西安, 陕西省)	BC57~BC18년간에 신라 고구려 백제 개국
	신조(新朝)	AD9 ~ 25			
	동한(东汉)	25 ~ 220	루워이(雒邑)	루워양(洛阳, 河南省)	

역대왕조		연대		도 성		비 고
				과거명칭	현재명칭	
삼국 (三国)	위(魏)	220 ~	265	루워양(洛阳)		
	촉한(蜀汉)	221 ~	263	청두(成都)	청두(成都, 四川省)	
	오(吳)	222 ~	280	지앤예(建业)	난징(南京, 江苏省)	
진(晋)	서진(西晋)	265 ~	316	루워양(洛阳)	루워양(洛阳, 河南省)	
	동진(东晋)	317 ~	420	지앤캉(建康)	난징(南京, 江苏省)	
16국(十六国)		304 ~	439			
남조 (南朝)	송(宋)	420 ~	479			
	제(齐)	479 ~	502			
	양(梁)	502 ~	557			
	진(陈)	557 ~	589			
북조 (北朝)	북위(北魏)	386 ~	534	핑청(平城)	따퉁(大同, 山西省)	
	동위(东魏)	534 ~	550	예(邺)	린쟝(临漳, 河北省)	
	서위(西魏)	535 ~	556	챵안(长安)	시안(西安, 陕西省)	
	북제(北齐)	556 ~	577	예(邺)	린쟝(临漳, 河北省)	
	북주(北周)	557 ~	581	챵안(长安)		
수(隋)		581 ~	618	따싱(大兴)	시안(西安, 陕西省)	AD618년에 신라가
당(唐)		618 ~	907	챵안(长安)		3국통일
5대 10국 (五代 十国)	후량(后梁)	907 ~	923	비앤징(汴京)	카이펑(开封, 河南省)	
	후당(后唐)	923 ~	936	루워양(洛阳)	루워양(洛阳, 河南省)	
	후진(后晋)	936 ~	947	비앤징(汴京)	카이펑(开封, 河南省)	
	후한(后汉)	947 ~	951			
	후주(后周)	951 ~	960			
송(宋)	북송(北宋)	960 ~	1127	카이펑(开封)		
	남송(南宋)	1127 ~	1279	린안(临安)	항쪼우(杭州, 浙江省)	
요(辽)		907 ~	1125	황두(皇都)		
대리(大理)		937 ~	1254	타이허청(太和城)	다리(大理, 云南省)	
서하(西夏)		1032 ~	1227	싱칭푸(兴庆府)	은촨(银川, 宁夏自治区)	
금(金)		1115 ~	1234	후이닝(会宁)	아청(阿城, 黑龙江城)	
원(元)		1271 ~	1368	따두(大都)		
명(明)		1368 ~	1644	베이징(北京)	베이징(北京)	1392년에 이성계 가 조선 개국
청(清)		1616 ~	1911			
중화민국(中华民国)		1912 ~	1949			
중화인민공화국 (中华人民共和国)		1949 ~				

부록 3
성급행정단위 (省级行政单位)

중국의 성급 행정단위라 함은 우리나라에서의 특별시·광역시·도와 같이 가장 상급의 행정단위이다.

중국의 성급 행정단위로는 직할시(直辖市)·성(省)·자치구(自治区)·특별행정구(特别行政区) 등이 있으며, 모두 34개이다. 4직할시·23성·5자치구·2특별행정구인 것이다. 그 내역은 다음과 같다.

1. 직할시(直辖市)

명칭	정부 소재지	면적 (천㎢)	인구 (만명)	하부 행정단위	비 고 전중국 대비(%)	남한 대비(배)
베이징 (北京)	동청구 (东城区)	16	2,152	14구(区) 2현(县)	-	-
상하이 (上海)	황푸구 (黄浦区)	6	2,426	16구(区) 1현(县)	-	-
티앤진 (天津)	허씨구 (河西区)	12	1,517	13구(区) 3현(县)	-	-

명칭	정부소재지	면적(천㎢)	인구(만명)	하부 행정단위	비고 전중국 대비(%)	비고 남한 대비(배)
총칭(重庆)	위쫑구(渝中区)	82	2,991	23지급시(地级市)	-	-

주: 인구는 2014년말 기준임.

2. 성(省)

명칭	정부소재지	면적(천㎢)	인구(만명)	하부 행정단위	비고 전중국 대비(%)	비고 남한 대비(배)
허베이(河北)	쉬쟈쫭시(石家庄)	189	7,384	11 지급시(地级市)	2.0	1.9
샨씨(山西)	타이위엔시(太原市)	157	3,648	11 지급시(地级市)	1.6	1.6
헤이룽쟝(黑龙江)	하얼빈시(哈尔滨市)	473	3,835	1 부성급시(副省级市), 10 지급시(地级市), 1 지구(地区)	4.7	4.5
지린(吉林)	챵춘시(长春市)	187	2,752	1 부성급시(副省级市), 6 지급시(地级市), 1 자치주(自治州)	2.0	1.9
랴오닝(辽宁)	션양시(沈阳市)	148	4,390	2 부성급시(副省级市), 9 지급시(地级市)	1.5	1.5
샤안씨(陕西)	씨안시(西安市)	210	3,775	1 부성급시(副省级市), 9 지급시(地级市)	2.2	2.1
깐쑤(甘肃)	란쪼우시(兰州市)	454	2,558	11 지급시(地级市), 2 자치주(自治州)	4.7	4.5
칭하이(青海)	씨닝시(西宁市)	697	583	2 지급시(地级市), 6 자치주(自治州)	7.3	7.0
샨뚱(山东)	지난시(济南市)	158	9,789	2 부성급시(副省级市), 15 지급시(地级市)	1.7	1.6
허난(河南)	쩡우시(郑州市)	167	10,662	17 지급시(地级市), 1 직관현시(直管县市)	1.7	1.7

명칭	정부 소재지	면적 (천㎢)	인구 (만명)	하부 행정단위	비고 전중국 대비(%)	비고 남한 대비(배)
쟝쑤 (江苏)	난징시 (南京市)	103	7,960	1 부성급시(副省级市), 12 지급시(地级市)	1.1	1.0
쩌쟝 (浙江)	항쪼우시 (杭州市)	106	5,508	2 부성급시(副省级市), 9 지급시(地级市)	1.1	1.1
안후이 (安徽)	허페이시 (合肥市)	140	6,083	16 지급시(地级市)	1.5	1.4
쟝씨 (江西)	난챵시 (南昌市)	167	4,542	11 지급시(地级市)	1.7	1.7
푸지앤 (福建)	푸쪼우시 (福州市)	124	3,806	1 부성급시(副省级市), 8 지급시(地级市)	1.3	1.2
타이완 (台湾)	–	–	–	–	–	–
후베이 (湖北)	우한시 (武汉市)	186	5,816	1 부성급시(副省级市), 12 지급시(地级市), 1 자치주(自治州)	1.9	1.9
후난 (湖南)	챵샤시 (长沙市)	212	6,737	13 지급시(地级市)	2.2	2.1
광뚱 (广东)	광쪼우시 (广州市)	180	10,724	2 부성급시(副省级市), 19 지급시(地级市)	1.9	1.8
하이난 (海南)	하이코우시 (海口市)	35	903	4 지급시(地级市)	0.4	0.4
쓰촨 (四川)	청뚜시 (成都市)	486	8,140	1 부성급시(副省级市), 17 지급시(地级市), 3 자치주(自治州)	5.1	4.9
윈난 (云南)	쿤밍시 (昆明市)	390	45,966	8 지급시(地级市), 8 자치주(自治州)	2.0	1.9
꾸이쪼우 (贵州)	꾸이양시 (贵阳市)	176	3,508	6 지급시(地级市), 3 자치주(自治州)	1.8	1.8

주1: 인구통계는 2014년 말 기준임. 깐쑤성과 윈난성은 2010년, 헤이룽쟝성과 랴오닝성은 2013년 수치임.
주2: 비고란의 대비면적은 중국 960만㎢, 남한은 10만㎢임.

3. 자치구(自治区)

명칭	정부 소재지	면적 (천㎢)	인구 (만명)	하부 행정단위	비 고 전중국 대비(%)	비 고 남한 대비(배)
네이멍구 (内蒙古)	후허하오터시 (呼和浩特市)	1,183	2,505	9 지급시(地级市), 3 맹(盟)	12.3	11.8
씬쟝웨이우얼 (新疆维吾尔)	우루무치시 (乌鲁木齐市)	1,660	2,181	1 지급시(地级市), 7 지구(地区), 5 자치주(自治州), 1 직할현(直辖县)	17.3	16.6
광씨쫭족 (广西壮族)	난닝시 (南宁市)	237	4,754	14 지급시(地级市)	2.5	2.4
닝씨아회족 (宁夏回族)	인촨시 (银川市)	66	662	5 지급시(地级市),	0.7	0.7
씨짱 (西藏)	라싸시 (拉萨市)	1,228	300	4 지급시(地级市), 3 지구(地区)	12.8	12.3

여기서 잠깐

부성급시(副省级市)

행정적인 위상과 인사 면에서 지급시(地级市) 보다는 상위에 있는 도시이다. 시위서기(市委书记)·시인대주임(市人大主任)·시장(市长)·시정협주석(市政协主席)의 4인은 중앙 각부의 부부장급 직위로 중앙에서 직접 임명한다. 중국의 부성급 도시는 모두 15개이다. 다음과 같다.

①하얼빈(哈尔滨, 黑龙江省), ②창춘(长春, 吉林省), ③션양(沈阳, 辽宁省), ④따리앤(大连, 辽宁省), ⑤지난(济南, 山东省), ⑥칭따오(青岛, 山东省), ⑦난징(南京, 江苏省), ⑧항쪼우(杭州, 浙江省), ⑨닝부오(宁波, 浙江省), ⑩씨아먼(厦门, 福建省), ⑪우한(武汉, 湖北省), ⑫광쪼우(广州, 广东省), ⑬션쩐(深圳, 广东省), ⑭청두(成都, 四川省), ⑮씨안(西安, 陕西省)

부록 4
중국철로의 객운전선
(客运专线)

중국철로의 객운전선(客运专线, 커윈짠씨앤)은 고속으로 운행되는 여객운송 전용철로를 일컫는 것이다. 중국철로의 객운전선운행망(客运专线运行网)은 남북방향의 4종전선(四纵专线)과 동서방향의 4횡전선(四横专线)으로 짜여있다. 각 전선(专线)은 다시 몇 개씩의 구간노선으로 나뉘며, 운행속도는 200~380km 범위에 있다. 개관하면 다음과 같다.

(표) 4종객운전선(四纵客运专线)

노선명	구간명	구 간	거리 km	기준속도 (km/hr)
경호(京沪) 객운전선	경호(京沪) 고속철로	베이징(北京) - 티앤진(天津) - 상하이(上海)	1,318	380
	합방(合蚌) 객운전선	벙부(蚌埠, 安徽) - 허페이(合肥, 合肥)	131	350
	경석(京石) 객운전선	베이징서(北京西) - 쉬쟈좡(石家庄, 河北)	281	350

(표) 4종객운전선(四纵客运专线)

노선명	구간명	구 간	거리 km	기준속도 (km/hr)
경항(京港) 객운전선	석무(石武) 철로객운전선	쉬쟈쌍(石家庄, 河北) – 우한(武汉, 湖北)	841	350
	무광(武广) 객운전선	우한(武汉, 湖北) – 광쪼우(广州, 广东)	1,069	300
	광심항(广深港) 고속철로	광쪼우(广州, 广东) – 션쩐(深圳, 广东) – 썅강(香港)	142	350
경합(京哈) 객운전선	경심(京沈) 객운전선	베이징(北京) – 션양(沈阳, 辽宁)	698	350
	합대(哈大) 객운전선	하얼빈(哈尔滨, 黑龙江) – 따리앤(大连, 辽宁)	921	
	반영(盘营) 객운전선	판진(盘锦, 辽宁) – 잉코우(营口, 辽宁)	90	
항복심(杭福深) 객운전선	항용(杭甬) 객운전선	항쪼우(杭州, 浙江) – 닝부오(宁波, 浙江)	150	350
	용대온(甬台温) 철로	닝부오(宁波, 浙江) – 원쪼우(温州, 浙江)	268	250
	온복(温福) 철로	원쪼우(温州, 浙江) – 푸쪼우(福州, 福建)	299	200
	복하(福厦) 철로	푸쪼우(福州, 福建) – 씨아먼(厦门, 福建)	273	250
	하심(厦深) 철로	씨아먼(厦门, 福建) – 션쩐(深圳, 广东)	502	250

(표) 4횡객운전선(四橫客运专线)

노선명	구간명	구 간	거리 km	기준속도 (km/hr)
서란(徐兰) 객운전선	정서(郑徐) 객운전선	쩡쪼우(郑州, 河南) – 카이펑(开封, 河南) – 샹치유(商丘, 河南) – 당산(砀山, 安徽) – 쉬쪼우(徐州, 江苏)	362	
	정서(郑西) 객운전선	쩡쪼우(郑州, 河南) – 루워양(洛阳, 河南) – 씨안(西安, 陕西)	505	350
	서보(西宝) 객운전선	씨안(西安, 陕西) – 씨앤양(咸阳) – 빠오지(宝鸡, 陕西)	138	

노선명	구간명	구 간	거리 km	기준속도 (km/hr)
	보란(宝兰) 객운전선	빠오지(宝鸡, 陕西) - 티앤슈이(天水, 甘肃) - 란쪼우(兰州, 甘肃)	403	
호곤(沪昆) 객운전선	호항(沪杭) 성제고속	샹하이(上海) - 항쪼우(杭州, 浙江)	160	350
	항장(杭长) 객운전선	항쪼우(杭州, 浙江) - 챵샤(长沙, 湖南)	927	
	장곤(长昆) 객운전선	챵샤(长沙, 湖南) - 꾸이양(贵阳, 贵州) - 쿤밍(昆明, 云南)	1,168	350
청태(青太) 객운전선	교제(胶济) 객운전선	칭따오(青岛, 山东) - 지난(济南, 山东)	362	
	석제(石济) 객운전선	쉬쟈짱(石家庄, 河北) - 지난(济南, 山东)	323	250
	석태(石太) 객운전선	쉬쟈짱(石家庄, 河北) - 타이위엔(太原, 山西)	225	250
호한용(沪汉蓉) 객운전선	호녕(沪宁) 객운전선	샹하이(上海) - 난징(南京, 江苏)	301	350
	합녕(合宁) 객운전선	허페이(合肥, 安徽) - 난징(南京, 江苏)	166	200
	합무(合武) 철로	허페이(合肥, 安徽) - 우한(武汉, 湖北)	359	
	한의(汉宜) 고속철로	우한(武汉, 湖北) - 이챵(宜昌, 湖北)	292	200
	의만(宜万) 철로	이챵(宜昌, 湖北) - 완촨(万川, 重庆)	377	200
	유리(渝利) 철로	총칭(重庆) - 리촨(利川, 湖北)	264	200
	수유(遂渝) 철로2선	쑤이닝(遂宁, 四川) - 총칭(重庆)	130	200
	달성(达成) 철로	다쪼우(达州, 四川) - 청두(成都, 四川)	374	

부록 5
샹하이 전철노선표
(2014)

① 1호선: 北→南방향 28역

富锦路(푸진루) → 友谊西路(요우이씨루) → 宝安公路(빠오안공루) → 共富新村(공푸씬춘) → 呼兰路(후란루) → 通河新村(통허씬춘) → 共康路(공캉루) → 彭浦新村(펑푸씬춘) → 汶水路(원수이루) → 上海马戏城(샹하이마씨청) → 延长路(옌창루) → 中山北路(쭁샨뻬이루) → 上海火车站(샹하이훠쳐짠) → 汉中路(한쭁루) → 新闸路(씬짜루) → 人民广场(런민광창②) → 黄陂南路(황피난루) → 陕西南路(샨씨난루) → 常熟路(창슈루⑦) → 衡山路(헝샨루) → 徐家汇(쉬쟈후이⑨) → 上海体育馆(샹하이티위관④) → 漕宝路(차오빠오루) → 上海南站(샹하이난짠③) → 锦江乐园(진쟝러위엔) → 莲花路(리앤화루) → 外环路(와이환루) → 莘庄(씬쫭⑤)

주) 적색글자는 환승역이며, 괄호 내 숫자는 환승노선임. 이하 같음.

② 2호선: 西→東방향 31역

徐泾东(쒀징동) → 虹桥火车站(홍챠오훠처짠⑩) → 虹桥2号航站楼(홍챠오얼하오항짠로우⑩) → 淞虹路(쏭홍루) → 北新泾(뻬이씬징) → 威宁路(웨이닝루) → 娄山关路(로우샨관루) → 中山公园(쭝샨공위엔③④) → 江苏路(쟝쑤루⑪) → 静安寺(징안쓰⑦) → 南京西路(난징씨루) → 人民广场(런민광챵①⑧) → 南京东路(난징동루⑩) → 陆家嘴(루쟈쭈이) → 东昌路(동챵루) → 世纪大道(쉬지다따오④⑥⑨) → 杨高中路(양까오쭝루) → 上海科技馆(샹하이커지관) → 世纪公园(쉬지공위엔) → 龙阳路(롱양루⑦) → 张江高科(쨩쟝까오커) → 金科路(진커루) → 广兰路(광란루) → 唐镇(탕쩐) → 创新中路(촹씬쭝루) → 华夏东路(화씨아동루) → 川沙(촨샤) → 凌空路(링콩루) → 远东大道(위엔동다따오) → 海天三路(하이티앤싼루) → 浦东国际机场(푸똥궈지지챵)

③ 3호선: 北→南방향 29역

江杨北路(쟝양뻬이루) → 铁力路(티에리루) → 友谊路(요우이루) → 宝杨路(빠오양루) → 水产路(슈이챤루) → 淞滨路(쏭빈루) → 张华滨(쨩화빈) → 淞发路(쏭파루) → 长江南路(챵쟝난루) → 殷高西路(인까오씨루) → 江湾路(쟝완루) → 大柏树(다빠이슈) → 赤峰路(츠펑루) → 虹口足球场(홍코우쭈치유챵⑧) → 东宝兴路(동빠오씽루) → 宝山路(빠오샨루④) → 上海火车站(샹하이훠처짠④) → 中潭路(쭝탄루④) → 镇坪路(쩐핑루④⑦) → 漕杨路(차오양루④⑪) → 金沙江路(진샤쟝루④⑬) → 中山公园(쭝샨공위엔②④) → 延安西路(옌안씨루) → 虹桥路(홍챠오루④⑩) → 宜山路(이샨루④⑨) → 漕溪路(차오씨루) → 龙漕路(롱차오루) → 石龙路(쉬롱루) → 上海南站(샹하이난짠①)

④ 4호선: 순환 26역

上海火车站(샹하이훠쳐짠③) → 宝山路(빠오샨루③) → 海伦路(하이룬루⑩) → 临平路(린핑루) → 大连路(따리앤루) → 杨树浦路(양슈푸루) → 浦东大道(푸둥따다오) → 世纪大道(쉬지따다오②⑥⑨) → 浦电路(푸디앤루) → 蓝村路(란춘루⑥) → 塘桥(탕챠오) → 南浦大桥(난푸다챠오) → 西藏南路(시짱난루⑧) → 大木桥路(따무챠오루) → 鲁班路(루반루) → 东安路(동안루⑦) → 上海体育馆(샹하이티위관①) → 宜山路(이샨루③⑨) → 虹桥路(홍챠오루③⑩) → 延安西路(옌안씨루③) → 中山公园(쫑산공위엔②③) → 金沙江路(진샤쟝루③⑬) → 曹杨路(차오양루③⑪) → 镇坪路(쩐핑루③⑦) → 中潭路(쫑탄루) → 上海火车站(샹하이훠쳐짠)

⑤ 5호선: 北→南방향 10역

莘庄(씬짱①) → 春申路(춘션루) → 银都路(인두루) → 颛桥(짠챠오) → 北桥(뻬이챠오) → 剑川路(지앤촨루) → 东川路(동촨루) → 金平路(진핑루) → 华宁路(화닝루) → 文井路(원징루) → 闵行开发区(민항카이파취)

⑥ 6호선: 北→南방향 28역

港城路(강청루) → 外高桥保税区北(와이까오챠오빠오슈이취뻬이) → 航津路(항진루) → 外高桥保税区南(와이까오챠오빠오슈이취난) → 洲海路(쪼우하이루) → 五洲大道(우쪼우따다오) → 东靖路(동징루) → 巨峰路(쥐펑루) → 五莲路(우리앤루) → 博兴路(부오씽루) → 金桥路(진챠오루) → 云山路(윈샨루) → 德平路(더핑루) → 北洋泾路(뻬이양징루) → 民生路(민셩루) → 源深体育中心(위엔션티위쭝씬) → 世纪大道(쉬지따다오②④⑨) → 浦电路(푸디앤루) → 蓝村路(란춘루④) → 上海儿童医学中心(샹하이알통이쉐쭝씬) → 临沂新村(린이씬춘) → 高科西路(까오커씨루⑦) → 东明路(동밍루) → 高青路(까오칭루) → 华夏西路(화씨아씨루) → 上南路(샹난루) → 灵岩南路(링옌난루) → 东方体育中心(동팡티위쭝씬⑧⑪)

⑦ 7호선: 北→南방향 32역

美兰湖(메이란후) → 罗南新村(루워난씬춘) → 潘广路(판광루) → 刘行(리유항) → 顾村公园(구춘공위엔) → 上海大学(샹하이따쉐) → 南陈路(난쳔루) → 上大路(샹따루) → 场中路(챵쫑루) → 大场路(따챵루) → 行知路(씽쯔루) → 大华三路(따화싼루) → 新村路(씬춘루) → 岚皋路(란까오루) → 镇坪路(쩐핑루③④) → 长寿路(챵쇼우루) → 昌平路(챵핑루) → 静安寺(징안쓰②) → 常熟路(챵슈루①) → 肇嘉浜路(짜오쟈빵루⑨) → 东安路(동안루④) → 龙华中路(롱화쫑루) → 后滩(호우탄) → 长清路(챵칭루) → 耀华路(야오화루⑧) → 云台路(윈타이루) → 高科西路(까오커씨루⑥) → 杨高南路(양까오난루) → 锦绣路(진씨유루) → 芳华路(팡화루) → 龙阳路(롱양루) → 花木路(화무루)

⑧ 8호선: 北→南방향 30역

市光路(쉬광루) → 嫩江路(넌쟝루) → 翔殷路(썅인루) → 黄兴公园(황씽공위엔) → 延吉中路(옌지쫑루) → 黄兴路(황씽루) → 江浦路(쟝푸루) → 鞍山新村(안샨씬춘) → 四平路(쓰핑루⑩) → 曲阳路(취양루) → 虹口足球场(홍코우쭈치유챵③) → 西藏北路(씨짱뻬이루) → 中兴路(쫑씽루) → 曲阜路(취푸루) → 人民广场(런민광챵①②) → 大世界(따쉬지에) → 老西门(라오씨먼⑩) → 陆家浜路(루쟈빵루⑨) → 西藏南路(시짱난루④) → 中华艺术馆(쫑화이슈관) → 耀华路(야오화루⑦) → 成山路(청샨루) → 杨思(양쓰) → 东方体育中心(동팡티위쫑씬⑥⑪) → 凌兆新村(링짜오씬춘) → 芦恒路(루헝루) → 浦江镇(푸쟝쩐) → 江月路(쟝위예루) → 联航路(리앤항루) → 沈杜公路(션두공루)

⑨ 9호선: 东→西방향 26역

杨高中路(양까오쭝루) → 世纪大道(쉬지다따오②④⑥) → 商城路(샹청루) → 小南门(샤오난먼) → 陆家浜路(루쟈빵루⑧) → 马当路(마땅루) → 打浦桥(다푸챠오) → 嘉善路(쟈샨루) → 肇嘉浜路(쨔오쟈빵루⑦) → 徐家汇(쒸쟈후이①⑪) → 宜山路(이샨루③④) → 桂林路(꾸이린루) → 漕河泾开发区(차오허징카이파취) → 合川路(허촨루) → 星中路(씬쭝루) → 七宝(치빠오) → 中春路(쭝춘루) → 九亭(지유팅) → 泗泾(쓰징) → 佘山(위샨) → 洞泾(동징) → 松江大学城(쏭쟝따쉐청) → 松江新城(쏭쟝씬청) → 松江体育中心(쏭쟝티위쭝씬) → 醉白池(쭈이빠이츠) → 松江南站(쏭쟝난짠)

⑩ 10호선: 北→南방향 31역

新江湾城(씬쟝완청) → 殷高东路(인까오동루) → 三门路(싼먼루) → 江湾体育场(쟝완티위챵) → 五角场(우쟈오챵) → 国权路(궈취앤루) → 同济大学(통지따쉐) → 四平路(쓰핑루⑧) → 邮电新村(요우디앤씬춘) → 海伦路(하이룬루④) → 四川北路(쓰촨뻬이루) → 天潼路(티앤통루) → 南京东路(난징동루②) → 豫园(위위엔) → 老西门(라오씨먼⑧) → 新天地(씬티앤디) → 陕西南路(샨안씨난루①) → 上海图书馆(샹하이투슈관) → 交通大学(쟈오퉁따쉐⑪) → 虹桥路(홍챠오루③④) → 宋园路(쏭위엔루) → 伊犁路(이리루) → 水城路(슈이청루) → 龙溪路(롱씨루) → 上海动物园(샹하이똥우위엔) → 虹桥1号航站楼(홍챠오이하오항짠로우) → 虹桥2号航站楼(홍챠오얼하오항짠로우) → 虹桥火车站(홍챠오훠쳐짠) → 龙柏新村(롱빠이씬춘) → 紫藤路(쯔텅루) → 航中路(항쭝루)

⑪ 11호선: 北→南방향 35역

嘉定北(쟈딩뻬이) → 嘉定西(쟈딩씨) → 白银路(빠이인루) → 嘉定新城(쟈딩씬청, ⑪지선) → 马陆(마루) → 南翔(난쌩) → 桃浦新村(타오푸씬춘) → 武威路(우웨이루) → 祁连山路(치리앤샨루) → 李子园(리쯔위엔) → 上海西站(샹하이씨짠) → 真如(쩐루) → 枫桥路(펑챠오루) → 曹杨路(차오양루③④) → 隆德路(롱더루) → 江苏路(쟝쑤루②) → 交通大学(쟈오퉁따쉐⑩⑪) → 徐家汇(쒸쟈후이①⑨) → 上海旅游馆(샹하이뤼요우관) → 龙华(롱화) → 云锦路(윈진루) → 龙耀路(롱야오루) → 东方体育中心(동팡티위쭝씬⑥⑧) → 三林(싼린) → 三林东(싼린동) → 浦三路(푸싼루) → 御桥(위챠오) → 罗山路(루워샨루) / 嘉定新城(쟈딩씬청, ⑪본선) → 上海赛车场(샹하이싸이쳐챵) → 昌吉东路(챵지동루) → 上海汽车城(샹하이치쳐청) → 安亭(안팅) → 兆丰路(쟈오펑루) → 光明路(광밍루) → 花桥(화챠오)

⑫ 12호선: 西→东방향 32역

七莘路(⑤) → 虹莘路(홍씬루) → 顾戴路(구따이루) → 东兰路(동란루) → 虹梅路(홍매이루) → 虹漕路(홍차오루) → 桂林公园(꾸이린공위엔⑮) → 漕宝路(차오빠오루①) → 龙漕路(롱차오루③) → 龙华路(롱화루⑪) → 龙华中路(롱화쭝루⑦) → 大木桥路(따무챠오루④) → 嘉善路(쟈샨루⑨) → 陕西南路(샤안씨난루①⑩) → 南京西路(난징씨루②⑬) → 汉中路(한쭝루①⑬) → 曲阜路(취푸루⑧) → 天潼路(티앤통루⑩) → 国际客运中心(궈지커윈쭝씬) → 提篮桥(티란챠오) → 大连路(따리앤루④) → 江浦公园(쟝푸공위엔⑱) → 宁国路(닝궈루) → 隆昌路(롱챵루) → 爱国路(아이궈루) → 复兴岛(푸씽따오) → 东陆路(동루루) → 巨峰路(쥐펑루⑥) → 杨高北路(양까오뻬이루) → 金京路(진징루) → 申江路(션쟝루⑲) → 金海路(진하이루⑨)

⑬ 13호선: 东→西방향 7역

金沙江路(진샤쟝루③④) → 大渡河路(다두허루) → 真北路(쩐뻬이루) → 祁连山路南(치리앤샨난루) → 丰庄(펑쫭) → 金沙江西路(진샤쟝씨루) → 金运路(진윈루)

⑭ 16호선: 北→南방향 11역

龙阳路(롱양루②) → 华夏中路(화씨아쫑루) → 罗山路(루워샨루⑪) → 周浦东(쪼우푸뚱) → 鹤沙航城(허샤항청) → 航头东(항토우동) → 新场(씬챵) → 野生动物园(예셩뚱우위엔) → 惠南(후이난) → 惠南东(후이난동) → 书院(슈위엔) → 临江大道(린쟝따다오) → 滴水湖(디슈이후)

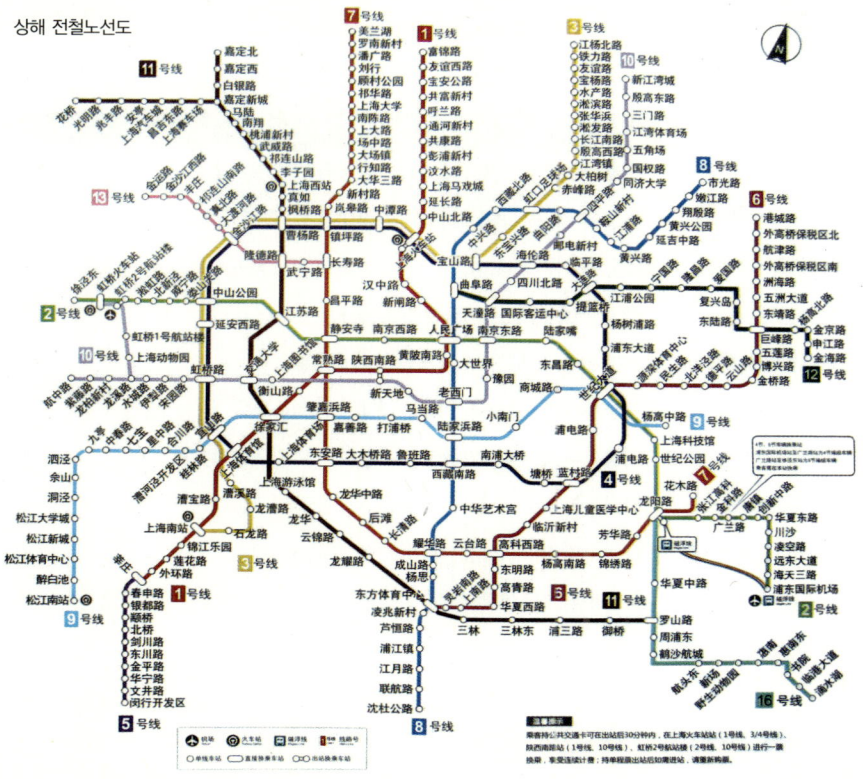

상해 전철노선도

부록 6
상해륜도(上海轮渡)의 명칭과 운행구간

노 선 명	운 행 구 간
싼쏭선(三淞线)	싼챠강두코우(三岔港渡口) - 우쏭마토우(吴淞码头)
차오린선(草临线)	차오쩐두코우(草镇渡口) - 린쟝마토우(临江码头)
뚱넌선(东嫩线)	뚱탕두코우(东塘渡口) - 넌쟝마토우(嫩江码头)
진딩선(金定线)	진챠오(金桥) - 딩하이챠오(定海桥)
씨에닝선(歇宁线)	씨에푸루(歇浦路) - 닝궈난루(宁国南路)
민딴선(民丹线)	민셩루(民生路) - 단뚱루(丹东路)
치친선(其秦线)	치창짠두코우(其昌栈渡口) - 친황따오루(秦皇岛路)
타이공선(泰公线)	타이통짠두코우(泰同栈渡口) - 공핑루(公平路)
뚱진선(东金线)	동창루두코우(东昌路渡口) - 와이탄(外滩)
뚱푸선(东复线)	동창루두코우(东昌路渡口) - 푸씽뚱루(复兴东路)
양푸선(杨复线)	양자두(杨家渡) - 푸씽뚱루(复兴东路)

*운행개시시간: 04:00(闵行)~07:15(东昌路), 운행마감시간: 18:00(塘桥)~22:50(杨家度)

노 선 명	운 행 구 간
탕진선(塘董线)	탕챠오(塘桥) – 진쟈두(董家渡)
난루선(南陆线)	난마토우두코우(南码头渡口) – 루쟈빵루(陆家浜路)
싼강선(三港线)	싼린두코우(三林渡口) – 강코우(港口)
쳔쳐선(陈车线)	쳔항(?行) – 쳐고우챠오(车沟桥)
두우선(杜吴线)	두항(杜行) – 우징(吴泾)
씨민선(西闵线)	씨두(西渡) – 민항두코우(闵行渡口)
탕미선(塘米线)	탕코우(塘口) – 미쉬두(米市渡)

*운행개시시간: 04:00(闵行)~07:15(东昌路), 운행마감시간: 18:00(塘桥)~22:50(杨家度)

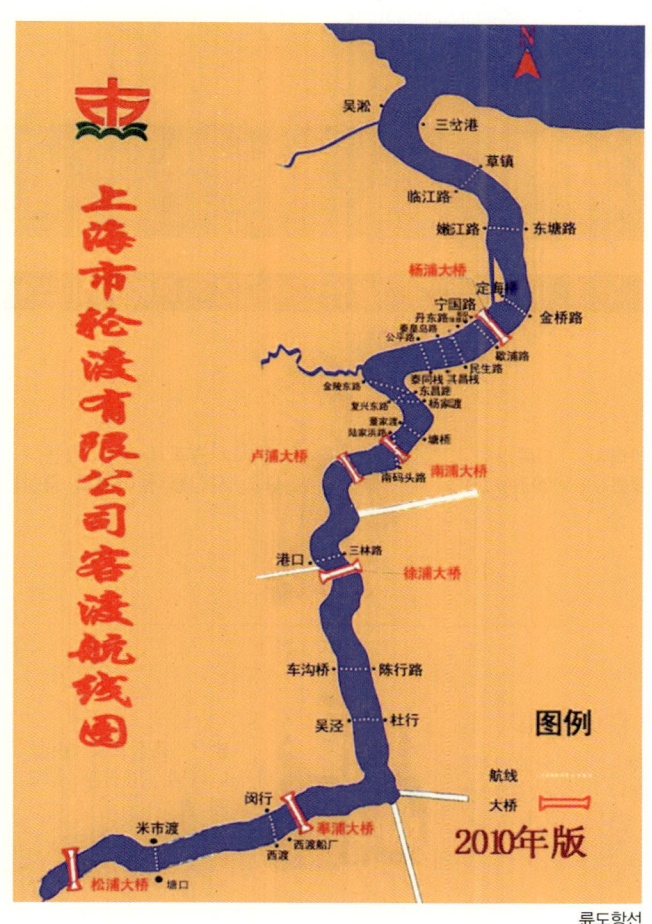

륜도항선

부록 7

불교18나한의 명칭과 형상

명 칭	속 칭	형 상	특징형상 및 속성
빈도라발라타사 (宾度罗跋罗堕社)	좌록나한 (坐鹿罗汉)		사슴과 더불어 있음. 자신을 돌아보고 중심을 잡게 함.
가락가벌차 (迦诺迦伐磋)	환희나한 (欢喜罗汉)		밝은 표정으로 손을 들어 기쁨을 나타냄. 마귀를 쫓고 분노를 가시게 함.

명칭	속칭	형상	특징형상 및 속성
가락가발리타사 (迦诺迦 跋哩 陀社)	거발나한 (举钵罗汉)		발우를 높이 들어 탁발을 함. 중생들로 하여금 복덕을 누리게 함.
소빈타 (苏频陀)	탁탑나한 (托塔罗汉)		7층보탑을 받쳐 들고 있음. 불법의 영험함을 알림.
락거라 (诺距罗)	정좌나한 (静坐罗汉)		바른 자세로 조용히 앉아있음. 청정한 마음으로 마음을 닦음.
발타라 (跋陀罗)	과강나한 (过江罗汉)		불경을 등에 지고 있음. 중생을 구제함.

3부 부록_ 261

명 칭	속 칭	형 상	특징형상 및 속성
가리가 (迦理迦)	기상나한 (骑象罗汉)		코끼리와 더불어 있음. 염불을 하며 사방의 중생을 보살핌.
벌사라불다라 (伐社罗弗多罗)	소사나한 (笑狮罗汉)		사자를 거느리고 있음. 필요한 말만 함.
수박가 (戍博迦)	개심나한 (开心罗汉)		윗옷을 벌려 가슴을 내보임. 마음을 열어 부처를 보게 함.
반탁가 (半托迦)	탐수나한 (探手罗汉)		양손을 반쯤 들어 올리고 있음. 스스로 기쁨을 누리게 함.

명 칭	속 칭	형 상	특징형상 및 속성
라호라 (罗怙罗)	침사나한 (沉思罗汉)		누에모양의 눈썹이 아래로 쳐져 있음. 깊은 명상에 들게 함.
나가서나 (那迦犀那)	알이나한 (挖耳罗汉)		귀를 후비고 있음. 스스로 유유자적하게 함.
인게타 (因揭陀)	포대나한 (布袋罗汉)		불룩한 배에 자루를 메고 있음. 중생으로 하여금 기쁨을 누리게 함.
벌나파사 (伐那婆斯)	파초나한 (芭草罗汉)		파초와 더불어 있음. 세상사로부터 초탈함.

명 칭	속 칭	형 상	특징형상 및 속성
아시다 (阿氏多)	장미나한 (长眉罗汉)		눈썹이 길게 늘어져 있음. 불도를 마음 속으로 깨닫고 이해하게 함.
주다반탁가 (注茶半托迦)	간문나한 (看门罗汉)		위엄을 나타내는 지팡이를 들고 있음. 악마를 물리침.
가십 (迦什)	항룡나한 (降龙罗汉)		용을 타고 있음. 18나한 중 17위
미륵 (弥勒)	복호나한 (伏虎罗汉)		호랑이를 거느리고 있음. 18나한 중 18위

부록 8
주요 볼거리 목록

(가)

가정공묘(嘉定 孔庙)	147
고문화유지(古文化遗址)	194
고의원(古猗园)	147
고진사경(古镇泗泾)	189
곡수원(曲水园)	194
광복사(广福寺)	226
광부림유지(广富林遗址)	189
구촌공원(顾村公园)	143
국가기념광장(国歌纪念广场)	117
국제시상중심(国际时尚中心)	117
국제풍쟁방비장(国际风筝放飞场)	219
국제회의중심(国际会议中心)	165
군중예술관(群众艺术馆)	128

금강낙원(锦江乐园)	128
금무대하(金茂大厦)	164
금산3도(金山三岛)	178
금산취어촌(金山嘴渔村)	177

(나)

남경로보행가(南京路步行街)	35
낭하생태원(廊下生态园)	177

(다)

당경당(唐经幢)	190
대관원(大观园)	194

대창교(大仓桥)	190
동방녹주(东方绿舟)	193
동방명주(东方明珠)	163
동방예술중심(东方艺术中心)	165
동탄후조보호구(东滩侯鸟保护区)	225
동평삼림공원(东平森林公园)	224
따빠이슈(大柏树)	118
뚜워룬루(多伦路)	107

(라)

롱화쓰(龙华寺)	67
루쒼고거(鲁迅故居)	107
루쒼공원(鲁迅公园)	107
루쟈쭈이(陆家嘴)	163
류하도(浏河岛)	147

(마)

마희성(马戏城)	103
만불각(万佛阁)	219
명주호(明珠湖)	225
몽청원(梦清园)	99
미기대희원(美琪大戏院)	91
미란호(美兰湖)	143

(바)

방탑원(方塔园)	188
벽해금사(碧海金沙)	218

(사)

상해과기관(上海科技馆)	164
상해대극원(上海大剧院)	35
상해동물원(上海动物园)	84
상해미술관(上海美术馆)	35
상해박물관(上海博物馆)	35
상해식물원(上海植物园)	67
상해신선주성(上海神仙酒城)	219
상해중심대하(上海中心大厦)	164
상해체육관(上海责育馆)	68
서림선사(西林禅寺)	189
서사습지(西沙湿地)	225
선종리(善钟里)	91
성시사탄(城市沙滩)	177
세기공원(世纪公园)	165
송경령고거(宋庆龄故居)	166
송경령능원(宋庆龄陵园)	84
수안사(寿安寺)	226
숭명학궁(崇明学宫)	226
신룽생태원(申隆生态园)	219
쒸광치묘(徐光启墓)	67
씬쟝완청(新江湾城)	118

(아)

야생동물원(野生动物园)	165
양푸공원(杨浦公园)	118
양푸다챠오(杨浦大桥)	119
여산여유구(余山旅游区)	190
영동촌(瀛东村)	225
영석공원(灵石公园)	103
예원(豫园)	34

오흥사(吴兴寺)	147
옥불사(玉佛寺)	99
외탄(外滩)	34
우륜마두(邮轮码头)	143
우쟈오챵(五角场)	118
우캉루(武康路)	66
원사풍채관(院士风采馆)	118
월호조소공원(月湖雕塑公园)	190
위런마토우(渔人码头)	117
유해속미술관(刘海粟美术馆)	84
은칠성(银七星)	128
인민광장(人民广场)	35

(자)

장강수교(长江隧桥)	226
장풍공원(长风公园)	99
적수호(滴水湖)	166
전위촌(前卫村)	225
정산호(淀山湖)	193
정안사(静安寺)	91
주가각고진(朱家角古镇)	193
주경동림사(朱泾东林寺)	177
주선고거(周璇故居)	91
진산식물원(辰山植物园)	189
진여사(真如寺)	98

(차)

차돈영시(车墩影视)	189

채원배고거(蔡元培故居)	91
천주당(天主堂)	66
철도박물관(铁道博物馆)	103
체육공원(体育公园)	128
추하포(秋霞圃)	147
취백지(醉白池)	188
칠보고진(七宝古镇)	128

(타)

탄호도(滩浒岛)	219
티앤즈팡(田子坊)	68

(파)

팽포야시(彭浦夜市)	103
포대만(炮台湾)	143
푸씽따오(复兴岛)	117
풍경고진(枫泾古镇)	177

(하)

하해묘(下海庙)	107
해양수족관(海洋水族馆)	165
헝샨루(衡山路)	66
혁명문물관(革命文物馆)	85
환구금융중심(环球金融中心)	164
황따오푸오묘(黄道婆墓)	67
황씽공원(黄兴公园)	118
회룡담(汇龙潭)	147

짱워 상해관광명소

인쇄 | 2015년 6월 5일
발행 | 2015년 6월 5일

지은이 | 이수헌
발행인 | 이수헌
아트디렉터 | 전진완
본문디자인 | 유현정
진행에디터 | 전진중
펴낸곳 | 도서출판 중우
주소 | 경기도 안양시 만안구 소곡로 20번지 8
전화 | 031-449-7127, 010-5453-0051
팩스 | 031-442-7127
E-mail | shlixx@hanmail.net
찍은곳 | 부광아트(02-2264-4111)
등록 | 2006년 4월 28일 제384-2006-000026호

ISBN 979-11-953923-2-2